1 宋氏三姊妹約一九一七年在上海合影。左起：慶齡、靄齡、美齡。

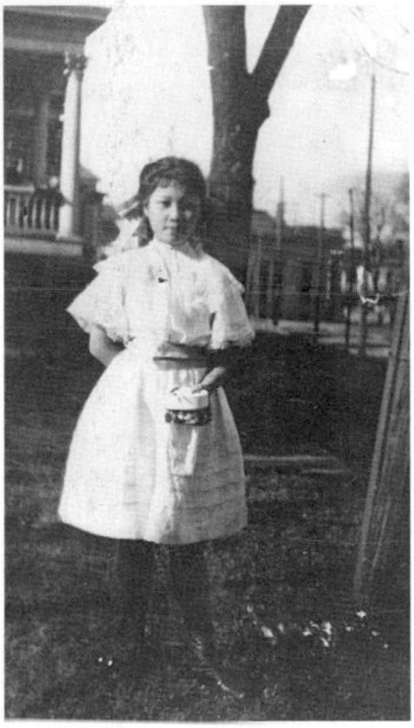

2 3 4 （由左至右）一九一二年前後：（左）靄齡攝於北京照相館；（中）慶齡在北卡羅來納州與好友艾莉・斯利普合影，她們的通信保持了六十年；（右）十歲的美齡在威斯理安學院，她九歲時被送到美國留學，在美國待了十年。

⑸ 宋耀如，宋氏三姊妹的父親，一八八〇年代初攝於北卡羅來納州。他是第一個在美國南方皈依監理公會的中國人，後來成為傳教士。

⑹ 孫中山一八八六年自己走進倫敦的中國公使館後被扣，使他成為唯一有世界知名度的中國革命者，這對他後來被尊為「國父」起了巨大作用。在這張英國報紙的速寫中，他正在警方保護下走出公使館，手挽救命恩人康德黎醫生。

中華民國元年孫大總統向臨時參議院辭職攝影

7 孫中山（左起第六）在一九一二年一月一日中華民國成立時是「臨時總統」，但他不得不於二月十三日向「臨時參議院」辭職。這是那天的合影。左四是共和派二號人物黃興。

8 一九一二年，孫中山與十多年不見的家人：夫人盧慕貞（同坐）、女兒孫娫（左一）、孫婉（右一）、兒子孫科。英文助手宋靄齡（右二）也在照片裡，這時孫在追求靄齡。

⑩ 陳其美，上海青幫大老，對孫中山當選「臨時總統」功莫大焉。孫稱他為「革命首功之臣」。

⑨ 袁世凱，中華民國首任總統，由中國歷史上破天荒第一次大選選出。

⑪ 宋教仁，一九一二年國民黨創辦人。次年三月二十日，宋率領國民黨代表團由上海乘火車赴北京參加首屆國會開幕，在上海火車站被刺身亡。孫中山利用他的死發起了新生民國的第一場內戰。

⑫ 宋氏三姊妹的母親倪桂珍，與靄齡（左一）、慶齡。

⑬ 一九一四年九月，靄齡與孔祥熙婚禮期間與在日本橫濱的宋家人合影。左起：子良、宋耀如、子安、慶齡、倪桂珍、孔祥熙、靄齡。

⑭ 一九一七年七月，美齡和哥哥子文由美返國後，全家在上海住宅合影。這是迄今所見唯一的宋氏全家照。左起，席地而坐：靄齡、子文、子安、慶齡；椅上：宋耀如、倪桂珍；後立：子良、美齡。

⑮ 孫中山的蘇俄政治顧問鮑羅廷（左一）。他指定汪精衛（右一）為孫的接班人。

16 莫斯科為孫中山建立了黃埔軍校。一九二四年六月，軍校成立典禮，臺上左起：廖仲愷、蔣介石、孫中山、宋慶齡。

17 慶齡與孫中山，一九二四年。數月後孫將去世。

⑱ 孫中山的帝王般的靈柩車在一九二九年六月移入中山陵。按照孫生前的設想建造的這個陵墓無比巨大，在全中國、全世界都罕見。

⑲ 一九二七年三月，國民黨領導人在漢口。慶齡作為領導者之一，坐在前排中間，她右邊是孫科，左邊是宋子文，再往左是陳友仁。毛澤東在第二排，右三。後排右三：鄧演達。背景孫中山的肖像兩旁，是國民黨旗和國民黨中國國旗。

(21) 美齡與蔣介石的婚禮，一九二七年十二月。蔣政府於一九二八年成立後，她成為中華民國第一夫人。

(20) 三姊妹在一九二七年四月蔣介石「清共」前夕。此後不久，她們就分道揚鑣，分屬兩個敵對的陣營。

(22) 美齡與蔣介石度蜜月，此後近半個世紀，他們的婚姻跌宕起伏，充滿戲劇性。

23 靄齡與孔祥熙。她對蔣介石的影響超過任何人；她丈夫任蔣的行政院長、財政部長多年。

24 一九二七年，慶齡流亡蘇聯，與鄧演達（右二）等在高加索合影。他們相愛了。鄧演達回中國去組織「第三黨」，被蔣介石祕密槍殺。

25 一九三六年十月下旬，蔣介石（右二）、美齡（右三），在陝西周武王墓前。張學良（中，打綁腿微笑者）陪同遊覽。一個半月後，張將發動「西安事變」，扣押蔣介石。同謀者楊虎城（右一）立正站在蔣旁邊。

26 一九三六年十二月，美齡冒險飛去西安營救丈夫，蔣對妻子感激不盡。圖為蔣介石獲釋後夫婦倆飛回家。

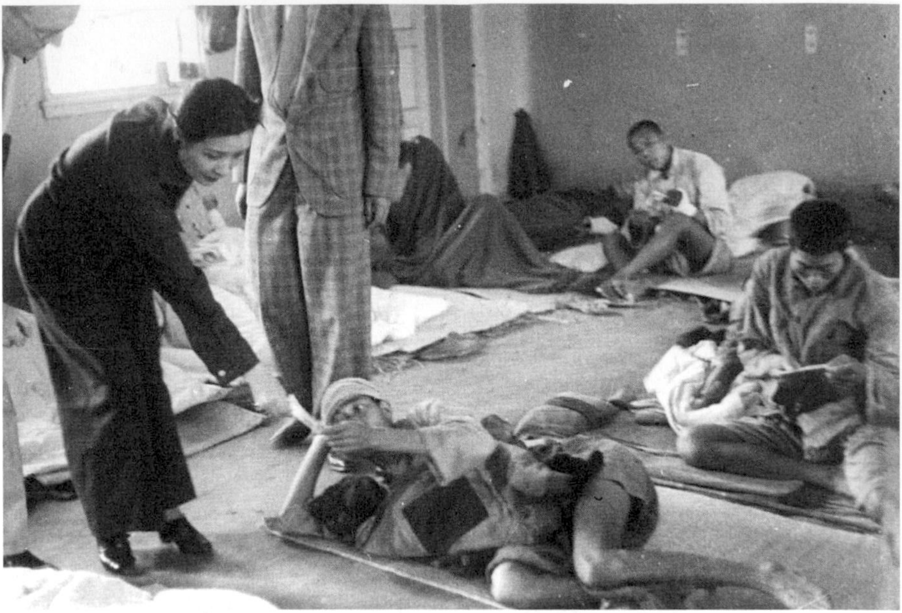

27 一九三七年，中日全面戰爭爆發後，蔣介石領導抗日。圖為美齡看望傷兵。

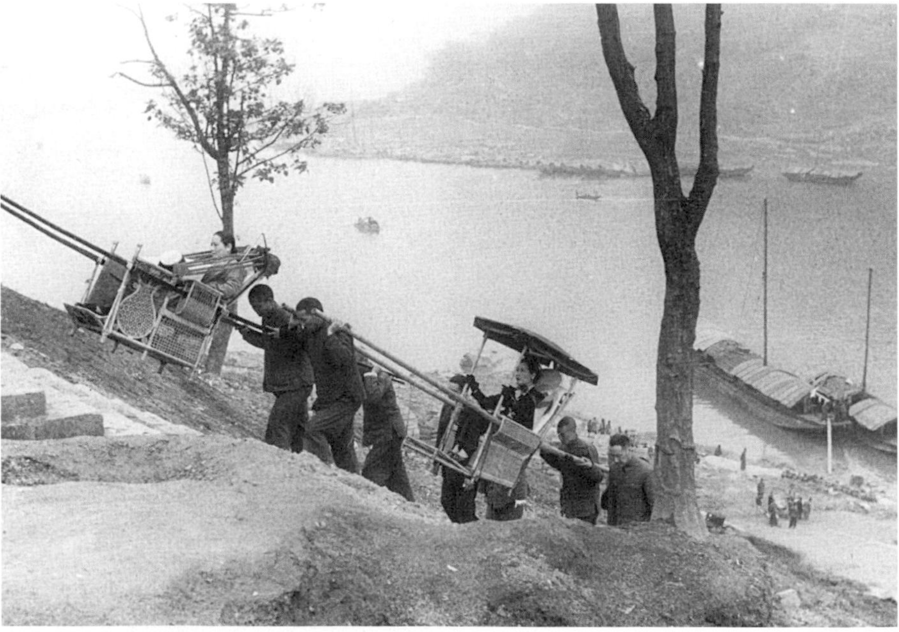

28 慶齡、美齡被抬上戰時首都「山城」重慶，一九四〇年。

(29) 一九四〇年，重慶。為了顯示抗日統一戰線牢不可破，三姊妹十多年後第一次共同出現在公眾眼前。照片上，靄齡、美齡親密無間，而慶齡常常與她們保持距離。

(30) 一九四〇年，重慶。三姊妹跟蔣介石在一起，只要蔣在旁邊，慶齡從來不露笑容。

(31) 一九四〇年，重慶。三姊妹探視軍醫院。

(32) 蔣介石夫婦在抗戰中與美國「飛虎隊」指揮陳納德。陳納德在日記裡寫道：美齡「永遠是我心中的公主」。

33 對美國史迪威將軍來說，「孫夫人是三姊妹中最給人好感的」。他與慶齡在抗戰中的重慶。

34 一九四二年，羅斯福總統代表威爾基（左二）訪問重慶，對美齡的魅力十分著迷，邀請她訪美。美齡的左邊是孔祥熙，慶齡在他身後。慶齡私下抱怨說，威爾基來時她一句話也插不進去。

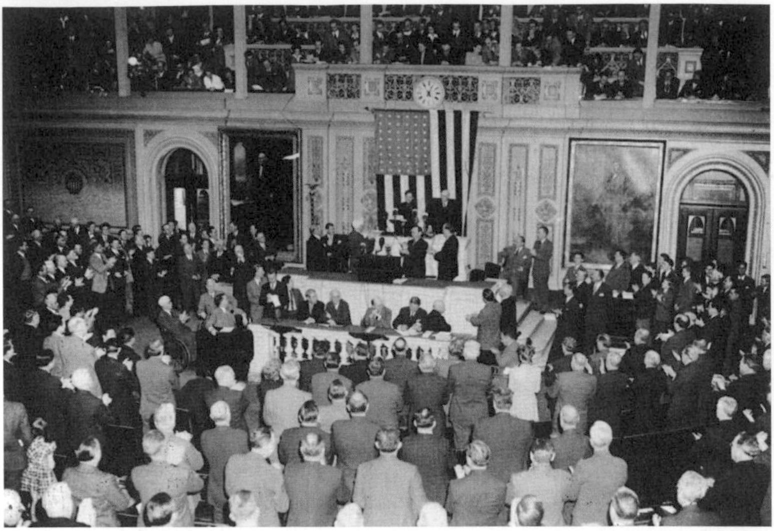

35 一九四三年二月十八日，美齡在美國國會演講，起立鼓掌持續了四分鐘。

36 美齡在洛杉磯受到三萬人的熱烈歡迎。美國之行她帶上了靄齡的一兒一女：孔令侃（左二）、孔令偉（「孔二小姐」，右一），給他們不合常規的榮耀。右二是外交家顧維鈞，一九二七年曾一度為北京政府代理總統。

(37) 蔣介石夫婦在一九四三年十一月開羅會議期間，與羅斯福總統、邱吉爾首相交談。

(38) 中國戰時外交部長宋子文（右）與羅斯福總統、美國郵政署署長法萊（James Farley，中）在華盛頓，一九四二年。那年七月七日，美國發行紀念郵票，紀念中國抗戰五週年。

(39) 宋氏三兄弟和他們的妻子，在華盛頓慶祝一九四二年聖誕節。

(41) 抗戰勝利後，蔣介石的巨幅畫像一度掛在北京天安門城樓上。

(40) 蔣介石夫婦在蔣的肖像下用餐。

(42) 一九四五年九月五日，美齡（中，穿花旗袍者）從紐約飛來重慶。當時蔣介石正在跟毛澤東「和談」。慶齡去機場接她（美齡左邊），孔祥熙在慶齡左邊，孔二小姐在美齡右邊，一如既往身著男裝。

(43) 三姊妹抗戰中，很可能是在靄齡的重慶家中。這或許是她們在一起的最後照片。隨著國共內戰的爆發和中共奪權，她們將永遠天各一方，不再見面。

(44) 蔣介石全家慶祝他虛歲六十壽辰，南京。他和美齡居中坐，經國、緯國站在後面，弟兄倆之間是經國的俄羅斯妻子方良。經國被史達林扣下做人質時，與她相愛並結婚。照片上其他四人是他們的孩子。

45 表情沉重的蔣介石一九四九年離開中國大陸赴臺灣前夕，最後一次回到溪口老家祠堂。左前戴帽者是兒子經國。蔣在大陸的最後日子裡，美齡在紐約，沒有跟他在一起。

(46) 臺灣，一九五六年。蔣介石開心地慶祝生日，靄齡坐在右手邊，是他的「嘉賓」。由於韓戰以及毛澤東兩次炮打金門，美國一步步加強對臺灣的承認和保衛，使蔣在臺灣的日子過得十分愜意（直到尼克森與北京修好）。

(47) 一九五九年，蔣在機場迎接從紐約飛回的美齡。他們的笑容燦爛，因為毛剛對臺灣又威脅了一次，美國對臺灣的支持又加深了一分。

(48) 慶齡是共產黨中國的副主席，一九五七年她做毛澤東訪蘇代表團副團長。毛的另一邊是鄧小平。

(50) 慶齡由工作人員扶著，站在一排中共領導人中間，出席在天安門廣場上為毛澤東舉行的追悼會。毛於一九七六年九月九日去世，追悼會於九月十八日舉行，這時「四人幫」還在台上。可是照片還沒刊出，他們已經下了台、進了監獄。編輯只好把他們的像抹掉，留下觸目的空白。

(49) 一九六五年十月一日，慶齡與毛一道站在天安門城樓上檢閱遊行隊伍。她的左手邊是柬埔寨西哈努克親王夫人莫尼克，右邊是周恩來、鄧小平。

(51) 慶齡晚年在北京招待客人。左一是養女隋永清。

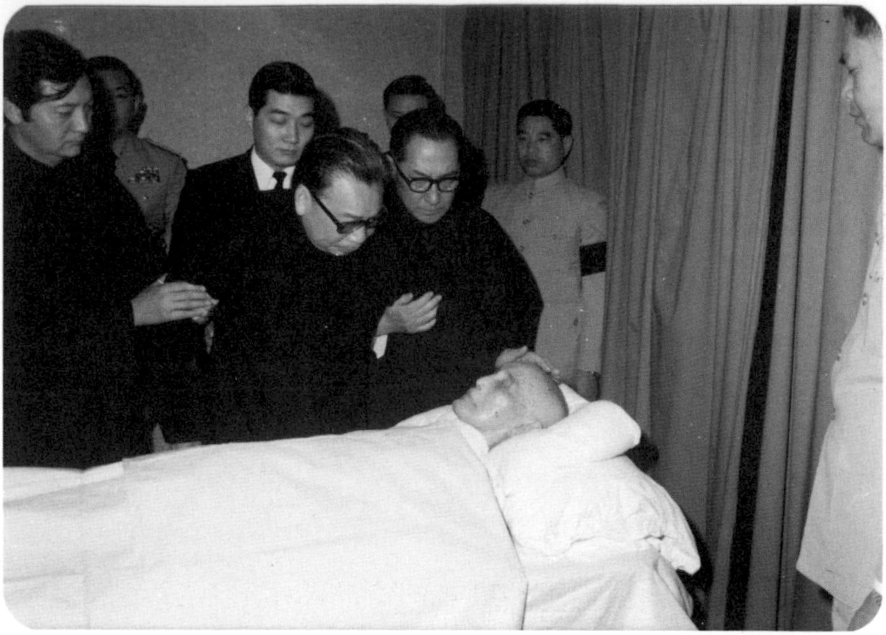

52 一九七五年，蔣經國哀哀欲絕地用手撫摸蔣介石遺體的額頭。不久，經國將結束父親留下的專制遺產，開啟臺灣民主化的進程。

53 經國與俄羅斯妻子、曾為工廠技術員的方良。他們的愛情在經國的人質歲月中產生。

54 靄齡，中國最富有的女人之一。美齡從小就崇拜她，說「她的頭腦在我們全家毫無疑問是最傑出的」。

55 慶齡作為「孫夫人」，成為共產黨中國的副主席。

56 美齡曾為中華民國第一夫人。

57 慶齡流亡在莫斯科，一九二七至一九二八年。

[58] 蔣介石一九三二年給他夫人的禮物，一條環繞部分紫金山的「項鍊」。項鍊上的「寶石」是座玲瓏的別墅，「鍊子」是法國梧桐林蔭大道。

[59] 美齡，攝於美國。一九四三年，作為戰時中國第一夫人，她在那裡受到規模空前的熱烈歡迎。

[60] 靄齡一九六九年在臺灣，身旁是小兒子令傑的妻子、電影明星黛布拉·佩吉特（Debra Paget）。黛布拉曾領銜主演搖滾樂「貓王」埃爾維斯·普雷斯利（Elvis Presley）的首部電影《鐵血柔情》（*Love Me Tender*）。她手上抱著兒子德基，孔家的唯一後代，宋氏三姊妹的唯一嫡親後裔。

(61) 一九九一年，美齡告別臺灣，返回紐約，從此脫離臺灣政治。身旁是李登輝，一九九六年臺灣首次民主選舉中，李被選為總統。

(62) 百歲美齡在紐約曼哈頓住宅。二〇〇三年十月二十三日，她在一百零五歲高齡、見識了三個世紀之後，安詳地在睡夢中辭世。

(63) 一九一二年的明信片，展示三位共和中國的締造人：首倡共和的孫中山、辛亥革命的功臣黎元洪和共和派二號人物黃興。

(64) 今天的臺灣：一百五十多座孫中山、蔣介石在個人崇拜時代的塑像，被移到大溪慈湖，組成一所供人遊覽的「雕塑公園」。

宋氏三姊妹與她們的丈夫

Big Sister, Little Sister, Red Sister
Three Women at the Heart of Twentieth-Century China

張戎
Jung Chang

著／譯

獻給——我的母親

目次

本書內文的「注釋及徵引出處」請詳見網址

https://bit.ly/3gUBLPO

中文版自序

透過宋氏姊妹人生，重書中國現代歷史

二〇一四年，我在《慈禧：開啟現代中國的皇太后》中、英文都出版後，開始考慮下一本書的題材。因為從前寫過《毛澤東：鮮為人知的故事》（與喬．哈利戴合著），而這兩位傳主都是主宰中國命運的人物，我想再寫一個像他們一樣的人。現代中國史上，此人非孫中山莫屬。孫首倡共和，對共和中國所走的路影響最大。我還特別希望弄清一個問題：中國為什麼會從慈禧走向毛澤東？一九〇八年慈禧去世前，她已經準備實行君主立憲，給中國人以投票權，有關程序、規則都已經制定。可四十年後，毛澤東上台，中國陷入最嚴酷的專制極權。這四十年到底發生了什麼事？這些年中，孫中山在政治舞臺上先叱咤風雲，後留下持久遺產，研究孫能解答我的問題。我還能了解孫中山這個人，就像通過寫傳認識毛澤東和慈禧一樣。

在閱讀了許多關於孫中山的史料之後，他在我眼前成形了。他遠非聖人——對此，作為傳記作家，我謝天謝地。他一生大起大落，經歷了無數艱難險阻，那些暗室裡的密謀，陽光下的凶殺，能讓書讀起來像看驚悚片。我也明白了由於孫，中國怎樣一步步最終走進毛澤東統治。孫值得寫，應該寫。可是，我不願用整本書來寫他。史料展示的孫中山，是個徹頭徹尾的政治動物，全心全意追逐的是政治野心（或者說是雄心吧）。他是個單色調的人物。我對孫的興趣淡了下來。

與此同時，孫的妻子和她的姊妹們卻引起了我強烈的好奇心。宋氏三姊妹在華人世界家喻戶曉，但我一向並沒有特別注意她們。像一般人一樣，我知道她們的婚姻絕無僅有：三姊妹，一個嫁了「國父」孫中山，成了「國母」；一個嫁了多年的元首蔣介石，被稱為「永遠的第一夫人」；一個嫁了腰纏萬貫、據說是孔子後裔的孔祥熙。大家都說她們「一個愛國，一個愛權，一個愛錢」。這幾個傳奇人物雖然地位顯赫，可似乎不具有大時代中真實的人所必有的悲歡離合、酸甜苦辣與真切複雜的內心世界。上世紀八十年代中，英國企鵝出版社曾邀我寫一本關於宋慶齡的傳記，作為他們《現代女性叢書》的一冊。我粗淺地搜集了些資料，勉強寫了三萬字，但心沒放進書裡，寫成的小書不值一讀。

開始探索孫中山之後，漸漸地，我對三姊妹的興趣越來越濃厚，直到她們蓋過孫中山，成為我希望書寫的人。她們雖然不決策，但位處權力中心；雖然也是政治人物，卻又不局限於政治，是多方面、多層次、多色彩的女人。她們有希望，有失望；有勇氣，有怯懦；有狂熱的愛情，也有絕望與心碎。她們一生享盡榮華富貴，但付出的代價也不可謂不慘痛——從死亡的利劍隨時懸在頭上，到慶齡美齡由於丈夫的政治追求而小產，終身不能生育渴望的子女。三姊妹分屬你死我活的敵對陣營，關係錯綜複雜，極具戲劇性。而她們中的孫中山夫人、蔣介石夫人跟丈夫的關係，更是曲折跌宕，充滿感情糾結，迄今鮮為人知。

轉移寫作重心到宋氏三姊妹，絲毫不妨礙我探討民國四十年的願望。相反，這個時代，蔣介石與孫中山同等重要，缺他不可。孔祥熙在早期與孫志不同道不合，後來成為蔣的臂膀，是那些年變遷的寫照。以三姊妹為主，配以她們的丈夫，民國四十年能得到完整的敘述。不僅如此，長壽的她們，目睹了民初的民主中國（一般不準確地稱為「軍閥混戰」或「北洋政府」時期）、蔣介石的國民黨中國、毛澤東的共產黨中國，以及大陸的改革開放、臺灣的民主轉型，美齡甚至親歷了三個世紀的風風雨雨。這樣漫長的歲月，又都身處各自政治力量的頂峰，三姊妹堪稱中國現代史的最佳見證人。歷史與個人，家國事與兒女情，在她們身上再緊密不過地交織。她們的故事，真正令人盪氣迴腸。

寫作本書，我奉行一向的宗旨：秉筆直書，言必有據。跟從前寫傳相比，這次查找資料是前所未有的順利輕鬆。傳主們都跟美國有千絲萬縷的關係，檔案很多在那裡，而美國檔案館館員是一流的盡職、高效、樂於助人。民主的臺灣，敞開了史料寶庫的大門，在整理、出版文獻資料方面取得的成就，給我印象至深，也讓我大大受益。我居住的倫敦，是孫中山在中國使館「蒙難」的地方，英國政府當年做了一系列調查，留下了大量卷宗；孫中山恩師康德黎醫生和英國首相索爾斯伯利侯爵的後代，都欣然合作，使我的研究非常順暢。就是中國大陸，也編輯出版了眾多原始書信。宋氏姊妹在美國養成的不斷寫信談心的習慣，蔣介石繼承的中國人持之以恆記日記的傳統，尊孫中山為「國父」而導致的對孫言行的詳盡記載……所有這些，造就了浩瀚的史料大海，在其中我如魚得水，十分愉快。

如今，書成了，像毛傳和慈禧傳一樣，書中觀點也會讓一些讀者感到震驚。但是，中國現代史被改竄百年，早就應該重新書寫。我能夠做的，是發掘史料，從而提供新鮮視野。這三部傳記合起來，算是我的《中國現代史及其核心人物三部曲》吧。

張戎

二〇二〇年四月，倫敦

第一部　共和之路（一八六六～一九一一）

1 孫中山的崛起

一八九四年七月四日，夏威夷在推翻君主制一年之後，宣布成立共和國。沒人想到的是，這個太平洋群島上的政體變化，居然影響了萬里之外的中國的歷史進程。後來被稱為民國之父的孫中山，二十七歲那年在這裡上岸，一頭撞進了熾熱的「共和」空氣。人人都在談「共和」：保皇者密謀恢復被推翻的利留卡拉尼女王（Queen Liliuokalani），共和黨人在準備用武力捍衛他們的新政權。這個年輕人本來就是激進分子，正在千方百計顛覆大清王朝，現在突然看到王朝推翻後中國可以向何處去。在夏威夷，孫中山得到了「共和」的靈感。

這是一個新鮮字眼，當時的中國人只知道皇權更替。視大清王朝為異族統治、渴望推翻它的漢人，都只想到建立另一個王朝。許多人呼籲恢復清朝以前的明朝，但這一前景沒什麼吸引力：明朝早就是棵腐朽的老樹，被一場農民起義連根拔起，滿人只是從關外乘虛而入。沒人真想回到明朝。未來該怎麼樣，大家都說不清楚。

夏威夷給了孫中山一個清晰可行的藍圖：「共和」。那年十一月，在陽光燦爛的檀香山，孫建立了他的政治組織「興中會」。成立會議在當地一家華人銀行經理的住宅舉行，這是棟兩層木頭小樓，有寬大的涼臺，格子窗外熱帶的花木為它遮陽。到會的二十餘人按夏威夷的方式左手放在《聖經》上，舉起右手宣誓，誓詞是孫中山寫的：「驅除韃虜，恢復中華，創立合眾政府……。」

把「反滿」與「共和」連在一起，可謂孫的天才之舉。民族情緒讓人們很容易接受共和。二十年不到，一九一一年，滿清王朝就被推翻，中國成了共和國，孫中山也成了當然的「國父」。

＊

黝黑皮膚、矮小勻稱、五官端正的孫中山，出生在中國南海岸的廣東鄉間，離香港、澳門很近，距北邊的省會廣州有一百來公里。他的村子有個詩意的名字「翠亨」，但坐落在荒涼貧瘠的山坳裡，沙質土壤，種不出好莊稼。一八六六年十一月十二日，孫中山出生的時候，孫家窮困已極，父母孫達成夫婦、祖母、十二歲的哥哥和三歲的姊姊，全家人住在一間十來米長、四米寬的小泥屋裡。他長大些後睡不下，哥哥姊姊只得到親戚家去借宿。米飯太寶貴，平常只能吃番薯，男人們很少穿鞋。達成夫婦盼望新生兒能有點好運氣，給他取名「帝象」，希望他沾上這一帶供奉的道教神祇「北帝」的光。

可小孫中山四歲就顯示了他未來離經叛道的個性。他媽媽那時在給七歲的姊姊妙茜纏腳：折斷妙茜的四個腳趾骨頭，把它們硬彎到大腳拇趾下，用布綁起來，做成「三寸金蓮」。這個一千多年來讓中國女子天天受罪的酷刑，對農家女兒也不例外。孫的媽媽自己受了一輩子纏腳的苦，如今還不得不親手折磨女兒。看到姊姊痛苦地呻吟哭喊，孫中山懇求母親住手。孫媽媽流著淚對他說，要是他姊姊長大了沒有一雙「小腳」，人們會譏笑她，說她「不是中國人」，那時「她會怪我」。小孫中山還是扭著媽媽不放，母親終於軟了下來——不是不纏了，而是把妙茜送去村裡的纏足專門戶。

五歲時，哥哥孫眉遠渡重洋、坐四十天的遠洋輪去夏威夷闖天下。那時夏威夷是個深受美國影響的獨立王國，為了發展農業，歡迎中國農民。十七歲的孫眉勤勞刻苦，先在農場幫工，後來開創了自己的事業。他掙了不少錢，也大量寄回家，孫家的境遇改善了。新房子蓋起來，孫中山九歲時進了學校。

孫討厭讀孔夫子的聖賢書，就像討厭下地種田。後來他告訴朋友，一開始有「思想」時，他就一心想著怎樣才能逃離他所過的這種生活。機會終於來了。一八七九年，哥哥同意他去夏威夷。一靠岸，十二歲的孫中山就愛上了這個地方。首府檀香山的港口，矗立著歐洲風格的宏大建築，叫他覺得像「奇妙的仙境」。市內潔淨有序，比起又髒又亂的翠亨，也恍如換了人間。

孫眉本來想讓弟弟在生意上幫助自己，但弟弟不感興趣，他就順從弟弟的意願，送他上學。先上的是檀香山英國聖公會辦的義奧蘭尼（Iolani）學校，這裡一切遵循英國私立學校的教學辦法，教師們也大都是盎格魯—撒克遜人。孫學得很起勁，三年後畢業時，英文文法考試第二。自豪的哥哥為他設宴慶祝。學校頒發的獎品是一部關於中國文化和歷史的書，提醒學生們不要忘記他們的根。孩子們沒有被英國化，小孫中山的腦後，還垂著一根長長的辮子。學校整齊畫一的制服、一絲不苟的紀律、由教官指導的扛槍操練，都叫他歡喜。

畢業後，他進了島上的最高學府：美國傳教士辦的奧鴉湖（Oahu）學院，即今天的普納胡（Punahou）學校，歐巴馬總統的母校。學費昂貴，每星期一銀元，能買一隻一百磅重的山羊。對還在奮鬥的孫眉來說，這是個不小的負擔。他剛在夏威夷第二大島茂宜島上買了地，希望種甘蔗。但地在山裡，海拔四千英尺，接著雲彩的邊，山陡石多，石縫裡掙扎出稀疏的野草，拚命要抓住太容易流失的土壤。種甘蔗不可能，一般的牲畜也難以立足，只有山羊能存活。山羊是孫眉的主要資產。

奧鴉湖學院對孫中山不啻是天堂。這裡有大石屋上課，有椰樹間的大道漫步，有細心護理的綠草坪遊戲，還有個噴泉，邊上倒掛著蕨的枝條。中午噴泉邊笑聲不斷，活潑大方的美國女學生邊吃午餐邊聊天。女教師中有位是副校長，是一個男教師相當公開地追求的對象。

這一切跟翠亨和它纏腳的鄉下女人們是那樣地不同，對十六歲、情竇初開的孫中山產生了巨大的影響。此後一生，他都喜歡學校裡這樣的女性，而不像很多中國男人，喜歡服貼順從的妻子。

女同學（以及男同學）都是基督徒，這很可能激發了孫中山信教的念頭，不是教徒就不能真正進入他們的圈子。當他對哥哥說出這個願望時，孫眉很生氣，家鄉的北帝是他全心信仰的神。兩兄弟起了爭執，孫中山不肯改變，孫眉一氣之下給他買了張回鄉的船票，預付的學費、雜費都浪費了也在所不惜。

離鄉四年後歸來，孫中山毫無親切感，只想盡快離開。不久他想出個法子。村裡最重要的地方是北帝廟，裡面供奉著北帝的彩繪貼金塑像，一方寶劍在手，拇指朝天，象徵著天授神權。北帝兩旁佇立著兩位女神，擔保大海安寧和多子多福，雖然重要，但只能當北帝的配角。在村民看來，北帝有生殺予奪的大權。

一天，孫邀集幾個朋友，說要帶他們到廟裡去「掃除迷信」，跟北帝神像搗搗亂。據朋友陸燦回憶，大家都既震驚，又興奮。正午廟裡沒有人，只有個看廟的靠著牆打瞌睡，孫叫朋友們盯著守廟人，自己和另一個叫陸皓東的男孩進了廟。眼神憂鬱、具有藝術家氣質的陸皓東，是未來青天白日旗的設計者。此刻他只敢刮了點一位女神臉上的油彩，到此為止。孫中山就不一樣了，他不慌不忙地打開一把小刀，切斷了北帝朝天的拇指。陸燦等人進來看見，嚇了一跳，他後來說：一個小山村的農民孩子做這樣的事「真是一件驚人之舉」。

看廟的醒了，驚動了全村人。朋友們一個個狼狽地逃回家去，可孫中山漫不經心地走回家，讓人看見，還看出他是帶頭人。憤怒的村中長輩鳴鑼聚眾，衝到孫家告訴達成他兒子幹的事，責怪他沒管教好。達成費盡唇舌、卑躬屈膝地道歉，說他也很生氣，但不知如何是好。長輩們要他把孫中山趕出村，說不然就不能安撫神靈，會有大難降臨。達成只好叫兒子離家，一面掏錢修補毀壞的神像。

孫中山走了——若無其事地走了。陸燦醒悟到，孫在褻瀆神像時已經很清楚後果，其實他的目的就是被逐出翠亨。如果他向父母要求離家，不會得到允許，現在父母反過來趕他走。陸燦說：「我後來才意識到，他從不在尚未權衡得失以前做任何事情。」孫中山儼然已是個小謀略家。

一八八三年夏天才回家的孫，秋天便出走，目的地是香港。英國人管理前這裡是幾個散落的小漁村，如今變成了宏偉的國際大都市，港口有點像檀香山，只是更壯觀。到了香港，孫徑直去到英國聖公會給男孩子辦的學校兼孤兒院，他知道那裡會收留他。果然，他住進了教室樓上的一間屋子。

父母當然不願真的趕走他，不久就派人來要他回家。他們還給他說了一門親，女孩是鄰村朋友的女兒。像許多人一樣，他們認為成家生子會讓年輕人安頓下來，做個負責任的家長。孫接受了父母的要求，第二年回家成親。但成親只是手段：回家前，他先登記入讀香港中央書院，哥哥孫眉付費。

十七歲新郎的這樁包辦婚姻，對他十分有利。新娘盧慕貞比他小一歲，美麗大度，知書識禮，性情溫柔，絕非好吵架抱怨之輩。婚後，她留在孫家侍奉公婆，照料家事，一雙纏緊的小腳從不閒著。而孫中山待了兩星期就走了，從今以後，他有時回來一趟住幾天，別的時間在外過著無拘無束的生活，有別的女人作伴。

婚後不久，孫在香港受洗成了基督徒。施洗的是美國喜嘉理（Charles R. Hager）牧師，住在孫中山樓上。另一位牧師朋友為他改名「日新」，取《大學》中「苟日新，日日新，又日新」之意。粵語「日新」音近「逸仙」，孫逸仙便替代乳名「帝象」成了他的名號。「中山」則是後來他在日本流亡時用過的假名，源自一個日本人的名字。

孫並不真信仰上帝，朋友們都知道他很少上教堂，後來他還嘲笑基督教。但教會帶給他很多機會。在孫眉因他入教而中止為他付學費時，教會幫助了他，讓他在廣州的教會醫院學醫。

那時的廣州，遍城是窄窄的泥巴小巷，行人與轎子爭道，轎前有開道的，直著嗓子叫喊。街兩旁的小攤販中，有賣狗貓甚至賣猴子做食物的。骯髒擁擠、汗臭沖天，這不是孫中山想住的地方。他很快跟哥哥和好，重回香港，由哥哥資助進了剛開辦的為中國人所設的醫學院。說服哥哥很容易：當醫生是務實的理想職業。過了幾個月，他們的父親去世，悲傷之餘，孫眉更覺得自己應該照顧好小兄弟，把孫的生活費翻了一翻。孫中山因此得以在學醫五年中，愜意享受他喜歡的都市和生活。

一八九二年夏天畢業，但他找不到工作：他的畢業證書不為香港所承認，新醫學院的課程在最初幾年夠不上英國本土的標準。鄰近的葡萄牙屬地澳門也不承認他的證書，孫在那裡勉強待了一年，只得搬到證書不成問題的廣州。

正是在廣州，孫中山打定主意做職業革命者。

*

孫有幾個志同道合的朋友，他們經常一起談論滿清的罪惡，從男人留辮子到清初「屠城」，夢想著推翻滿清的一天。陸皓東是常談的好友之一，有個新朋友叫鄭士良，是民間祕密組織三合會的廣州地方首領。這兩個朋友相貌正好相反，陸皓東像個藝術家，鄭士良則似乎刻意要打造幫會頭子的形象，眼光帶著凶氣，咬緊的牙關透著心狠手辣。

朋友們當時都是無名之輩，但他們的雄心不小，要取大清王朝而代之，自己坐天下。這樣的大志在中國並不少見，漫長的歷史上有不少普通人登上皇帝的寶座。史上最大的農民起義太平天國領袖洪秀全，就是出生農家，而且出生地就在孫中山家鄉一帶。洪率領軍隊從南到北，一直打到北京附近，占領大片土地，還建立了自己的首都，差點叫清王朝覆滅。孫中山出生時正值太平天國失敗，士兵四散，有個翠亨人回到村裡。老人愛坐在村口大榕樹下，繪聲繪影地講當年南征北戰的故事，童年的孫中山聽得如癡如醉。孫對人說他景仰洪秀全，遺憾洪未能成功。有人跟他開玩笑，叫他洪秀全，他聽了真以「洪秀全第二」自命。

一八九四年，中日甲午戰爭爆發。當時皇上是二十三歲的光緒，孱弱無能，比方他怕打雷，每逢雷雨時，就叫太監們聚在一起，放聲大喊，企望壓過雷聲。這樣的統帥指揮不了國家的第一場現代戰爭，中國一敗塗地。聽到壞消息，孫對朋友笑著說：「這個千載難逢的機會不能失掉！」他們商量著先在廣州起事，占領廣州，再奪取其他地方。鄭士良建議，打仗可以用三合會的弟兄。當時中國各地這類幫會不少，出錢就可以雇到戰士。孫中山意識到，他們的夢想大有可能成為現實。

這個計畫需要大量資金，既要雇戰士，又要買武器。為了籌款，孫於一八九四年橫跨太平洋重到夏威夷。這一年，夏威夷成為共和國。正是在此行中，孫中山發現了「共和」這條未來之路。

夏威夷的華人捐助了數千美金。孫打算下一步到美國去籌集更多資金。但一封上海來信力勸他馬上回國，發動革命。中國在甲午戰爭中正接二連三地慘敗，滿清政權的無能使它在全國上下失盡人心。革命的時機到了，孫中山立刻踏上歸程。

寫信給孫的人，就是宋耀如，宋氏三姊妹的父親。時年三十三歲的他，曾是美國南方監理公會的傳教士，如今剛成為上海富有的企業家。那年早些時候，孫來上海，他在陸皓東的介紹下見過孫。陸在多年前損壞北帝廟神像後離家出走，定居上海。見面時三人談起革命，後來孫說：「三人屢做終夕談。」宋耀如對孫反對滿清統治深有同感，他敬佩孫正在採取行動，而非像大多數人那樣只是嘴上抱怨。雖然孫不過是個不出名的小人物，但他已經給人感覺，即對自己的目標和必勝具有強烈的自信心。他的不張揚的絕對自信吸引了好些追隨者，宋是其中之一。宋將對孫傾力相助。

這時，宋的大女兒靄齡五歲，小女兒美齡還未出生，二女兒慶齡剛一歲。長大後的慶齡將不顧父母的激烈反對，嫁給了孫中山。

*

一八九五年初，孫中山和朋友們從夏威夷回國，準備在廣州起事。首先聯絡了香港楊衢雲，一家洋行的副理。楊的樣子像個十里洋場的闊少，一套三件式的西服上衣口袋外，露出悉心摺疊綻開的手絹。但他是個激進的革命者，還有自己的組織「輔仁文社」。香港商界、報界他都熟，有一兩家報紙答應給起事以輿論支持。他還擔保在苦力中招兵，這樣戰鬥就不會只靠幫會。輔仁文社的成員不少，遠比孫的追隨者多，他們對孫懷有戒心。其中一人在一八九五年五月五日的日記中寫道：「孫逸仙像是個輕率冒險不計後果的傢伙，他寧願冒生命危險也要讓自己出名。」六月二十三日的日記又寫道：「孫要每個人都聽他的。辦不到。」另外一人說：「我不要跟孫有任何關係。」

因為這些原因，當兩個組織的成員聚在一起為他們成功後的新政權選舉「總統」時，楊衢雲輕易獲勝。孫大怒：起事本來是他的主意，總統非他莫屬。三合會首領朋友鄭士良也為他抱不平，說：「這是不能答應的，我一個人去對付他，我去殺他，非殺他不可。」旁邊一人反對，說：「殺了他在香港就出了人命案件，我們還能起事嗎？」孫同意先讓楊做「總統」，起事成功了再說。共和革命還沒開始，血腥的權力鬥爭就已經依稀可見。而孫中山的目標一開頭就很明確：他要當「大總統」，為此有人流血也在所不惜。

眼下，這群革命者暫且放下爭執，共同準備起事。他們把時間定在一八九五年九月初九重陽節，拜祭祖先的日子。廣州被認為風水好，大家族的祖墳多在這裡，大批人會來掃墓，起事者可以混在人群中進城。

清政府得到了起事的消息：在孫中山祕密籌款、購買武器的地方，當地官員報告了上司。清廷警告了廣州總督，這印證了總督自己的情報來源。由於沒有實在的證據，總督沒有立即逮捕孫，只是加強了防範，派人不著痕跡但緊緊地監視孫。

孫嗅到危險了，最後關頭又出了點變故：楊衢雲在香港招募的苦力不能及時趕到，楊要求推遲兩天。九月初九早晨，孫中山決定取消整個計畫。他在起事總部把錢分發給幫會中人，叫他們回去再聽命令。然後，他對在場的鄭士良和另一朋友陳少白說：「現在處境很危險……還是離開廣州。」鄭、陳二人當晚乘夜航船去了香港，孫中山走的是自己早已準備好的另一條路。

初九日傍晚，孫中山在廣州的牧師朋友設宴，為兒子娶媳婦。在掃墓的日子結婚，按中國傳統不吉利；這位華人牧師選擇這天擺婚宴，很可能是準備萬一舉事失敗，可利用赴宴的人群掩護孫逃走。宴會設在珠江岸上，孫混雜在人群中來到，然後他悄悄下到江邊，那裡早有艘小輪船等候。小輪船司機不知道怎麼走，由孫中山引航——顯然孫試過這條水路，對它很熟悉。孫先到澳門，在那裡躲了一兩天才在香港露面，他不願讓人知道他是最先逃走的。

孫取消起事時陸皓東不在場，結果陸沒來得及離開廣州，被逮捕並砍了頭。從香港來參加暴動的幾個領頭人，一上岸就被抓起來做了刀下鬼，他們帶來參加暴動的苦力許多也被捕了。這一切發生時，孫早已不在廣州。香港報紙群起譴責他，指責他不顧同志生死自己逃之夭夭。孫說他給香港發了電報。

從整個事件來看，孫在起事前就把各種退路都想好了。他具有精明的、高出常人的自我保護能力。

到香港後，孫去見他從前在醫學院的老師、後來一直關係密切的康德黎（James Cantlie）醫生。醫生蓄著維多利亞時代男人常留的大鬍子，人很善良，熱愛教學，具有冒險精神，還是個激進者。在他自己的國家英國，他強烈主張蘇格蘭獨立，在倫敦做學生時日常穿著蘇格蘭褶裙，在當時是件很不尋常的事。朋友描述他：「在他諸多獨特的性格中，最顯著的是沸騰的民族主義。」到香港後，他成為當然的滿清統治的反對者，這就是為什麼他看重孫中山，跟孫做朋友。不久他將拯救孫，在孫的上升史上發揮關鍵作用。

康醫生介紹孫去見他認識的律師。律師要孫馬上離開香港，清政府正要求引渡他，抓住他有一千銀元的獎賞。孫跟鄭士良、陳少白搭乘最早一班輪船去了日本。到達後，他發現日本政府也在考慮引渡他，只得又趕緊逃離。為了掩飾身分，他剪掉了本來就不喜歡的辮子，蓄著小鬍子，換上西服，看上去像個日本人。他再次橫渡大洋去了夏威夷。

在夏威夷，孫依然到處籌款，準備再度起事。這回他成效甚微。人們或是不喜歡他崇尚的暴力，或是害怕跟他沾邊。他一開口，大家就掩耳逃去。但是與危險為伍的孫中山，不知窘迫為何物，他滿不在乎。夏威夷籌不到錢，他便在一八九六年六月啟程去了美國大陸。從西海岸到東海岸，他尋找當地華人，向他們鼓吹革命，請他們捐款。可所到之處，無論舊金山抑或紐約，華埠都給他白眼。他後來說，他的同胞對他「視同蛇蠍，其肯往還者，僅耶穌教徒數人而已」。幾個月過去了，他一無所獲，決定穿過太平洋去英國試試。

*

清政府一直盯著他的行程，駐倫敦的公使館雇了「司賴特」私家偵探社（the Slater's Detective Association）跟蹤他。十月一日，偵探社經理亨利・司賴特（Henry Slater）做出了第一份報告：

根據您的指令，我們的人員到利物浦去監視「白星」公司「皇家」輪船上叫孫文的人。在此謹向您報告，有個跟您指令描述相符的華人昨天中午十二點在利物浦「王子港口」上岸。

偵探社接下去詳細記載了孫到倫敦的旅程：哪班火車他準備搭乘但沒趕上，哪趟車他趕上了，如何在倫敦聖潘克拉斯（St Pancras）火車站包裹處領取行李，又怎樣「乘坐一二六一六號出租馬車前往」旅店。

第二天孫到倫敦市中心德文郡街（Devonshire Street）四十六號康德黎醫生家中拜訪。康德黎那年二月從香港歸來。根據康後來對英國官方所做的證詞，啟程前，一個孫的朋友來訪，「告訴我孫想見我，並說孫在檀香山」。康於是繞了一個大大的彎，專程到夏威夷去看這位從前的學生。他和孫，真可謂志同道合。

孫在倫敦的住處也是康找的，在赫爾本區（Holborn）。停留倫敦的日子裡，孫常常去探望康——他沒有別的朋友，也沒什麼別的興趣愛好。偵探社報告了他典型的一天：

步行到牛津街，看看商店櫥窗，……然後走進一家「快速奶品」店，在那裡吃午餐，然後回到格雷法學院街（Gray's Inn Place）八號的住處，時間是下午一點四十五分。晚上六點四

> 十五分時他又出來，走到赫爾本區的一家餐館，進去，在那裡待了三刻鐘，然後回到格雷法學院街八號，時間是晚上八點半。此後未見露面。

如此一個星期後，偵探社寫道：「觀察每天不斷進行，但未能發現任何重要東西。您感興趣的這位紳士只是在大街上逛來逛去，東張西望。」中國公使館曾要偵探社特別注意跟孫接觸的華人。司賴特報告說：「沒有觀察到他見過任何華人。」幾天這樣枯燥無味的監視之後，偵探社鬆懈了，不再尾隨孫。

夭折的廣州起事週年就要來臨。如果孫不想讓他的事業就這樣無聲無息地消失，他非得做點什麼不可。一句玩笑話給了他個主意。中國公使館位於波特蘭大街（Portland Place）四十九號，每次他去康德黎醫生的家，在牛津廣場（Oxford Circus）下公車走路去必從公使館門前經過。從公使館再到醫生家只需三分鐘。一天康醫生跟他開玩笑：「怎麼樣，你不會到中國公使館去吧？」孫「大笑」說：「我想不會。」康夫人說：「你千萬別去，他們會把你裝上輪船運回中國，你的腦袋就保不住了。」

三個人笑了一陣，這件事就過去了，但康的話啟發了孫。為什麼不能走進公使館去，搞出點事來呢？比方說，跟裡面的官員辯論，甚至打起來，讓他們把他扔到倫敦大街上去。照他看來，最壞不過如此。但這會引起注意，甚至還可能成為新聞。當然，公使館是中國領土，這是件冒險的事。但孫中山所做的一切都在冒險，他選擇的生涯正是不斷的、經過仔細掂量的冒險。他做了細心研究，決定走進公使館。據他後來說：「欽差在英無辦犯之權，中國與英國又無交犯之約，我早查明，然後敢來。」他覺得公使館不敢把他怎麼樣，既不能把他扣起來引渡給中國，也不可能在館內殺害他。如果中國政府要殺他，可以輕易雇個殺手，在哪間不知名的酒店下手。公使館是倫敦中心的一棟普通住宅，一開門就是大街。而且，大多數雇員都是當地英國人，包括男女管家、各類僕從，他們絕不可能當殺人幫凶。最令孫寬心的是，當時由於中國公使龔照瑗病重，管理使館的是個蘇格蘭人：馬格里爵士（Sir Halliday Macartney）。這個信息是康德黎醫生告訴孫的。康知道這位蘇格蘭人的地位，甚至知道他住的地方。英國人主持公使館，對孫中山走進去是決定因素。他認定英國人懂得英國法律，不可能殺死他。

孫徵詢他原先就讀的香港醫學院第一屆院長孟生（Patrick Manson）醫生的意見。這位醫生是世界著名的熱帶疾病專家，有「熱帶醫學之父」的美譽。他不贊成孫在廣州的行動，叫孫「別幹那種事了」。孟生後來對英國官方做的證詞說：孫「提到他要走進中國公使館去，我對他說這不明智。他說他接受我的意見，不準備去了」。

但是孫去了。一八九六年十月十日，廣州起事失敗一週年之時，他走進中國公使館，問有沒有廣東同鄉。翻譯鄧廷鏗是廣東人，跟他聊了一陣。談話中孫藉口看時間，掏出金錶，有意讓翻譯看見錶上孫的英文名字縮寫。兩人說好孫第二天再來，一起到港口去會廣東客商。孫走後，鄧回想他們的談話，越想越覺得那人正是朝廷要犯孫中山。他報告了龔公使。

在他籌畫進入公使館時，孫沒有著意研究這位病中的官員。事實上，這位官僚野心不小，儘管聽明有限。他聽了報告，一心想的是抓住了朝廷要犯後的美妙獎賞，於是不顧病體（他幾個月後去世），要親自主持捉孫。正是他下令在孫來後把他扣留起來。他電報北京說：「該犯……來至使署，詢有無粤人。次日復自來使署，探問中國情形。按公法，使署即中國之地。彼即肆無忌憚，勢不能不暫行扣留。」

第二天是星期天。一早，遵循龔公使的指示，馬格里爵士指揮僕從把三樓上一間背街的臥室收拾乾淨，準備關人。孫來了，鄧翻譯裝作請他參觀使館，帶他去到那間屋子，馬格里爵士請孫入內。爵士個子高大，低頭對矮小的孫說，他知道孫是中國法律判定的罪犯，「你既然來了請暫住一晚，等我們得到北京回音」。說完他走了，關上門，叫雜役喬治・柯爾（George Cole）「看好孫，別讓他跑了」。柯爾跟別的僕人輪流守在門外。

這個結局孫沒有料到。他想的是被扔出去，沒想到被關進來。當他聽到鄧翻譯命令柯爾在門上加把鎖，又聽到裝鎖的聲音，心裡焦慮緊張不堪。那一夜他翻來覆去，輾轉難眠。

龔公使關了孫後便自鳴得意地向北京報喜邀功，請求指示現在該怎麼辦。這位官僚沒想到，北京也不知道該怎麼辦。中國政府曾要求英國逮捕引渡孫，被英國拒絕了。總理衙門（外交部）不想捲進事態發展，叫公使自己處理：「解粤應設何法？能免英阻止，且必到粤？望詳商律師，謀定後動，……切望詳慎。」

龔公使只得要馬格里爵士想個辦法。爵士找到擁有航運公司的朋友，問他租條船，把一個「瘋子」運回中國可不可能。航運公司說花七千英鎊可以租艘兩千噸的貨輪。龔公使於是再電北京，要求批准支出這筆錢，並說，如果不批准，那他只能把孫中山放了。總理衙門不想擔責任，乾脆不回信，也不批准七千英鎊。

襲公使無法回覆輪船公司，偷運孫的事談不下去。但他又不願放孫，也不想擔責任。孫中山繼續在「牢房」裡待了下去。

「囚犯」首先提防下毒。學醫的經歷此時派上了用場：他只吃麵包、外面送來未開封的瓶裝牛奶和生雞蛋。一天鄧翻譯來，告訴他已經找到航運公司，要把他運回中國。孫真正害怕了。為了救自己，他懇求鄧，轉達公使：「萬望欽差代為申雪，俾得回國，另謀事業，斷不敢再行為亂。」

最重要的，他想盡辦法要遞出信息給康德黎醫生，只有醫生能夠救他。孫請雜役柯爾幫他帶條子給醫生，許諾柯爾大筆報酬。但柯爾把條子都交給了馬格里爵士，爵士告訴他，孫是個「瘋子」。孫知道條子沒送到，一天對柯爾說，他需要新鮮空氣，柯爾打開了一扇窗戶。窗上有鐵條，孫鑽不出去，但他把手從鐵條間的空檔伸出去，把一張裹著錢幣、有一定重量的紙條扔到鄰居的屋頂上。公使館的人看見了，柯爾爬過去把紙條撿起來，仍交給馬格里爵士。爵士叫柯爾把窗戶釘死。

漸漸地，孫中山說服了柯爾他不是「瘋子」，而是相當於英國的反對黨領袖：「因為我是反對黨領袖，他們把我抓起來。他們想把我捆起來，塞住我的嘴，把我運上輪船運回中國。」孫的話打動了柯爾，他徵求女管家豪太太（Mrs Howe）的意見，問是否應該幫助孫。豪太太說：「要是我是你，喬治，我會幫助他的。」緊接著，在柯爾還沒把孫的條子遞出去的時候，這位善良的女管家自己先行動了。她寫了封匿名信，從康德黎醫生家的門縫裡塞進去，信上寫道：

有個你的朋友從上個星期天起被關在中國公使館裡，他們的意思是要送他回中國，回去後他們肯定會處死他。這個人真可憐，除非馬上做點什麼，否則他會被帶走。……我不敢簽我的名字，但我說的都是實話，請相信我的話。

康德黎醫生聽到門鈴響，看到字條時，是十月十七日星期六夜裡十一點。孫中山已被關押了一個星期。醫生立即採取行動搭救自己的學生。他首先去馬格里爵士的住宅，無人在家。接著他叫了輛馬車去附近的馬利伯恩（Marylebone）警察局，隨後又去倫敦市警察廳「蘇格蘭場」（Scotland Yard）。兩處他都沒法叫人相信他。蘇格蘭場的警察覺得他不是喝醉了就是神經不正常，叫他回家。康醫生整晚待在公使館門外，怕萬一使館乘夜間把孫弄走。

康夫人日記寫道：

〔星期天〕是希望與恐懼的一天。哈莫西〔Hamish，康德黎的名字〕一早就去見A法官，……接著又去見H先生，……但他們都沒法為孫逸仙做任何事。上教堂後回家來，哈莫西又去找孟生，看他能不能找到馬格里爵士。孟生站在我們一邊，對公使館非常憤怒。這時有人來（柯爾），說他就是看守孫的人。他帶來兩張孫的名片，請求我們援救他。

一張名片的背面，孫寫道：「我星期天被綁架進中國公使館，就要被祕密運出英國、運回中國處死。求求您救救我，越快越好！」這些字孫先用鉛筆寫好，再用鋼筆慎重地描出。名片正面，他印著的名字「Dr. Y. S. Sun」的上方，孫寫下康醫生的姓名住址，下邊加上一句話：「請照顧為我送信的人，他很窮，為我做這件事會丟工作。」

第二張名片上是更為緊迫的求助，沒用鉛筆先打草稿，只用鋼筆：「公使館已經租了艘輪船運我回中國，一路上我都會被關起來，不能跟任何人聯繫。啊！大禍將至！」

手持這兩張名片，同孟生醫生一道，康德黎再奔蘇格蘭場，隨後又去外交部，那裡一位官員立即著手處理此事。兩位醫生回到公使館外，讓館內人明白英國政府知道了這件事。龔公使意識到事情糟了，緊急給北京發電報，問是否應該立即釋放孫，免得英國政府來找麻煩。跟上封電報一樣，這封也沒回音，沒人願意承擔放孫的責任。結果孫仍然被關押。

當這些官僚像鴕鳥一樣把頭埋在沙裡，指望麻煩自動消失時，函電在英國外交部、內務部、蘇格蘭場，以及索爾斯伯利侯爵（Lord Salisbury）之間來往。侯爵時任首相兼外長，經他首肯，警察在公使館外站上了崗，準備一有孫中山被悄悄弄出來的跡象就撲上去。港口接到命令，監視所有前往中國的輪船。同時，官方正式詢問了柯爾，兩位備受尊重的醫生也宣誓做出具有法律效應的證詞。具備了這一切文件，十月二十二日星期四，孫被關押的第十一天，索爾斯伯利侯爵致信公使館：「在中國公使館內違背當事人意願而扣留他，在女王陛下政府看來，違背了英國法律，超越並褻瀆了為外國代表所設的外交特權。因此，我榮幸地要求您立即釋放孫中山。」

英國外交部把馬格里爵士召到部裡，聽取宣讀索爾斯伯利侯爵的信。遵從侯爵的要求，他安排在第二天下午四點半釋放孫。十月二十三日準時，總督察賈維斯（Chief Inspector F. Jarvis）和外交部的一位官員一起到公使館去接孫。一道去的還有興高采烈的康德黎醫生。*

孫中山走出公使館時，「身體看上去很好，……精神更佳」。當他看到若干記者在追逐自己，就更開心了。康醫生事先通報了報紙，一大群人此時已聚集在門外。有拍照的，有畫速寫的，還有憤慨的旁觀者，爭先恐後問孫問題。後來好些天，遠在美國和澳洲的報紙都刊登了繪聲繪色描述孫的消息，更不用說日本、香港和上海。標題裡總有「綁架」這樣醒目的字眼。

馬格里爵士寫信給《泰晤士報》，辯解說孫是自願走進公使館的，但無濟於事。對英國人來說，正如索爾斯伯利侯爵所指出：重要的是，「進去後，他被關押，成了囚犯」。孫堅決否認他自願走進，聲稱他不知道那裡是公使館。他仔細挑選用詞，說是「被擋住，……帶強制性地弄進去」的。後來英國政府調查時，孫知道暴力綁架是犯罪，會帶來刑事調查，那時他得按法律宣誓

---

* 孫釋放以後，北京的總理衙門忽然有動靜了，公使館一八九六年十月二十四日收到電報批准雇船運孫回國。電報上把日期倒填幾天，寫成孫還在被關押的時候，顯然目的是在檔案中留下一筆，以備朝廷查看時顯示他們一向積極捉孫。龔公使也趕緊申明自己，電報北京他已經租定了船，正要把孫運回去，可惜沒成功。

作證，會被律師當庭追問，真相很可能暴露出來，於是反覆強調說：「沒人使用任何暴力，做得還相當友善。」

但寫書他就用不著這麼小心了。在康醫生的大力協助下，他很快寫成一本書，配上個吸引人的標題：《綁架在倫敦》（*Kidnapped in London*）。書立刻成為暢銷書，翻譯成好幾種語言。孫中山出名了，儘管評價不一。英國公眾最初對受害者的同情逐漸淡化，他們不喜歡暴力革命。康德黎夫婦的朋友會略帶嘲弄地稱他為「你們那位麻煩的朋友」。康夫婦始終是孫唯一的歐洲朋友。

但對孫來說，要緊的是，他的名聲傳到了中國激進者耳中，他在他們中成了名人。他們找上門來，也熱情地歡迎他。當他一八九七年七月終於離開倫敦經加拿大返回遠東時，繼續尾隨他的偵探注意到他如今日程滿滿；當他對華人說話時，「他們很注意聽他的話，對他很殷勤」。人們對他慷慨解囊。在溫哥華，孫多付了一百加元，由二等艙換成了頭等艙，衣服也變成時尚的麻質套裝。正如孫後來對他幼時朋友陸燦開心大笑著所說：「我不需要錢，無論我去哪裡，我都要什麼有什麼。」陸燦議論說：「真是這樣……他只憑他的名字就能走遍天涯海角。到處都給他準備好交通工具、房子、食物，他要錢有錢……就連汽車、汽艇，需要也能辦到。」走進使館被扣留，使孫中山成為唯一有世界知名度的中國革命者。

＊

有了名氣，孫中山得以在中國附近建立基地。曾經威脅引渡他的日本，如今讓他居留，供給他日常費用，還給他配備了警方保護。

一九〇〇年，仇外的義和團在中國北部殺基督徒、燒教堂。列強認為中國政府鎮壓不力，派八國聯軍攻入北京，清廷逃到古城西安。有一段時間，大清王朝似乎搖搖欲墜。孫中山抓住這個時機，向日本政府提議，在東南海岸組織三合會暴動，給海峽對岸占領臺灣的日軍以藉口進攻大陸。日本駐福州領事給外務大臣的報告說：

> 得知我臺灣總督並未放棄其略取華南之意圖，孫氏聞言甚為喜悅，已決定在廣東省潮州與惠州之間舉事。……孫逸仙等又計畫在舉事之時，由臺灣引日本兵在廈門南方之雲霄縣銅山港登陸。

多方考慮後，東京沒採用孫的計畫。孫想造成既成事實，叫鄭士良率領手下的三合會行動，他本人則去了臺灣，跟一心想出兵大陸的日本總督兒玉源太郎的代表密謀。十月初，鄭士良帶領數百人在惠州暴動，力圖奪取廈門。但東京嚴厲禁止兒玉源太郎輕舉妄動，總督不得不執行命令，既不敢出兵，也不敢輸送武器。暴動失敗，臺灣驅逐了孫中山（數月之後，鄭士良在香港一頓飯後突然死亡。死亡證書說他死於心臟病，但人們一直懷疑有人下毒）。

孫回到日本，發現處境變了，日本人不歡迎他了，他只好到別的地方去謀出路。但香港不准他入境，泰國不許他待下去，法屬越南也趕他走。

外國政府此時選擇與慈禧太后合作。孫中山在外籌畫暴力革命時，中國內部在她的統治下正進行著一場不流血的革命。這位從前的低等妃子，在丈夫咸豐皇帝一八六一年去世後發動宮廷政變，執掌大權，從此開始引領古老的中國進入現代，取得了舉世矚目的成就。一八八九年，因為光緒皇帝成年，她被迫交出權力，退隱頤和園，不能過問國事。甲午慘敗後，她重返政壇，於一八九八年再度啟動改革，即戊戌變法*。雖然變法停滯了兩年——先有康有為等人企圖謀殺她而光緒皇帝捲入，後有義和團之亂——但一朝平息她就實施了更加徹底的改革。二十世紀的頭十年，中國可謂翻天覆地。嶄新的教育制度、自由的新聞媒體、文明的法律制度，都在此時初創。婦女解放由慈禧一道反對纏腳的諭旨揭開序幕，發展得如火如荼。慈禧還制定了一整套程序，準備實行君主立憲，由選舉產生國會。就連孫中山也承認，變革「大有一日千里之勢」。為孫施洗禮的美國喜嘉理牧師，一九〇四年在洛杉磯碰到孫，對他說，他「鼓吹的改革現在清廷都在推行，中國可以在君主制度下獲得新生」。孫只是簡單地回答：「滿人非得趕走不可。」

孫的「驅除韃虜，創立共和」的綱領在漢人中引起了廣泛的共鳴。開放的國策使得數千年輕人此時到日本留學，其中不少認同共和。一九〇五年夏，孫再來橫濱時，年輕人像朝聖一樣來看他，簇擁著他去東京。在那裡他對著擠滿大廳的人群演講，大廳擠不下，街上都是人，伸長了脖子要看一眼這個預言家。孫來了，穿著熨燙筆挺的白色西裝，歡迎他的掌聲好似雷鳴。他一開口，大廳立刻「肅靜無嘩」。演講完，不管是否聽得懂他的廣東口音，「眾人拍掌不絕」，「拍掌聲如雷」。

孫在東京建立了新組織「同盟會」。先前在夏威夷成立的興中會此時已不復存在。新組織也命運多舛，不久孫的同志們就指責他私拿日本人的錢，「受賄」，「被收買」，還說他「待人做事，近於專制跋扈」，集體要求罷免孫中山同盟會總理職務。孫確實不善於跟人合作，他的風格是自己做主、發號施令，別人得服從他。

同盟會陷於分崩離析的渙散狀態，無法利用一個天賜良機。一九〇八年十一月十五日，慈禧太后病逝。《紐約時報》觀察到：「她一旦離世，中國立刻給人以缺乏強有力的領袖的印象。……中國沒有領導者，正在快速失控。」共和派的反清努力加快了步伐，即便沒有同盟會領導。滿清異族統治的滅亡，已是大勢所趨。

*

慈禧死後三年，一九一一年十月十日，一場兵變在長江中游的武昌城爆發。參加者們不再是幫會土匪，而是受共和思想影響的政府「新軍」。這就是辛亥革命。孫中山在美國，沒有參與起義。兵變官兵請他們的長官黎元洪出任領導。胖胖的、人稱「菩薩」的黎元洪，時人描述他「性情澄爽，樸重端誠，面帶愉色」，是個忠厚長者，深受士兵和當地人愛戴。他早就有了共和的理

---

* 戊戌變法一向被說成是光緒皇帝和康有為等人搞的，慈禧太后被認定是反對、破壞改革的頑固分子。這不是事實。真相及相關史料請見張戎：《慈禧：開啟現代中國的皇太后》，第十九章。

想與藍圖，辛亥革命中接受英國記者採訪說：「我個人渴望看到每個省成為一個擁有自己的議會的自治省，但受全國性政府領導。我們的藍本取自美利堅合眾國。」他一向默許共和黨人在他軍隊裡的活動，此時爽快地答應了官兵的請求，當天出來執掌帥印。他是參加共和的第一個身居高位、享譽遠近的人物，他的參與讓一般人看到共和並非僅是一幫亡命之徒幹的事，對他們贊同共和起了極大作用。同樣重要的是，他在各省軍官中有許多志同道合的同事，使他能在一定程度上左右中國的武裝力量，使共和革命有把握成功。

不久，共和黨人中聲譽僅次於孫中山的黃興趕來武昌城。黃興人粗壯，是個無畏的戰士。那年春天，他剛在廣州領導了黃花崗起義，戰鬥中失去了兩根手指。起義雖然失敗了，但意義深遠。來武昌後，黎元洪委任他為戰時總司令，指揮對政府軍的反擊。在黃的指揮下，兵變軍隊守住武昌四十天，像一根經久不息的火索，點燃了全國各地的共和兵變與暴動。

孫中山沒有急著回來。有兩個多月的時間，他繼續周遊美國和歐洲，最後停留在東南亞。他在等待看共和黨人是否能贏，讓他能安全地回到中國。一路上他始終在宣傳自己。所到之地，在當地中國留學生的幫助下，他告訴報紙——或者安排把信息透露給報紙——說中國正在發生的起義都是「奉孫逸仙命令而起」，共和國一建立，他就會做「首任總統」。他還以「孫大總統」的名義發表宣言。外國報紙對他的採訪被中國報紙轉載，進一步在共和黨人中造成他有世界影響力的印象。

為了向同志們解釋自己為何遲遲不歸，孫中山電報黃興說，他在歐美尋求外交援助，「從外交方面致力，俟此問題解決而後回國」。他還通過報界聲稱已經籌到巨款，「歐洲銀行團允許：如孫……舉為大總統，即可貸款協助中國建設」。孫的確千方百計借款，在倫敦住進了當時號稱「英國第一豪華酒店」的薩伏伊（Savoy），用有酒店抬頭的信箋四處寫信。但是他沒見到一個政界、商界有地位的人。孫的活動範圍迄今僅是華埠，沒能接觸到西方上層社會。

一九一一年十二月十八日，面對全國此起彼伏的起義，清廷同意在「承認共和」的前提下與共和軍隊談判*。共和黨人勝利在望。他們著手組織臨時政府與清廷談判，提名黃興主持，黃興接受了提名。一得知這個消息，孫中山立馬歸來，於二十五日到達上海。他再也不能推遲，他得親眼看著共和中國誕生。共和是他最早提出的，共和的火種不熄也得力於他近二十年的鍥而不捨。而且，只有身在其處，他才能得到當然屬於自己的職位：共和中國大總統。

---

* 這一決定是隆裕皇太后做出的。慈禧太后在臨終前，把滿清王朝在危機關頭決策的權力，授予一生懦怯、但求生存的隆裕，就是準備由隆裕交權。慈禧已經看到了共和的必然。她的這一安排使中國能以最少量的流血，和平過渡到共和。詳情請見張戎：《慈禧：開啟現代中國的皇太后》，第三十一章。

2 宋耀如：虔誠的傳教士，祕密的革命者

宋氏姊妹的父親宋耀如，英文名字查理，生於一八六一年，是孫中山的同代人。他出生於同樣貧困的家庭，經歷也類似。這個海南島上的農家孩子，十四歲便隨兄長到爪哇謀生。在那裡他看上去像個當地人：黧黑的面龐，深陷的眼窩，不似一般華人的厚實外翹的嘴唇。十七歲時，一個堂舅過繼了他，帶他去美國。養父在波士頓擁擠的中國城開了家百貨店，查理在那裡做學徒。因為小時沒讀過書，他請求養父讓他上學。養父斷然拒絕。看來過繼不過是為了得到一個不花錢的店員。查理憤然離家出走，一八七九年一月到波士頓港口一艘美國政府緝私船上去找工作。佳慕森（Gabrielson）船長挺喜歡他，收他做船上的侍童。查理身高一米五多一點，看樣子又比他實際年齡小，船長以為他不過十三四歲。查理沒有糾正這個誤解：年紀小更容易受到善待。

他有討人喜愛的天性，恭敬隨和，總是樂呵呵的，工作又十分勤奮。船長待他像自己的孩子，經常請他到麻薩諸塞州艾德加敦（Edgartown）鎮上的家裡去作客。船長夫人是鎮上皮斯（Pease）法官的姪女，家住一棟氣派的大宅子。生平第一次，查理享受到舒適乃至豪華，享受到無憂無慮充滿愛意的家庭生活。船長夫婦是虔誠的監理公會信徒，常常帶他上教堂，他對宗教的

信仰隨著對船長夫婦的依戀加深。一年後船長調到北卡羅來納州的威明頓港（Wilmington）另一艘緝私艇去，查理辭職隨船長前往。威明頓市教堂林立，宗教氣氛濃重。船長把他介紹給第五街監理公會的牧師托馬斯．理卡德（Rev. Thomas Ricaud），一八八〇年十一月，理卡德牧師為他施行了洗禮。當地報紙興奮地寫道，查理「可能是自古以來第一個在北卡羅來納受洗的天朝來人」，並且說查理「在宗教社區引起了強烈的興趣」。教堂儀式完畢後，查理伸出手去跟大家一一緊握，說他終於找到了救世主，渴望回國去傳播福音。

查理的宗教信仰讓人們更喜愛他了。那時，基督教新教正在中國迅速發展，監理公會是最狂熱的「耶穌戰士」。查理在南方監理公會教徒中出了名。佳慕森船長此時離開了他的生活，菸草大王、慈善家朱利安．卡爾（Julian S. Carr）接著做他的監護人。附近達勒姆市（Durham）的聖三一（Trinity）學院，在一八八一年四月收他做特別學生，學習《聖經》，學院院長和夫人親自輔導他英文。聖三一學院畢業後，他到南方監理公會總部、田納西州首府納什維爾（Nashville）的范德堡（Vanderbilt）大學神學院就讀，準備做傳教士。查理在美國監理公會教徒中生活了七年，這七年決定了他的一生，也決定了他三個女兒的一生。

到聖三一學院不久，查理給父親寫了第一封信。他不識漢字，信用英文寫的。裡面有不少錯誤，畢竟查理剛開始學習英文。信中有對幫助他的人的感激，也透露著他的宗教熱忱。

親愛的父親：

我寫這封信是想告訴您我在哪裡。我於一八七八年與哥哥分別，離開東印度群島來到美國，終於找到了我們的救主基督。……現在達勒姆主日學校和聖三一學院在幫助我，我在忙著學習，以便能回中國，把達勒姆朋友們的友善和上帝的仁慈告訴你們。……我記得小時候，您帶我到大廟去拜那些木頭做的神像，……但現在我找到了救世主，無論我在哪裡祂都能給我安慰。……我信仰上帝，希望憑上帝的旨意在這個世界能再見到您。我們現在正放假，我住在達勒姆的J．S．卡爾先生家裡。收到我的信後請馬上給我回信，要是得知您的消息，我該多麼高興。我愛您，也請向母親和兄弟姊妹們轉達我的愛意。……卡爾先生和夫人一家是很好的基督教家庭，他們對我非常好。

但是，查理的信沒法送到。他把信寄給監理公會在上海的主持人林樂知（Young J. Allen）博士請他代轉，可當林回信要他父親的中文姓名、地址時，查理給不出來。他完全是漢字文盲，只得畫了張簡單的地圖，從傳教士用的地圖上照抄了幾個地名：上海、香港、海南島等，標出他家鄉的大概位置。他父親的名字用的是當地方言的英文音譯。這個地區有數百甚至數千家庭的孩子在海外，林樂知無從著手替他找。查理只好放棄跟家裡聯繫的念頭，這是他給家人寫的唯一一封信。

他很孤獨。一天清晨，他跟范德堡大學一群男孩子在小教堂中聚會，唱聖歌、做祈禱，交流宗教體驗。據在場的同學回憶，查理站起來，默默地站了一會，然後嘴唇顫抖著說：「我感到太渺小，太孤單，離家人太遠，在陌生人中住了太長的時間。我感到自己就像一塊小木片，在密西西比河上漂流。」同學記得：「眼淚從他臉上流下來，不等他說下去，十多個男孩把他圍了起來，伸手抱住他，安慰他說他們都愛他，像愛自己兄弟一樣。」

無論查理走到哪裡，人們都以善心待他，「對他表示極大的尊重和敬佩，認為他有大志，能艱苦勤奮念完大學，實在不容易」。當然，在聖三一學院時，有同學注意到，「男孩子們喜歡作弄他，對他搞各式各樣的惡作劇」。在范德堡大學，校長馬克蒂耶（Holland Nimmons McTyeire）主教待他也談不上親切。學習結束時，他要求再學醫。主教不答應，用傲慢的口氣寫信給林樂知說：「宋希望再留一兩年學醫，說回去更有用，等等。他慷慨的贊助人朱利安．卡爾先生也不是不樂意繼續幫他。但我們認為，他應該盡快回中國去傳教，在這裡時間待得太長，舒服日子過慣了，回中國去就不適應了。現在他已經習慣了我們高級文明的舒服，當然這怪不得他……。」

查理對這些都不計較，他想的是別人的好處。跟人相處他總是「禮貌周全」，「彬彬有禮」，總是「生氣勃勃，讓人愉快」，「把惡作劇當作玩笑」，讓緊張空氣鬆弛下來。人們記得他「不一般的樂天」和「特別容易相處的友善性格」。他有很強的幽默感。受洗時，他的姓拼成跟「宋」字近音的Soon，「快」的意思。有同學記得，介紹他給男孩子們時，他笑著用故意加重的華人口音說：「快總比慢好。」

查理快樂無憂的外表，其實是靠堅毅的決心和痛苦的努力塑造的，代價是不斷抑制自己的感情。他喜歡女孩子，從一八八二年給聖三一同學的這封（也有不少英文錯誤的）信裡可以看得很清楚：

兩位費爾德小姐都在這兒，她們下個星期五早上就要回家去了。告訴你吧，她們真是令人快活的姑娘，我很喜歡她們。……聖三一眼下也很令人愉快，只是不知道這些姑娘們走了以後會怎麼樣？……彼得姑小姐也在這兒，……她比從前任何時候都漂亮。有時我去拜訪她和卡西小姐。她談話真活潑，……我整天跟姑娘們在一起真是開心，書幾乎沒讀。……瑪密小姐跟另外兩位昨天晚上來訪，我們玩得太開心了。……芙悌絲蒂小姐同我一齊去看艾拉．卡爾，你想像不到我們開心的程度。

可是，青年查理無法任他的感情進一步發展。信中提到的艾拉．卡爾（Ella Carr），是他的贊助人朱利安．卡爾的姪女，學校教員的女兒；五十年後，她告訴當地的報紙，查理常常到她家去看她，聽她彈鋼琴——直到有一天，她母親「叫他不要來得這樣勤」。查理沒有再來，用一張照片道別，照片上他「穿著十分得體瀟灑」。

跟查理最親近的女孩子是安妮．索斯蓋特（Annie Southgate），達勒姆一位有勢力的紳士的女兒。在給她的信中，查理隱晦地表達了自己的感情。一次他提到丟失了某人的地址，然後筆鋒一轉，說：「為什麼我不會也不可能丟失你的地址呢？你知道為什麼嗎？」他還聲明自己不會愛上理卡德牧師的兩個女兒：「詹妮小姐要訂婚了，男方身高才不過七呎九吋，而我高達五呎。羅莎小姐太小，十五歲，而且到她姊姊家去度夏了。所以你看，即便我想陷入情網，也沒有機會。」

查理盡可能明確地向安妮表示愛慕之意，用詞略帶憂鬱，乃至憂傷：「我猜想你在某個地方。不管你身在何處，我都希望你過得開心。安妮小姐，我得承認，我愛你超過達勒姆所有的女孩。你不信嗎？在給你的信中，我已經表達了我的感情。」查理能做的只能是這些了。他在墮入愛河，但對方沒有表示，他也就約束自己，沒有跳下河去。愛情不會有結果，他是個「中國佬」。

查理痛感控制感情的必要，後來要求兒女從小就學會在感情上約束自己。小女兒美齡記得她還是個孩子的時候，父親就告誡兄弟姊妹：「不要輕易流露感情，多愁善感不是件美事。」哥哥子文第一次離家去上寄宿學校時，她號啕大哭，忽然看見父親「臉色變得嚴厲冷漠」，嚇得她吞回了眼淚。從此以後，她很少哭泣：「我能數得過來成人後大哭的次數。」

雖然美國不盡如人意，查理依然熱愛這塊土地，後來把送六個子女到美國留學作為頭等重要的大事。這是他賺錢的動力，賺了錢後，孩子們的留學費用成了主要開支。他的三個女兒都在美國上學，美齡九歲就去，在那裡一待十年。最特別的是，女孩子們獨自住在那裡，沒有家裡大人照看。查理毫無保留地信任美國社會和監理公會。

由於他「朋友眾多、滔滔不絕、笑話不斷」，查理的美國同學認為他膚淺，不能想像「他腦子裡有任何嚴肅的思想」。然而，一個再嚴肅不過的決心已經形成：查理要盡力改變他的祖國，讓它更像美麗的美國。一八八五年底，他帶著這樣的意願啟程回國。

*

長江入海口上海，已是一個初具規模的國際都市。幾十年前這裡是一片沼澤地，直到清政府允許西方人投資治理。歐洲式的巍峨大廈建起來了，緊挨著東方的精緻竹房，大馬路連接著小巷，公園的草坪跟鄉間的稻田相映成趣。黃浦江邊的外灘大樓林立，江中無數舢舨隨著波浪起伏，好像是這個中西合璧大都市的脈搏在有力地跳動。

林樂知博士在城裡安了家，把促進中西文化交流作為畢生的事業。在古老的中華帝國，他是引進西方文化的先驅。蓄著長長濃密的大鬍子、臉上表情通常嚴峻的林博士，不僅精通西方文化，而且是中華文化學富五車的專家。他在譯書和教學方面貢獻卓著，受到清廷和華人知識分子的敬佩。查理回國前不久，他剛在上海創辦了「中西書院」。查理希望在那裡任教。

林博士把這視為對學校的侮辱，查理中文一字不識，居然有如此企望，真是不知天高地厚。給馬克蒂耶主教寫信時，林毫不掩飾自己的輕蔑：「我們中西書院的少年、青年男學生們，都遠比他優越；那些高級的更都是英文與中文兩種語言的學者。」林博士在「中文」一詞上特別加了著重號。「宋絕不可能成為中文學者，他最多不過是個沒有祖國的中國佬，不知足，不滿意，除非給他安排的地區和待遇都遠遠超出他的價值。我給他安排傳教地區時，發現兄弟們沒一個願意接收他。」

林博士於是大筆一揮，把查理派去上海之外的小城崑山，並把他算成「本地傳教士」，這意味著查理比外國傳教士的薪水低。查理感到屈辱，但克制住反抗林的願望，只在給安妮寫信時發洩憤怒。

林博士似乎是一心要懲罰查理，他不馬上給查理假期讓他盡快回海南去看望多年不見的父母全家。查理這回發火了，指責林樂知不公道；但他的抗爭仍然是有節制的，沒有公開對抗，他忍了——這是他向安妮小姐做出的保證。直到數月後的一八八六年秋，查理才得以回到故鄉。父母一開始認不得他了，當他們認出這真是失去聯繫多年、以為再也見不到的兒子時，歡樂的眼淚流了不少。團聚幾天，查理又回到一千七百公里外的崑山縣。

在中國查理感到格格不入，他寫信給安妮小姐說：「我踏上了生我的土地，但對我來說這裡遠不像我的家，我感覺美國比中國更像家。」首先，他不會中文，得突擊學習。然後，他還得學崑山方言：「本地人的語言跟我的母語完全不同，他們看我就像美國或歐洲人看我一樣陌生。」當地人還譏笑他，因為他個子矮，農民的孩子在他進村時跳著腳叫：「小矮子！小矮子！」

慢慢地，查理終於能用當地語言佈道了，儘管說得不流暢。他向安妮小姐述說經歷的種種痛苦，雖然他對安妮本身的渴望也讓他痛苦，但他的信大體是平和樂觀的。安妮小姐於一八八七年初去世，查理給她父親寫信說他感到「萬分悲慟」。

*

那年下半年，查理的生活發生了根本的改變：他跟十八歲的倪桂珍結婚了。倪是中國「天主教之首」徐光啟的後裔，徐是明代高官，十七世紀初皈依天主教，與利瑪竇（Matteo Ricci）等耶穌會傳教士合作，把西方科學引入中國，上海的「徐家匯」就是因他而得名。倪桂珍的母親後來跟一個基督教新教徒結婚，這在當時頗引起一陣風波。

繼承她家的傳統，倪桂珍篤信宗教。女兒美齡後來回憶道：「我知道母親跟上帝離得很近，……幼年時印象最深的事之一，是母親到三樓她專門留起來的一間屋子去祈禱。禱告每次都花好幾個小時，常常從清晨開始。每當我們問她一件事該怎麼辦，她總是說：『我得先問問上帝。』我們也懂得不能催她。問上帝不是花五分鐘求他保佑孩子，答應要求，而是默默祈禱，靜候上帝的旨意，直到她感到上帝的指引。」

倪桂珍的宗教虔誠一望即知。人們看得出：「她的臉上有著性格的力量和精神的和平，使她姣好的面容更加美麗。」

年幼時桂珍就與眾不同。母親要給她像給別的女兒一樣纏腳時，她的反抗是發起嚇人的高燒，逼得父母停止了纏腳，接受她一雙「大腳」、找不到丈夫的未來。

可是傳教士查理出現在她的生活中了：一位親戚介紹他們認識。他們心有靈犀一點通，是天造地設的一對。查理寄了封充滿喜悅的信去北卡羅來納州，用慣有的玩笑式口吻宣布他的婚禮：「在上海，中國，農曆九月初四。能猜出這到底是哪一天的人，歡迎光臨。」

查理在范德堡大學的朋友比爾・貝克（Bill Burke）一天到崑山去看望新婚夫婦。比爾在渡口下船，沿著狹窄彎曲的小道，找到路邊一座小屋子，這是查理夫婦居住的牧師公寓。給比爾印象最深的，是新娘未纏過的天足：「她堅定優雅的步伐，恰似任何一名美國婦女。」他看得出查理「深愛他的妻子」。查理終於找到了一生的伴侶，兩人無話不談，事無巨細，都一道做出決定。認識的人都說他們是「好一對和睦的夫妻」。

第一個孩子靄齡在一八八九年七月十五日出生。之後又生了五個，一共三女三男。女兒是：靄齡、慶齡（一八九三年）、美齡（一八九八年）；兒子是子文（一八九四年）、子良（一八九九年）、子安（一九〇六年）。

由於他要養家，還要讓孩子們受美國教育，查理在第二個孩子出生前辭去了傳教的工作。傳教士圈內有人指責他「重新回去信仰崇拜偶像的異教」。查理給北卡羅來納州的朋友們寫公開信解釋：「我離開傳教事業的理由，是每月十五美金的收入不能養活我自己和妻子、孩子。」他發誓要「做一名我們監理公會的獨立工作員」，事實上他的誓言也都全部兌現。

查理開始從商。憑著他的美國背景，開朗性格，更不必說勤奮和天分，成功如探囊取物。他進口機器，經營麵粉廠，還創辦印刷廠，專門印中文本《聖經》。當時美國《聖經》公會免費贈書，《聖經》的需求量非常之大。

很快，查理進入了上海的上流社會，為他的家庭建了一座大樓房，帶一個大院子。樓房是歐式的，裝有美國式的舒適設備，包括室內暖氣。查理說自己「永遠不會習慣穿著室外衣服坐在冰冷的房子裡這種中國生活方式」（他還不喜歡中餐）。據大女兒靄齡描述：

洗澡間裝著漂亮的蘇州瓷浴缸，外面裝飾著盤龍，裡面是上釉的綠瓷。冷水由水管送出，熱水在樓下燒好，提上樓去，……暖氣由煤氣燒的暖氣管供應。這種現代設施就連許多在上海的外國人也沒有。床不是硬的木板床，而是舒服的美國彈簧床。鄰居們都來看這些床，不以為然地用手指戳戳床墊，彼此議論說，對孩子這軟床墊最不健康，甚至有害。

在上海的有錢人看來，查理夫婦的這所舒適的大房子夠不上豪華，而且還在郊外，「在野地裡」，離市區太遠。人們把這歸結於這對夫婦的愛好奇特，但查理有個現實的考慮：他在省錢，以資助孫中山的共和革命。

*

查理的辦公處在他家大院裡，那裡他租了幾個房間給美國傳教士路易絲・羅伯特（Louise Roberts），印刷她辦的教會刊物。查理經常到她這兒來坐坐，跟她聊天。路易絲對查理「得到這個印象，即他主要關心的，除了他的家庭，便是幫助他的國家變成一個它應該成為的偉大國家」。離開美國的時候，查理已經夢想要改變中國，歸來十年，這個願望更加強烈。一八九四年春，他遇見了孫中山，同他和共同朋友陸皓東通宵長談。二十七歲的孫給查理留下了深刻的印象。孫走後，他不斷思索孫的話。那年下半年甲午戰爭爆發，中國慘敗，查理對清廷徹底失望，開始相信孫提出的革命是唯一救中國的路。他感到孫也是合適的人選：孫受的是西方教育，憧憬西方，又篤信基督教（孫知道他曾是傳教士，自然誇大了自己的宗教熱忱）。在這樣的情況下，查理激動地給孫寫信，促他從夏威夷返國發動革命。他資助了廣州起事。起事失敗後，陸皓東被斬首，孫中山流亡海外，都沒有動搖查理的信念，他繼續資助流亡中的孫，多年來祕密給孫寄了不少錢。

做這些事查理冒著極大的風險。如果傳出去，清政府不會放過他，自己教會的主事林樂知本來就不喜歡他，更會在宗教社團中給他製造麻煩。林博士痛恨暴力革命，在他編輯的《萬國公報》上譴責孫中山「謀為不軌」，「種種悖謬，其罪亦重」，是個「罪人」。查理不得不把自己的政治主張藏得嚴嚴實實。沒人知道這個一團和氣的富商，上海社交界的棟梁，會是個地下革命者。也沒人能想到，在明智隨和的外表下，查理有著澎湃的激情，甚至有不顧一切的衝動。剛跟孫中山見過幾面，他就把自己獻給了孫的危險而看不到成功希望的事業。在對這個人幾乎毫無了解的情況下就對他五體投地，動情地說：「中國人中我不認識任何人比您更高尚，更仁慈，更愛國。」

共和革命勝利後，查理沒有要求任何報答，既沒有要地位，也沒有要名望。一九一一年底孫中山到達上海，停留了一個星期，他沒有去找孫。他只把自己的祕密一時衝動地告訴了路易絲。那是共和黨人十一月奪取上海的第二天早上，他腳步輕快地走進路易絲的辦公室，像往常一樣去閒談。路易絲講起頭天晚上發生的事，顯然很興奮。查理高興地說：「現在我可以告訴你了。」多年後路易絲在接受美國一家電臺採訪時說：「他接著告訴我，他和孫中山的長期友誼，他怎樣千方百計幫助孫，尤其是在金錢上。……他咯咯地開著玩笑說：『當然我給他匯的錢都沒有要收據。』」路易絲觀察到查理很愛笑，「眼睛總帶著笑意」。他問路易絲：「或許你曾經納悶為什麼我們住在這裡，布置這麼簡單？」女傳教士答道：「我沒有多想，只覺得你和宋太太都不喜歡炫耀，我知道你們捐贈給教會時非常慷慨，再說你們子女的教育費用也相當高。」「不錯，」查理說：「但是我把能省下的都省下了，用來幫助孫的事業，因為我覺得這是幫助我的國家的最好方式。」他又笑了，接著說起別的事：怎樣說服他的妹妹來上海，使她在革命的混亂中能夠安全。

第二部　三姊妹與孫中山（一九一二～一九二五）

3 靄齡：「聰明透頂」的女孩子

一八九四年，靄齡五歲時，查理和桂珍送她上寄宿學校——監理公會在上海辦的「中西女塾」。學校是林樂知博士創辦的，以馬克蒂耶主教的名字命名。這兩位對查理都不甚友好，但學校是上海最好的女校，而且是美國學校。靄齡自己要求上那所學校，她注意到該校學生星期日做禮拜時在教堂裡有特殊的地方。小小年紀的靄齡，已經有了好強的個性和對地位的重視。母親遲疑不決，孩子太年幼，寄宿不妥當。靄齡堅持要去，最後父母只好讓步，那年秋天登記入學。外祖母眼淚汪汪地提抗議，把這麼小的孩子送走簡直是「狠心腸」。但是查理夫婦鼓勵他們的孩子獨立生活，他們控制了自己的感情。

靄齡後來對為她寫傳的艾米莉．哈恩（Emily Hahn）說，入學前一個星期，她「興奮得發狂，忙著準備衣裝，最重要的是那口皮箱——自己的、屬於個人的、美麗的、漆黑發亮的皮箱」。皮箱是小靄齡興奮的焦點。可是當皮箱預備妥當時，她「感到強烈的失望，因為——因為皮箱沒有裝滿，沒有鼓起來」。她「堅持把冬天的衣服都拿來，把箱子填滿」。未來中國最富有女人之一的影子，此時已經綽約閃現。

另外一件令這個五歲孩子擔心的事情是：「家裡有各種好喝的茶，學校的茶能這麼可口麼？」她點名要她平時愛吃的食品，守著母親裝滿一大籃子，包括「一包卡蘭德．寶色特製的奶油餅乾，一包帶辛味的黑色巧克力」。

父親帶她上路了。小靄齡身穿蘇格蘭風格的外套、綠色的長褲，梳著根小辮，一路興沖沖的。可是，當父親真的要離開她時，她摟著查理的脖子不放，哽咽著不讓他走。多年後她還記得這個場景，但記不得父親是怎樣把她的手拉開的。

想起學校，靄齡的記憶就是受苦。像她這樣年幼的孩子僅自己一人，課桌太高，腳夠不著地，在接連不斷的課程中，兩腿漸漸失去了知覺。她後來說：「我非常難受，但沒人想到怎麼幫幫我。」她只能靠自己甩動雙腿讓血液流通。最壞的記憶是晚上的恐怖。年紀大一點的學生去做功課，她「獨自一人在宿舍裡，躺在床上，害怕得發抖」。學生們做完功課，回宿舍之前，會唱讚美詩〈在我身邊〉。這首聖歌的音樂響起，就意味著她們要回來了，小靄齡的緊張恐懼會像潮水一般退走，她會在歌聲中沉沉睡去。此後一生，每當她聽到這首聖歌，她都會全身心如釋重負。

在中西女塾，靄齡的個性發展得更強，對宗教的依賴也更深。她從不向父母訴說學校的苦，爸爸媽媽不主張孩子們抱怨。學校生活意味著靄齡的童年大半是孤單的，沒有同齡的玩伴。她成長為一個內向矜持的人，整個一生都少有朋友。這使得她後來備受抨擊時，無人出來幫她說話。

宋家的第二個女兒慶齡，比姊姊小三歲，生於一八九三年一月二十七日。她從小就柔弱，「是個可愛，帶著夢想氣質的孩子」，「安靜，聽話，害羞」。母親最寵愛她，讓她在家跟家庭教師上課，十一歲才進中西女塾。看來母親明白學校的情況，不想讓她纖弱的二女兒也像姊姊那樣受罪。跟姊姊不同，慶齡對女塾學生享受的特殊待遇並不羨慕，相反，特權讓她不安。她後來回憶道：「小時候，我星期天跟著媽媽上教堂，媽媽是個虔誠的基督教徒。我們走進教堂時，牧師和他的助手會把那些衣衫襤褸的婦女從第一排位子上趕走，把地方讓給我們！」小慶齡從此反感傳教士。

宋家最外向的要數小妹美齡。她也在五歲時進了中西女塾，因為她事事要學大姊。生於一八九八年二月十二日的她，是個健康活潑、胖乎乎的小女孩。冬天，母親給她穿上厚厚的棉襖棉褲，她東顛西跑地像個萬聖節點上燈的南瓜，舅舅管她叫「小燈籠」，她滿不在乎。她的布鞋俗稱「老虎頭」，做得像隻老虎，鬍鬚長長，兩耳聳出，雙眼凸起，有些怕人。她的頭髮由紅頭繩繞著纏成兩根小辮，盤在頭的兩側。小女孩的這種頭式有個不好聽的綽號「螃蟹窩」，人們衝著她叫，她也不在意。美齡的性格開朗爽快。

在中西女塾，她得獨自一人穿過黑洞洞的走道，還得跟上高難度的課程。老師問她有沒有什麼困難，她說一切都沒問題。但是，一天夜裡，老師見她渾身發抖從噩夢中醒來；還有一次，她爬起來直挺挺地站在床邊背課文。學校把她送回了家。

家庭生活由嚴格的宗教紀律約束。因為「上帝不喜歡」，家裡不允許打牌，或者跳舞，舞蹈是「惡魔的東西」。祈禱天天全家做，上教堂的次數頻繁。小美齡認為家庭祈禱枯燥無味，總是找些藉口溜出屋去。她也討厭教堂裡長長的佈道。慶齡是媽媽叫她幹啥就幹啥，儘管心裡不以為然。而靄齡正慢慢地成長為虔誠的信徒。

宋家兒女都不介意父母的嚴格管束，而是熱愛、敬重父母。他們的家庭娛樂是西方式的。宋太太彈得一手好鋼琴，晚間全家在一起，她彈鋼琴，查理唱他從美國學來的歌，靄齡在家時跟父親二重唱。查理夫婦鼓勵孩子們在田野裡狂奔亂跑，在樹上爬上爬下。兄弟姊妹們一起玩，彼此關心愛護，即便有爭強好勝之事，也無傷大雅。他們之間的密切關係，將一直延續到長大成人，為後來名噪一時的「宋氏王朝」奠定基礎。

＊

查理和桂珍一直在等待機會送兒女去美國受教育。大女兒靄齡還不滿十三歲時，機會來了。查理的朋友比爾．貝克，將在下一年攜帶夫人小孩回鄉休假。查理找到他，請他幫忙安排靄齡去美國。原籍愛爾蘭的貝克，體型好似巨人，但性情特別溫和，他家在喬治亞州南方監理公會的中心梅肯市（Macon），世界上第一所給女子頒發學位的威斯理安（Wesleyan）女子學院就在那裡。貝克馬上給學院院長寫信，院長說歡迎靄齡。當第二年他回去休假時，便把靄齡帶上了。那時，美國正實行《排華法案》，限制華人入境。為了解決這個難題，查理給女兒買了本葡萄牙護照——這在當時是很普遍的做法。

一九〇四年五月晴朗的一天，十四歲的靄齡，端莊沉默地站在上海外灘碼頭，提著裝滿西式衣服的皮箱，她在等渡船載她和貝克一家去遠航輪「朝鮮號」，然後橫渡大洋到地球的另一端。

她將是首位在美國受教育的中國女子。但她看不出有任何興奮之感，沒有將遠離家庭的悲傷，也沒有對大洋彼岸陌生之地的害怕。父親送她到船上，她向父親簡單地道別，沒有流淚，不像早年在中西女塾分手時那樣眼淚汪汪，少年靄齡已學會了控制感情。可是，當輪船啟錨時，貝克發現她躲在角落裡抽泣。這是他所見的靄齡第一次也是最後一次流露感情。

靄齡吸引了船上眾人的注意。一天晚上，餐後舞會，樂隊在甲板上演奏華爾滋。靄齡隨著貝克一家走過時，一位輪船軍官過來請她跳舞。「不，謝謝，我不會跳。」靄齡搖搖頭嚴肅地說。軍官再邀請她：「現在學再好不過。來，我來教你。」「不，我不應該跳舞。」十四歲女孩堅定不移。「為什麼？」「因為我是基督徒，基督徒不跳舞。」那張不帶一絲微笑的臉答道。

貝克一家跟她旅行只到日本橫濱，貝克太太出發前就感染了傷寒，如今命在垂危，全家都下船陪伴她。貝克請船上一對夫婦照料靄齡。靄齡去找他們時，他們不在房間，但門是開著的，她走進去坐下等。她聽見他們正走來，妻子大聲說：「我真受夠了那些骯髒的中國佬，……希望我們很久都不必再看見他們。」靄齡忽地一下站起來，在他們進來時胡亂說了幾句，找了個藉口就趕快離開回房。她後來說，這些話永遠灼傷了她的心。讓她感到安慰的，是一位中年的美國傳教士安娜·藍麗絲（Anna Lanius）小姐，她此時來敲靄齡的門，介紹自己，在整個旅程中都跟靄齡作伴（船上的旅客之一是《野性的呼喚》一書作者傑克·倫敦，從朝鮮報導日俄戰爭後歸國）。

比那句偶然聽到的話更厲害的打擊，正等待著靄齡。輪船一九〇四年六月三十日抵達舊金山的大金門外，海關官員不認她的葡萄牙護照，威脅要拘留她。靄齡的端莊樣子不見了，她勃然大怒，嚷道：「你們不能把我關進拘留所！我是『客艙』旅客，不是『統艙』的！」她的意思是，她不應該被當作苦力對待。最後她沒有被拘留，但待在「朝鮮號」上等消息。「朝鮮號」要離港了，她就搬到另一艘船上去，然後又再去另一艘船。

就這樣，她在前途莫測的不安中，在一條又一條船上過了三個星期。藍麗絲小姐的父親在垂危之中，等待女兒歸來，但她堅持陪著靄齡，也一塊搬來搬去。最後，在監理公會的關係網幫助下，靄齡得以進入美國。她永遠記得藍麗絲小姐給她的溫暖，也為海關官員對她的「虐待」憤怒不已。在坐火車穿過美國大陸去喬治亞州的旅程中，她一直保持沉默，生著氣。貝克的妻子在日本去世，他此時趕來與靄齡同去梅肯。他本來期望能向靄齡解說沿途的美景，期待看到她興奮快樂，藉機也讓自己的喪妻之痛有所緩解。可是他完全失望了，感到自己「好像在努力讓一個石膏模型快活起來」。

靄齡沒有對一位剛喪失妻子的人，又是幫助自己來到美國的「恩人」，做任何禮貌的表示，這顯示出她的倔強任性。一年之後，她還在為自己受到的待遇忿忿不平。這時姨父溫秉忠率清政府代表團來到華盛頓，她說服姨父帶她去白宮，見到「老羅斯福」總統西奧多・羅斯福（Theodore Roosevelt）時，她直率地表示不滿。總統說他很遺憾。

*

載著這位倔強女孩的火車，八月二日駛進梅肯市，一個教堂舉目皆是的小城。未來五年，靄齡將在這裡，跟有幸在二十世紀初受高等教育的美國姑娘們過一樣的生活。但她的經歷不同於眾人，梅肯人並不都歡迎她——第一個來到他們中間的中國女學生。為了平息不滿，《梅肯電訊報》（*Macon Telegraph*）專門發文強調靄齡的基督教身分：「她是我們自己傳教工作的產物」，上威斯理安學院「是為了使她有資格在她的人民中傳播基督教義」。學院院長解釋說：「她不會強要結交任何年輕淑女，任何年輕淑女也沒有必要強要結交她。」並間接地懇請市民：「我相信她會受到善意的、尊敬的對待。」

對靄齡的歡迎就這樣帶著尷尬。當然她能感受到，即便人們對她表示好意，這中間也有些不自然。她的反應是縮進自己的小天地，跟人很少往來。若干年後她出了名，學院請同學回憶跟她交往的舊事，沒人想得起什麼事可談。大家只記得她的「端莊」，她的「靜靜的尊嚴」，還有她是個「嚴肅的學生」。沒人跟她有個人交往，有人承認：「當然我們也沒有讓她成為我們中的一員。」靄齡個子矮胖，相貌平平，她常常安靜地待在校園的一角，或在高高的白蠟樹、櫸木樹下，或在茂密的灌木叢間，讀書，思考。儘管她身穿美國服裝，梳著高高隆起的美國時興髮式，星期日跟同學一道走下長坡去桑葉街（Mulberry Street）的監理公會教堂，但她置身美國社會之外，很少跟人說話，五年中也沒有交朋友——不像兩個妹妹和父親，他們都在美國交了朋友，而且是好朋友，終身的朋友。

靄齡的處境加強了她作為東方人的自傲。同學回憶道：「學院一位教師有次對她說，她已經成長為優秀的美國公民。」靄齡臉上的表情是「受到侮辱」。她表演自己改編的《蝴蝶夫人》，站在臺上時，不像犧牲者，倒像女王。為了這場表演，她曾叫家裡給她寄綢緞來，查理寄來四十米。五彩繽紛的服裝讓所有女孩子著迷，她們不無嫉妒地悄悄議論她那「成箱的綢緞」。

同學們都說靄齡很嚴肅，她「對時事歷史了解得很多，而我們那時對這些都不感興趣」。她的畢業論文展示出一種遠遠超過十九歲年齡的成熟。論文題目是〈我的祖國與它的呼籲〉。文中她這樣寫孔夫子：「孔子最大的錯誤就是他沒能給女人以應有的尊敬。我們從觀察中可以認識到，沒有一個民族能夠真正偉大，除非她的婦女能受教育，能在道德上、社會地位上、思想上與男子平等。……中國的進步在很大程度上需要依靠她受過教育的婦女。」

靄齡對中國的事十分關心，有自己獨到的見解，對中國現代化的敘述是少見的準確，超越當時、以至後來人們的理解。她的論點是：「我們應該把一八六一年作為中國的覺醒之年*。從此，「中國發生了巨大變革，雖然漸進，卻十分顯著。……義和團的亂子其實是壞事變好事，自那以後，中國經歷了比以往任何時候都迅速的發展。」

學院五年也加深了靄齡的宗教信仰。論文中她寫道：「中國呼籲更多的傳教士前來。」學院當局對她的思想深度感到滿意，對她的宗教熱忱更為高興。他們深信這個女孩子會在中國「發揮重要的基督教影響」。他們沒想錯：在未來，靄齡將促使中國的統治者蔣介石皈依基督教，並讓第一夫人美齡成為虔誠的基督徒。這些都將對中國歷史產生重大影響。

---

* 這一年慈禧太后取得權力，開啟了中國現代化的進程。

一九〇八年，靄齡在威斯理安的最後一年，兩個妹妹來了。十四歲的慶齡獲得政府獎學金，跟一組獎學金學生一道，由政府官員帶來美國。帶隊的是姨父溫秉忠和太太，查理夫婦決定美齡也一起來，雖然她那時還不到九歲。跟隊來美國可以避免入境的麻煩，查理夫婦不願讓美齡錯過受教育的機會，只得忍心讓她小小年紀就離家遠去。

兩個妹妹順利到來後，靄齡幫她們安頓下來，忙碌地照料她們。她迄今無從表達的憐愛天性，統統施展在兩個妹妹身上，尤其是比她小將近十歲的「小美齡」，靄齡對她就像母親呵護女兒。有次同學看見她責備美齡不該跟一個她認為行為不好的女孩來往，美齡不聽，對姊姊說：「我喜歡她嘛！她吸引我嘛！」就像個受寵的任性孩子在向母親撒嬌。美齡一向拿大姊當榜樣，此時更為大姊的智力折服。後來她說靄齡「毫無疑問，是全家人中腦子最出色的」。許多跟兩姊妹接近的人都注意到，美齡對靄齡就像是女兒對媽媽，乖乖地聽靄齡的話，完全在靄齡的影響之下。在威斯理安，她們的關係已略見一斑。有次她們同臺演出歌劇《日本女孩》，靄齡扮演劇中的皇上，而小美齡則出演皇上的侍從。

一九〇九年靄齡畢業，在兩個妹妹繼續上學並廣交朋友時，她返回上海。這時的她剛滿二十，一心要在中國幹番事業。共和革命一九一一年爆發後，查理向她說明了自己跟孫中山的關係。他描繪的孫好似那犧牲自己以造福人類的耶穌，靄齡對孫崇拜得五體投地。雖然她從未見過孫，但她想像孫是她的英雄叔叔。當查理在基督教的圈子裡尋求對共和派的支持時，她舉辦慈善演出為孫籌款。查理早就鼓勵她組織慈善音樂會，她都不起勁，如今她充滿熱情。結果大家發現她很有組織才能，頭腦清晰有條理，主意又多。演出在租來的大劇院裡成功舉行，使用英文——這在上海也是件新鮮事。靄齡盼望早日見到她的偶像孫中山，為他的革命出一份力。

＊

此時，孫一心一意追求的，是在即將成立的共和國中任總統。在他心目中，這個職位非他莫屬。一九一一年十二月二十五日，一到上海他就開始爭取。因為他沒有參加共和暴動，而且推遲兩個多月才回國，許多革命者對他嗤之以鼻，認為他是個「膽小鬼」。《泰晤士報》記者喬治．莫理循（George Morrison）報導說：共和黨人「用輕蔑的口氣提起他，說他只是革命的鼓手，沒有採取過行動，遇到行動時總是躲得遠遠的，保住自己的腦袋」。他們說：「有危險時孫總是躲在後面。」因為孫聲稱他待在海外是為了給革命籌款，報紙請他證實他帶回「巨款」。孫巧妙大笑著說：「革命不在金錢，而全在熱心。吾此次回國，未帶金錢，所帶者精神而已。」孫並沒有帶錢回來，但這樣一說，人們以為他帶回了巨款，只是不想討論這個庸俗的話題。

孫要當總統，不能自己說了算，既然是共和，就得靠選舉，這是公眾的共識。當時中國有二十二個省，其中十七個爆發了共和起義，這十七個省的數十名代表齊聚南京，準備投票選舉「臨時總統」。

紫金山下的古都南京，散發著濃厚的文化氣息。往昔的歲月裡，在穿過城中心的秦淮河上，文人騷客與歌妓們乘著雅致的畫舫，樽前月下，吟詩作賦，調弦高歌。每作出一首好詩，稱心快意的作者會給路過的船慷慨賞錢，這些船上的人手拿長竹竿，竿頂掛著藍色小絨袋，隔著船遞過來，賞錢就扔進袋子裡。暮色初降，燈火透過一條條船上的格子窗一盞盞亮起來，秦淮河顯得最有詩意。

共和革命後，古都成了上海青幫大老陳其美的地盤。瘦削的陳，靜靜的眼神會叫人發抖，薄嘴唇吐出幾個字就可以要人的命。他是孫中山的追隨者。革命時他奪取了上海，勢力範圍延伸到南京，使他可以為所欲為。福建代表林長民，是憲政黨的，不屬於孫的組織。他到達南京時，陳其美派青幫打手到火車站去向他打了一槍，不是要他的命，而是嚇唬他，趕走他。林只好逃離南京。

對直接反對孫中山的人，陳就不那麼客氣了。孫從前的戰友後來變成敵人的陶成章，有大批追隨者，對孫的攻擊也最厲害。他專門寫了篇〈孫文罪狀〉，稱孫「謊言營私」，「殘賊同志」，等等。陳其美決定要他永遠閉嘴，派一個弟兄去完成這個任務。這個弟兄就是蔣介石。陶住在上海一家天主教醫院，蔣得知後衣冠楚楚地走進他的病房，走到床邊槍殺了陶。這件事蔣自豪地寫在日記裡——革命者們崇尚暗殺。一九四三年七月二十六日，蔣寫道：「余之誅陶，乃出於為革命、為本黨之大義，……然而總理最後信我與重我者，亦未始非由此事而起……。」蔣感覺到，為孫中山暗殺政敵，是自己得到孫的信任與重視的開端。

陳其美對孫中山當選「臨時總統」功莫大焉。後來孫稱他為「革命首功之臣」，儘管上海並非辛亥革命發源地。

與孫同時還有兩個候選人：武昌起義的功臣黎元洪和共和派二號人物黃興。對孫來說幸運的是，兩人都沒有當總統的野心。特別是黃興，他根本不想做決策人，鼓勵他的支持者選孫。

大個頭的黃興對上戰場有特殊的熱狂，「挾有決死之志」，看見他的人說他「其狀類狂」。打勝仗是他最關心的事。武昌起義他堅守一個月，引發各省革命，他應該很滿意了，但他只恨最後失去武昌，感到沮喪。坐船沿長江去上海時，他悶悶不樂，對朋友們說，他之所以打敗，都是因為德國人給了政府軍大炮，所以他想把船上的六個德國人殺死。一個日本朋友勸阻他，說這是艘日本船，日本人一定會徹底調查，會查到他頭上，影響他們的事業。黃滿心不情願地同意了，但又說：「那好，那就把跟他們一起的買辦扔到江裡去淹死他。他幫德國人做事，最可惡。」黃還同意刺殺在第二天下船時進行。下了這道暗殺的命令，黃興明顯地活躍起來，日本朋友說他「突然恢復了元氣」，帶著笑容對朋友們說，他選中的殺手「絕不會有問題，他非常有經驗」。午飯時，殺手凝視著買辦，要記住他的樣子，而買辦渾然不覺，還在有說有笑地吃喝。對流血見慣不驚的日本朋友，看到這個場景也感到「不寒而慄」。買辦在下船時被打死，殺手大搖大擺地隨著四散的人群走掉。故事到此沒有完結。不久，有人雇用這個殺手殺黃興，還把他的父親扣起來做人質，使殺手不得不從命。黃興聽到風聲，當面質問殺手，殺手承認了。黃興安慰他，給他錢讓他離開中國去日本。很快此人的屍體被潮水捲上東京附近的海灘。

＊

可能是有自知之明吧，黃興認為自己不適合做領袖，鼓勵聚集南京的代表們選孫中山。雖然有黃的鼎力支持，孫要當選，還是要做出重大讓步。他不願意當「臨時」總統，對到上海去見他的代表說：「要選舉，就選舉大總統。……總統就是總統，『臨時』字樣，可以不要。」但是代表們說：正式總統必須等待全國大選，「正式憲法，尚未制定，正式總統亦無從產生」，一定得有「臨時」字樣。而且，共和黨人已經在與清廷和談時承諾，如果清政府內閣總理袁世凱能勸說清帝退位，使全國避免流血內戰（共和軍也沒有把握會打贏），他們就支持袁做臨時總統。代表們告訴孫中山，即便是「臨時總統」這個職位，他也得預備交給袁世凱。

這就是說，孫就任的，「實際上只不過是一個主持和議的總統罷了」。大家看得出他「很失望」，但他別無選擇，只能同意這一安排。在這個前提下，十二月二十九日，代表們選舉孫中山為臨時總統。孫從上海乘坐專列到達南京，於一九一二年一月一日就任。這一天算作「中華民國」成立之日。典禮上，孫公開宣誓說，在滿清政府倒臺時，他將「解臨時大總統之職」。

儘管宣了誓，孫的希望是在總統位子上一直坐下去。袁世凱能否取代他，取決於和談能否成功，所以孫極力反對和議。據辛亥元老吳玉章記載，孫的行為「遭到當時南京臨時政府絕大多數有力人物的非難。汪精衛甚至對孫中山先生說：『你不贊成和議，難道是捨不得總統嗎？』在各方面的包圍下，孫中山先生後來也就不再堅持己見了」。

但他暗地裡仍在活動。二月三日祕密去見日本人，請求「在舊曆年底以前……得到一千五百萬元，則能戰爭……以中止與袁世凱和議」。作為交換，針對日本人一向企望的將滿洲「完全委託給日本之勢力」，孫表示，他「希望將滿洲委託給日本，而日本給革命以援助」，就是說，給他錢。日本人沒有答應。

二月十二日，清廷退位，把權交給共和黨人。那時公認，共和的權威組織是「國會」，在正式國會未選舉產生前，由各省代表組成了臨時「參議院」。清廷退位第二天，孫中山向這個參議院辭職。參議院隨即選舉袁世凱為新的臨時大總統。孫提了項「條件」，即把首都改為南京，叫袁世凱到南京來就職。他打的算盤是：南京是陳其美的地盤，袁世凱來了別想就職。但參議院否決了遷都南京。孫勃然大怒，把參議院主要人物「叫來大罵了一頓」，「並通知所有的革命黨人，必須按照孫中山先生的意見投票」。可是，參議院沒有按孫說的辦，反而通過決議：「由參議院電知袁大總統，允其在北京受職。」「孫大總統於交代之日始行解職。」孫震怒之下，威脅要「派兵北上」，但他無兵可派。三月十日，袁世凱在北京就任臨時大總統。孫在這個位子上只待了四十天。

四月，孫解職後來到上海，尋找辦法倒袁。上海的主要吸引力是西方租界，實行西方法律，孫要用此來保護自己。西化的上海也是他的理想住處。四十五歲的孫中山，從十二歲起就沒在他的祖國待幾天。

在上海，這位過去的臨時總統，在近二十年後與查理重逢。查理熱情地邀請孫住在他家*，他

---

* 孫深知查理的慷慨，也不跟他客氣，在給朋友信上說：「弟擬送漢民、精衛、仲愷兄並兄等以最好之洋服，並託宋君帶公等往最好之洋服店做之，請兄等盡量做，多多益善也。」

對孫被迫讓位給袁世凱忿忿不平。在查理眼中，孫是中國最高尚的人，而袁最後一分鐘才脫離清廷，是個投機分子。查理的家成了孫的總部。這時，十九歲的慶齡和十四歲的美齡都還在美國，三個女兒中只有二十三歲的靄齡在家。靄齡早就在急切地等待著為她的英雄服務，如今志願做孫中山的英文助手。

*

捲入國家大事的風暴中心讓靄齡不再沉默內向，她像花一樣綻放。雖然她仍談不上美麗，但她長苗條了，容光煥發，舉止大方。她依舊幹練，但添上了新的溫柔謙恭，或許是因為她感到周圍的人都是幹大事業的偉人。監理公會創辦的東吳大學校長葛賚恩（John Cline）來請孫中山去學校演講，靄齡給他留下了深刻印象。從他的描述中，也可窺見孫在查理家生活的一斑：

第一道關卡是在街上大門外宋的人力車夫。他是外圍警衛，如果他沒有認出我來，我就進不去了。進去後是又一道警衛，在樓梯口。上到二層樓，一名祕書在辦公室門外請我止步，他進去不一會靄齡出來了。我只見到了靄齡，宋跟孫和其他黨的領導人在裡面開重要會議。靄齡對我十分友善，聽我說完來意，她說她會安排，她也確實安排了。真是個能幹的、聰明透頂的女孩子，這個靄齡。將來她會在世界上幹出大事來。

靄齡的首次成功是征服孫中山本人。從夏威夷青年時代起，孫就為西化女子所吸引。威斯理安教育出來的靄齡，輕易地抓住了他的心。孫的顧問，紅臉棕髮戴眼鏡的澳洲記者威廉・端納（William Donald），記下了他的觀察。端納的傳記作者寫道：端納和孫談話時，「靄齡常常搬張椅子坐在他們旁邊做紀錄。端納有時朝她笑笑鼓勵她，而孫中山則把他安靜無表情的眼神，從端納身上移到她的臉上，停留在那裡不動，一眨不眨地凝視著她。……在上海，一天甜蜜略帶羞澀的靄齡從他辦公室走過，孫專注地看著辦公桌對面的端納，輕輕地耳語說，他想跟她結婚。端納建議他控制欲望，說他是有婦之夫，但孫說他打算跟現在的妻子離婚。」端納反對，說孫是靄齡的長輩，就像叔叔（孫比靄齡年長二十三歲）。「我知道，」孫答道，「我知道。但是不管怎樣我都要娶她。」那時上海的革命者中就有傳言，說孫跟靄齡同居。當然這只是謠言：宋家父母是不會容忍同居的，篤信宗教的靄齡本人也絕不會答應。她不會不知道孫的愛慕，就憑孫凝視她的眼神，她也能明白孫在想些什麼。但是靄齡從未做出回應。孫的追求反而給她的熱烈崇拜澆了一盆冷水——原來他並不是想像的那樣純潔高尚。

＊

這時孫的夫人盧慕貞和孩子們已經跟他在一塊了。自從一八九五年廣州起事以來，全家人第一次長時間生活在一起。起事時，家人跟著擔風險，但孫沒有為慕貞、母親、四歲的兒子孫科、不到一歲的女兒孫娫做任何安排。他逃離了廣州，家人只能自己想辦法。幸好小時候的朋友陸燦從夏威夷回村結婚，聽到起事夭折的消息，主動幫助孫的全家逃去澳門。陸燦接著護送他們去了夏威夷——這次是應孫中山的要求。孫也來了夏威夷，但不是為了照看家小，而是為了籌款再搞暴動。他在家住了幾個月，讓慕貞再次懷孕，但不等二女兒孫婉出世就又離去。

母親妻子很傷心，經常哭泣。孫知道這些，對朋友們說：「凡是從事於革命運動的人，都得戰勝眼淚。」只是，戰勝眼淚對他並非難事，因為他總有別的女人在身邊。一次朋友問他：「您最喜歡的是什麼？」孫毫不猶豫地答道：「revolution（革命）。」朋友又問：「除此而外，您最喜歡什麼？」孫先笑而不答，然後說：「women（女人）。」在日本，他生活中起碼有兩個長期伴侶。其一的淺田春，跟孫同居直到一九〇二年去世，日本政府檔案裡稱她為「孫的妾」。她死後，孫「娶」了漂亮可愛的十五歲小女孩大月薰，據說跟她還有個女兒，但女兒從未見過父親。一天孫離開大月薰，從此不見蹤影，也沒有音信。

慕貞和孫的母親有流不完的眼淚。母親不明白為什麼孫要選擇造反，怨恨孫完全不顧家人，陸燦常聽她「氣憤地抱怨她有家不能回」。「每當我到孫眉在茂宜島上的家裡去看望她們時，老母親總要對我說她對兒子的所作所為如何失望，如何傷心。可憐的〔慕貞〕一提起『革命』兩個字就流眼淚。」慕貞早就感到跟孫結婚她是「被欺騙了」：孫積年累月不回家，完全不管孩子和父母，生活的重擔壓在她靠一對「三寸金蓮」支撐的身上，她早就不堪重負。後來更要扶老幼、背包袱提籃子，倉皇淒慘地背井離鄉，東躲西藏，遠渡重洋，到遙遠的異鄉重新立足。

唯一的安慰來自善良慷慨的孫眉夫婦。孫眉夫人譚氏為人豁達堅強，自己放開了纏過的腳，如今是大家庭裡裡外外一把手。她從未讓親戚們感到是負擔，對他們從來都只有關愛，婆媳、妯娌間很少不和。隨著歲月的流逝，慕貞尋求精神的慰藉，成為基督徒，每天孜孜不倦地讀《聖經》。孫眉理解贊成。他妻子跟慕貞一塊上教堂，一塊到牧師家裡慶祝聖誕，他也都寬容。只是他妻子考慮到他的感情，沒有皈依基督教。在夏威夷，這個大家庭患難與共，親密無間。慢慢地，孫的母親對小兒子不再抱希望，說就當沒有這個兒子。雖然她還在為孫擔憂，但她感到在茂宜島的歲月是一輩子最愉快的日子。

十年之後，不幸的事發生了。一九〇六年，孫眉破產，一家人只好返回香港。孫眉租了間簡陋的小屋，他無法再付孩子們的學費，老母親雙目失明，也請不起醫生。一九一〇年，母親臥床不起，孫眉窮困已極，只好去日本找孫中山，向弟弟求助。孫中山也沒錢，沒給他任何資助，結果孫眉連返程的盤川都沒有，以致母親去世時兩個兒子都不在身旁。萬般痛苦之餘，孫眉「大罵」孫中山。在場的日本朋友難忘這罕見的一幕，「孫先生被乃兄責罵，一言不發，一直默默地在恭聽乃兄的話。」

共和革命勝利以後，一九一二年，孫把全家接來，終於開始照顧他們。大兒子孫科，如今二十歲了，兩個女兒孫娫、孫婉，一個十八，一個十五。長這麼大，他們少有見到父親，這是第一次跟他朝夕相處。孫安排兒子去舊金山上學，也設法為女兒們找到獎學金。但孫對靄齡的欲望，給全家人的團聚罩上一層陰影。女兒孫娫看得清楚，第二年她因病早逝，臨死前說父親「行為不好」。

*

孫中山的行為也讓另一個女人陳粹芬傷透了心。一八九〇年代初，她還是個美麗出眾的十九歲女孩，在香港教會圈子裡認識了學醫的孫中山。大眼睛、高顴骨、面頰透著意志力的粹芬愛上了孫，不顧一切地做了他的妾。在孫行醫的那段時間，她幫他接待病人，做護士，當助手，什麼都幹。他後來做了亡命之徒，她也不離不棄。生在窮人家，苦日子她不在乎；搞革命的危險她也不怕。準備廣州起事時，她參加偷運武器進城，長槍放在棺材裡，彈藥藏在乘坐的轎椅下邊。孫中山亡命近二十年，她為孫所做的事不計其數。朋友們回憶道：「昔年在鎮南關起事，失敗，出走安南河內，做伙頭，煮飯與眾弟兄食，洗衣裳，捱盡艱苦……。」大家讚美她是「一表人才」，有的還對自己的妻子說：「照顧孫先生日常生活的那位中國婦女同志，真是個女傑。她那用長筷子，張著很大的眼睛，像男人在吃飯的樣子，革命家的女性只有這樣才能擔當大事。你看她聲音之大。你應該向她看齊才對。」

孫當上「臨時大總統」，又開始追求靄齡，便決意拋棄粹芬。新生的共和國並沒有廢止男人娶妾，但孫清楚，作為基督徒的宋家不能接受這一制度。於是孫寫信給哥哥，要孫眉幫他把粹芬送人。孫眉對親近的朋友說：「今中山做大總統……要棄其妾侍，中山寫信來我，叫我將其妾侍送與楊鶴齡，中山再送一萬元與楊鶴齡，我可將中山原信與你看，你話中山成人嗎？」按中國文化的道德觀，得意了便拋棄貧賤時候的伴侶是沒有良心，應受世人譴責。孫眉憤怒地拒絕了孫的要求，並接粹芬來同住。粹芬與全家人感情都很好，孫眉視她為親人，對她敬重有加，慕貞跟她則情同姊妹。

無論粹芬對孫的行為如何傷心，她從未公開責備他。相反，她說與孫分手也是她本人的意思。她不願意受人憐憫，也是一個寬容大度的人。此後的生活中，她一直珍藏孫送給她的一枚金戒指，還有只金懷錶，是孫在倫敦時康德黎醫生送給他的。粹芬不要成為孫眉的負擔，到馬來西亞的檳城去經營橡膠園。生意沒有成功，但她在那裡領養了個小女孩，給她的人生帶來了無比歡樂。小女孩長大後，跟孫眉的孫子相愛結婚，粹芬就與孫眉的大家庭永不分離了。

抗日戰爭中，粹芬的女婿自願從香港回到中國大陸，任某通訊兵團的團長。當時最安全的安排，是把全家送到中立的葡萄牙屬下的澳門，但粹芬和女兒堅持要隨軍同行。通訊兵團整天被日本飛機追趕轟炸，他們也不在乎，要全家在一起生死與共。有個真正的家，是粹芬唯一的願望。她於八十八歲的高齡去世，死時愛她的家人在她身旁。

孫眉此時已經病故多年：一九一五年，他六十一歲時。生命的最後歲月裡，他心情很不好。在孫中山短暫就任臨時大總統期間，許多人打電報給孫，提議由孫眉擔任廣東都督。孫否決了提名，他說哥哥坦白誠實，不能搞政治，公開回電說：「連接各界議舉家兄為粵督之電，……家兄質直過人，而素不嫻於政治，一登舞臺，人易欺以其方。」孫眉來到南京找孫，為自己辯解。孫對他說：「政治非兄所熟習，兄質直過人，一入政界，將有相欺以其方者。……不必當此大任。」孫眉只得接受弟弟的決定。他曾傾其所有援助弟弟以及革命，但結果得不到任何報償。他甚至不能以「革命者」身分受到功臣對待，哪怕他參加過共和活動，並因此被港英政府驅逐出境。

孫眉無疑感到弟弟對不起自己，但這沒有影響他繼續挑起照料大家庭的重擔，直到辭世。

*

孫中山一家人的坎坷遭遇激起了靄齡的敬重同情，她對他們產生了真切的感情。對慕貞她格外必恭必敬，外出同行時，因為慕貞的小腳使她走路困難，靄齡總是攙扶慕貞。她還對慕貞一口一個「亞媽」（媽媽），或許這也是她拒絕孫中山欲念的辦法。這個機靈的女孩子老練地對付了孫中山的進攻，一方面繼續為他工作，一方面拒他於千里之外。

4 中國實現民主

孫中山不會感覺不到靄齡的拒絕，但他的心思此時集中在別的事情上——如何推翻臨時總統袁世凱。

袁世凱是個不可小覷的政敵。他五短身材，並不英俊，但讓人一望而知此人非等閒之輩。他生於一八五九年，比孫年長七歲，背景迥然不同。他的家鄉是中國內陸的河南省，祖先是富有的鄉間紳士。他受的是傳統中國教育，根扎在中華文化的土壤中，升遷在清廷的軍隊內。他從未涉足西方，生活方式為中國男人所嚮往：擁有一妻九妾，生有十七個兒子、十五個女兒。他喜歡纏足，不喜歡女人外出拋頭露面。朝鮮是中國屬國時，袁在那裡駐紮了十多年，娶了三房朝鮮姨太太。她們是天足，但為了取悅袁，把腳硬塞進模仿纏腳鞋的「寸子」裡，吃足了苦頭。

袁固守他陳舊保守的生活習慣。在有了現代衛生設施時，他也不用抽水馬桶，卻用一個訂製的木製馬桶。除了每年過年時洗一次澡以外，他其餘時間從不洗澡，夏天天熱流汗，就讓姨太太們給他全身擦澡。他相信健康的訣竅是喝人奶，雇了兩個奶媽，每天吃她們擠出的奶。他不肯看西醫，不肯進醫院動手術，結果五十六歲死於因膀胱結石引起的尿毒症。

就是這樣一個人，在慈禧太后掌權時代，成為傑出的改革者。他是她激進政策的卓有成效的推行者，比如用西方的教育制度取代中國傳統教育體系。無論西方人還是中國人對他的成就都讚賞有加。英國首相索爾斯伯利侯爵的二兒子威廉主教（Rev. Lord William Gascoyne-Cecil），在中國旅行之後，於一九一〇年出版《變革中的中國》一書，書中寫道：「在袁世凱先生管轄下的省份，學校在一定程度上已經接近西方的效率。」袁的其他成就還包括按西方的模式重建中國軍隊。因為他統率「新軍」，袁成為國家最有勢力的人。他也不時炫耀威風。他的衛士經過挑選，都特別高大，服裝是從頭到腳一身黃，畫著虎豹頭、虎皮斑，跟他們撞上的人嚇得躲開，稱他們「如虎如熊」。

袁世凱的勢力，他的能力，加上他明顯的野心，使得慈禧的繼承者們畏懼他。他們缺乏慈禧的權威，無法像她一樣駕馭袁，只好把他清出宮廷。辛亥革命爆發後，他們萬不得已重新起用他，指望他領導軍隊抗擊共和軍。袁利用這一地位為自己爭取到一筆絕妙的交易：由他「說服」清廷退位，換取共和黨人擁戴他做共和國首領。他的願望圓滿實現。孫中山認為他「盜竊」了本該屬於自己的位子。但西方人歡迎這一安排，他們跟袁打過交道，尊敬他，認為他是搞改革的政治家。中國一般人也認可他的執政。做過他的祕書的傑出外交家顧維鈞評價他「的確是少數的數一數二的一個領袖」。特別是，袁世凱執政使中國從帝制到共和的過渡得以平穩進行。

*

中國翻天覆地的政體轉型，其平靜順利，令人歎為觀止。整個社會結構沒有受到損害，人民的生活照常進行。最大的變化竟是男人的頭髮：滿清在征服中國初期強加給他們的辮子，此時成了「刀下鬼」。手舞剪刀的政府小雇員，在大街小巷穿行，剪掉行人的辮子。另一引人注目的變化是服裝，西式衣服如今時興，打破了長袍馬褂的一統天下。除此而外，外表看去沒什麼不同。中國以一種與泱泱大國相匹配的安詳，走出舊時代，跨進新時代。

「清末民初」成為一個完整的歷史階段。這在很大程度上是因為清朝最後的年月，跟民國最初的年月，都奉行同樣的宗旨：在中國實行議會民主。慈禧皇太后在一九〇八年十一月去世之前，已決意在中國施行君主立憲，設立人民選舉的國會，並且公布了選舉程序。一九〇九年初，她死後的幾個月內，全國大選的第一步——各省議會（諮議局）的選舉——在二十二個省中的二十一個舉行，只除了新疆。雖然中國四億一千萬人口中，只有一百七十萬人登記參加選舉，第一步畢竟已經邁出。這是中國漫長歷史上破天荒第一次選舉，它的重要性無論怎樣評價也不為過。

同樣令人讚歎的是，中國人不覺得選舉這回事有多麼陌生。其實，由公平競爭進入政界早就是中華文化的一部分。歷史上，中國從政的菁英，都是通過對所有男子開放的、一視同仁的科舉考試制度，盡可能公平地選拔。科舉制於一九〇五年在現代化的過程中被廢除，有意從政的人們，正急切需要另一種競爭方式出現，以施展他們的抱負。大批受過教育的男子此時積極競選議員。

到辛亥革命爆發時，中國社會已形成共識，即選舉產生的議會，是未來的權力機構。大家也公認，國家需要一部憲法，共和代表組成的臨時議會（「參議會」）擬定了未來憲法的雛形：《中華民國臨時政府組織大綱》。

可是，孫中山在跟臨時議會共事的日子裡，意識到他不能跟這樣的機構合作：他們不聽話。雖然他們選舉他為臨時總統，但他們沒有按照他的要求去掉「臨時」二字；他們不讓他一直當下去，反而選舉袁世凱接任；他們還一而再、再而三地投票否決他的其他意願，比方遷都南京。一句話，他們在不斷制約他，他們不聽命於他。孫中山要的是服從，同事們早就認為他「專制跋扈」。孫得出結論：民主政治跟他無緣。

那時的中國，大家都在忙著選舉國會。繼一九〇九年各省諮議局選舉之後，一九一三年，全國大選在二十二個省中全面舉行，選舉中國的第一屆國會。全國人口中的十分之一——四千三百萬男子——登記參加投票。美國領事館的報告說，在他們觀察的兩個縣中，百分之六十到七十的登記選民投了票。一位法國學者做結論：「這些選舉真正代表了全國民意。……登記的選民有四千多萬，……政治辯論是開放的、自由的，報紙做了廣泛報導。在許多意義上說，這次選舉比未來的任何一次都更民主、更真實。」中國的首次全國大選，產生了八百七十名議員的國會。從這些議員的名單可以看出，他們大都深受中西文化教育，是各個領域的出類拔萃之輩。按計畫，他們將在三月底齊聚北京，屆時中國的第一屆國會將隆重開幕。

在這場偉大的歷史事件中，沒有孫中山的影子，儘管他是主要參選政黨名義上的領袖。這個黨就是國民黨，創辦人是三十歲的政壇新星宋教仁。這位蓄著小鬍子的湖南人，是同輩人中思想的佼佼者。他信奉民主，並且設計了一套民主如何在中國實施的藍圖，參與起草了臨時憲法。宋教仁把孫中山創立、後來癱瘓的同盟會接過來，跟四個其他組織合併，成立了國民黨。一九一二年八月，國民黨在北京成立，邀請孫中山做理事長，但他立即委託宋教仁代理，自己只是掛名。宋是國民黨真正的領導者。他是天生的組織者、傑出的演說家，後來有人把他的魅力跟美國總統甘迺迪相比。在宋的領導下，國民黨人進行了一場有聲有色的競選活動，成為即將召開的國會中的第一大黨。宋教仁將任國會總理、袁世凱將被選舉為總統——這樣一個新生民國的領導搭配，幾乎沒什麼懸念。在未來的政壇上，將沒有孫中山的位子。

*

孫宣布他要放棄政治，致力於為國家修鐵路。這一抱負聽起來如此純潔美好，一般人為之歡欣鼓舞。一九一二年夏，臨時總統袁世凱邀孫去北京。

北方之都坐落在戈壁灘邊上，經常受到風沙的襲擊，一場大雨後，塵土蓋滿的街道馬上變得泥濘不堪。但是古都的雄偉並不因此稍減，連背負貨物的駱駝，走在長長的運輸隊中，也步伐莊嚴。街道整齊有序，好似棋盤，主要大街都通往紫禁城——巍峨高牆環繞的皇宮。末代皇帝溥儀，根據退位的協定，依然住在那裡。

清朝的最後幾年，北京在仔細保留舊世界原汁原味的同時，也開始了現代化。改善了路面，安上了電燈——儘管與自行車、汽車爭道的，仍有駱駝、驢馬和色彩鮮豔的「出租車」騾車。孫中山赴京時，還算新鮮事的北京電話系統在效率方面，已經快超過上海了。

對袁世凱，孫表現得友好大度，演說完畢必高呼：「袁大總統萬歲！」袁也高呼：「中山萬歲！」但是有心人看到，他們的關係並不美好，甚至可說是你死我活。不久前，有人曾企圖刺殺袁世凱，在他乘坐雙套馬車經過的路上，從一家餐館的樓上往他馬車扔炸彈。袁的隨員和兩匹馬都被炸死，他僥倖沒有受傷。五名凶手被抓，據說是孫中山派來的人。孫怕袁世凱以牙還牙，在北京時除了陳其美給他安排的保鑣外，還緊貼在澳洲顧問端納的身旁。端納猜孫的用意是，如果有人要行刺，「他會看見端納，一個外國人，會停下來想想這事可能產生的國際後果」。

孫聲稱他要脫離政界、專修鐵路，向袁世凱要求「籌畫全國鐵路全權」。「全權」的核心是借款，就是孫「以私人資格，與外國資本家議借款」，「由中國政府擔保」。不僅如此，借來的巨款由孫個人全權支配，孫「握鐵路全權」。孫的要求引起了袁世凱的疑心。

的確，孫中山對鐵路的興趣完全集中在借款上，對國家建立鐵路網這樣龐大計畫所需的各種要素完全不提，也完全沒有興趣。他不時宣布他要建的鐵路有多長：「幹主三條，期限十年，壯二十萬里之聲勢……。」但是這些數字沒有經過任何專業人士的實地勘測、研究討論，完全由孫信口說來。端納敘述了孫是怎樣異想天開地發明這些數字的。有天他走進孫的房間，看見孫站在一幅很大的中國地圖前，手執一管毛筆，在地圖上用毛筆畫黑線。

「『啊，』孫醫生*抬頭對我說，兩腮胖嘟嘟的，像小天使的臉。『來，幫我畫這張鐵道圖，……我要在十年中造二十萬里鐵路。』他宣布。『現在我先在地圖上把路標出來。看見那些從一個省會到另一個省會的粗黑線了嗎？嗯，它們將是幹線。其他那些是支線和不那麼重要的連接線。』」不時，孫「拿起一團棉花，在水裡沾一沾，把畫歪的線擦掉，重畫上更直的線。……這位醫生就這樣靈巧地這裡建造一條一百英里的鐵路、那裡建造一條一千英里的鐵路」。

袁世凱深信孫是以修路為名，來攫取巨款，有了錢他能拉起一支軍隊奪權。袁想出個對付的辦法：不承諾中國政府為孫的借錢擔保，而且他還把孫主持的鐵路總公司置於交通部的管轄之下。

孫明白他輸給了袁世凱，於一九一三年二月十一日去了日本。雖然受到挫折，他仍然興致勃勃，跟朋友有說有笑地聊天，笑談當年祕密來日時的窘態。看來他也沒真正以為老謀深算的袁世凱會輕易上他的當。日本人、留學生為他組織了熱情的歡迎人群，報紙的宣傳也不少。孫對大家說他此行沒有政治目的，只是為了給中國修鐵路籌款。他一分鐵路錢也沒籌到，但在日本停留了四十天。

*

查理和靄齡跟孫中山同行。查理依舊對孫五體投地，忠實地追隨孫，自己的生意也不顧，妻

---

* 中國人一般稱孫為「孫博士」，認為「博士」與國父的形象般配，但孫並無博士學位。端納等外國人用 Dr Sun 時，是稱孫為「醫生」，「醫生」不比「博士」差勁。

子也留在上海。靄齡仍然做孫的助手。

三月，慕貞帶著小女兒孫婉來到日本，可能是來告訴孫，大女兒孫娫病勢沉重。（孫娫將在六月病故。）孫正在日本各地旅行，在大阪抽出半小時時間見妻子。靄齡自願陪慕貞去東京，在那裡，汽車撞上電線桿，她們都受了傷。東京的朋友馬上給孫中山發電報，特別說慕貞的傷勢嚴重。

查理急得不知所措。當時他在旅行中照料諸事，心神不定地趕到孫面前問：「行李怎麼辦？」他以為孫也跟他一樣焦急，會在下一車站換車去東京看夫人、女兒。孫這時跟日本朋友「正在聊天」。據聊天者之一記載：「一直笑臉的孫先生卻以很冷靜的語氣說：『不是醫生的人到東京有什麼用？』」或許他意識到他究竟是個醫生，加上一句說：「就是去醫，現在去也來不及了。並且我們在福岡有約會。我們必須守約。」在場的日本男人，即使是最鐵石心腸的，也為孫的無動於衷感到震驚。

孫中山最終沒有去東京探視夫人、女兒與靄齡。車禍後幾天，消息傳來，國民黨的創始人、領導人宋教仁被刺。三月二十日，宋率領國民黨代表團由上海啟程，乘火車赴京參加國會開幕，在上海火車站檢票口，被刺客開槍擊中，送醫院後不治身亡。

一得到消息，孫中山即刻發表聲明，譴責袁世凱是刺宋的元凶。他立馬返回上海，要「從速起兵以武力解決」，推翻袁世凱。

由孫最貼心的青幫大老陳其美配合警方，一名叫武士英的刺客輕易就擒，武供認是他殺的，但沒有說出主使人，就莫名其妙死在關押中。到底是誰主使，一百年後的今天人們仍在爭論不休。袁世凱、孫中山都有嫌疑，兩人都有殺人動機：袁不願意讓宋分他的權；而孫，只有宋死，他才有藉口興兵討袁。

宋教仁本人沒有懷疑袁世凱。他被送進醫院後，對黃興口授致袁世凱電，說：「北京袁大總統鑒：……今國基未固，民福不增，遽爾撒手，死有餘恨。伏冀大總統開誠心、布公道，竭力保障民權；俾國家得確定不拔之憲法……。」宋沒有遺言留給孫中山，哪怕孫是他自己的黨的名譽領袖。

大多數國民黨領導人也沒有指責袁世凱。他們問孫指控袁有什麼證據，孫說他沒有證據，只有懷疑，「肯定是袁世凱指使的，只是沒有實證」。

黃興在宋被刺時就站在檢票口宋身旁，如果凶手的子彈錯過了宋，打中的可能就是他。但他沒有一口咬定是袁世凱主使，反而對孫中山說：「民國已經成立，法律非無效力，對此問題應持以冷靜態度，而待正當之解決。」對孫要武力討袁，他一再反對，「堅持不能用武力解決」，「民國元氣未復，仍不如以法律解決之為愈」。大多數國民黨人也都反對孫發動戰爭，說：「不應以一人之事而動天下之兵。」大家都「希望和平」。國民黨人能動用的武力也太小，「不足恃。苟或發難，必致大局糜爛」。孫中山要向日本人尋求援助，黃等眾人說「依靠外援來反袁，是不容易得到國人諒解的」。但孫在陳其美的支持下堅持要打，說「否則時機一縱即逝」。孫、黃二人「爭持甚烈」，最後分道揚鑣。孫私下裡稱黃為「叛徒」、「壞透了」。黃興於三年後的一九一六年去世。

儘管大多數人反對，孫中山還是發動了他所稱的「二次革命」。他發表的宣言名字叫〈促令袁氏辭職宣言〉，說「國家安危，人民生死，胥繫於袁氏一人之去留」，「願全體人民一致主張，令袁氏辭職，以熄戰禍」。說到底，孫要的就是取代袁世凱，自己當總統。初生民國的第一場戰爭，就這樣由「國父」發動。

第一屆國會按計畫於四月八日在北京召開，到會議員六百八十二人，國民黨在參、眾兩院均超過半數。國會選舉袁世凱為中華民國第一任正式總統。世界各國承認北京政府為中國的合法政府。

孫中山的倒袁戰爭不得人心，一開打就失敗，孫本人被上海租界驅逐出境。一九一三年八月，他逃到日本——這次是作為流亡者來的。日本政府容忍了他，準備在跟袁世凱政府打交道時，把他當牌打。孫呢？他不屈不撓地努力，目標仍是總統寶座。

5 靄齡、慶齡的婚姻

查理此時不得不滯留日本。由於他跟孫中山的關係，回上海已經不安全。他想念上海，想念自己的家，想念朋友們。一天，他在東京火車站忽然看見美國傳教士路易絲·羅伯特，那位租他幾間屋子的朋友。他欣喜若狂，走到她背後伸出雙手親密地摟住她。當時日本男女絕少在公共場合擁抱，查理此舉足見他的興奮。路易絲後來回憶道，她乘坐的火車離站時，查理站在站臺上向她揮手，「眼睛裡滿是淚水。從來還沒有任何人像他這樣讓我捨不得離開」。

查理大多數時間在基督教青年會度過。在那裡他認識了個年輕人，很喜歡他。這人就是孔祥熙，山西人，鰥夫。他工作勤懇、脾氣溫和、舉止得體。老家家境殷實，住宅是所多層庭院的大房子，青磚石瓦，鏤花窗戶。孔祥熙比靄齡大幾歲，教育背景很相似，都是先上美國教會學校，再到美國深造。在美國，他畢業於俄亥俄州的歐柏林（Oberlin）大學，隨後在耶魯大學獲得化學碩士學位。最重要的，他是個虔誠的基督徒，十二歲時，在醫學傳教士治癒他身上長的瘤子後接受洗禮。他在東京的基督教青年會工作，由歐柏林大學付工資。

孔祥熙應邀到查理家作客，見到靄齡，兩人相愛了。孔晚年在回憶錄裡說：「我們常常到公園散步。我夫人喜歡詩歌，上學時她主攻英國文學，……我們是真愛！」

靄齡對孫中山的私生活早已不滿，政治上跟孫也漸行漸遠。她和孔祥熙都不贊成孫的倒袁戰爭。由於戰爭是孫利用宋教仁被刺發動的，一向崇拜宋教仁的孔祥熙，去問孫中山有什麼證據證明刺殺是袁世凱指使。孫說他沒有證據，只是懷疑，孔很生氣。在回憶錄裡，他說他感到孫的行為是在給日本幫忙，而不利於中國：「日本一些組織想支持孫博士在中國製造混亂。日本軍隊的少壯派想要奪取中國。他們企圖幫助孫博士分裂中國，……我感到日本人在利用孫。」他「提醒」孫「要注意被日本人利用的危險」，並且建議：「我認為唯一應該做的事是袁世凱和孫博士合作，使中國團結起來，而不是分裂下去。」孔祥熙還不喜歡孫的專制作風。孫倒袁戰爭失敗後重來日本，想摒棄不願受他擺布的國民黨，成立了一個新的「中華革命黨」，要求成員宣誓絕對服從他本人。孔對此十分反感，更加跟孫拉開距離。他的朋友寫道：孫的追隨者「經常來拉他加入，他都拒絕了；他蔑視他們，忠實地支持〔袁世凱〕政府。為此他做出了犧牲，受到一些中國學生的敵視」。靄齡贊成孔的看法，策略地離開了孫的圈子。

這對年輕人決定結婚，過自己的生活。一九一四年九月，婚禮在橫濱一座小山頭上的小教堂舉行，參加的只有家人和親近的朋友。孫中山不在其列。對那天的細節，靄齡記得很清楚。她的結婚禮服是淺粉色緞子做的外套和長裙，上面用稍深的粉紅絲線繡著梅花，頭上戴著相配的鮮花。婚禮後，新婚夫婦乘車去度蜜月，靄齡身穿繡著金色小鳥的蘋果綠緞子衣裙。那天天氣多變，但每當他們須在戶外時，明媚的陽光總是趕走陣雨，靄齡的衣衫、髮型完好無損。她與新郎都覺得這是個「預示幸福的好兆頭」。

婚後他們回到山西安家。孔祥熙在當地教會學院做校長，靄齡教書。不久孔進入商界，在靄齡的協助下，很快發達，成為鉅富。

＊

孫中山對他們的婚姻表示不快，但他完全談不上傷心。一個更年輕、更美麗的姑娘此時已經出現，代替了靄齡。慶齡一年前從威斯理安學院畢業，來到日本。跟不苟言笑的姊姊相比，妹妹漫溢著狂熱的激情，而且她還是個皮膚細膩的美人。在靄齡準備結婚時，她接替姊姊做了孫中山的英文助手。靄齡似乎沒有告訴妹妹孫曾追求過她，這類事很微妙，不提最好。

一九〇八年至一九一三年在威斯理安的這幾年中，慶齡的同學回憶她「穿著特別訂製的套裝」，「房間裡散發著東方香水的味道」。「她很安靜，甚至比姊姊還安靜」，「她非常羞怯，喜怒哀樂不形於色」。但是有人也看到她性格中的另一面。與她同屋的同學回憶道：「我記得當中國成為共和國時慶齡有多麼興奮。當時這引起了我的興趣，因為她的表現太生動了。她平常不愛說話，不外露感情，當我看到她表現出那樣激烈的活力時，我十分吃驚。」慶齡房間裡原先掛著一面清朝時的中國國旗：黃龍旗。「她爬上椅子，把那面中國龍旗從牆上扯下來，換上她父親剛寄來的共和國的新國旗。……她把舊國旗扔在地上，用腳踩踏，同時戲劇性地高呼：『打倒龍旗！共和國的旗幟萬歲！』」慶齡迸發出的活力不僅激烈，而且預示著她未來的選擇：做政治活動家。

孫中山是她心目中的英雄。啟程去日本見父親和孫時，她寫信給老師：「我帶著一盒加利福尼亞的水果，是孫博士在這兒的崇拜者們送給他的，我還帶著一封給他的私人信件，這使我很自豪。」因為她要去見孫中山，二十歲的慶齡沿途受到殷勤接待。在給另一位老師的信中她帶著自嘲的口氣說：「我每天不是赴宴就是上劇院，到最後對上流生活完全習慣了。……在中國學生會的招待會上，我是『尊貴的嘉賓』。上船後我發現船艙被鮮花裝飾一新，還滿是報紙、雜誌和水果。我覺得自己真是重要極了。」

慶齡理想中的人物，都是像聖女貞德那樣為正義事業獻身的女英雄。照相時她常常表情倔強不屈，好像在與什麼重大的非正義抗爭。初見孫中山時，討袁戰爭剛失敗，孫的政治事業處在民國以來的最低潮。孫的境遇打動了慶齡，她想像孫在為新生的共和國做犧牲，心裡滿是敬意與柔情。「他真是用特殊的堅強材料做成的啊！」她說。她渴望把自己的一切都獻給孫，與他分擔生活的磨難波折。慶齡愛上了孫。

跟孫一起的生活同時也是多姿多采、樂趣無窮的。雖然他是目前中國總統的敵人，但他畢竟是中華民國的首任臨時總統，是社交界女主人都想請上餐桌的嘉賓。慶齡跟他一道受邀出席了許多招待會，做了許多遠足旅行，生活在不斷的興奮之中。有次給美國朋友艾莉．斯利普（Allie Sleep）寫信，慶齡說他們住在一家著名的溫泉勝地，「世界上最壯觀的酒店裡」，同行者都是上流社會的人。「所有使館團的人都在這兒。讓我告訴你一個人，我發瘋似地想要你跟他結婚，他是奧地利大使，全世界最英俊的獨身男人。」

在另一處遊覽勝地，「我們參觀了一個盆景果園，妙極了。那裡有各種各樣的盆栽果樹——蘋果、梨、石榴、柿子。生活真是太有意思了。要是你喜歡美麗的東西，你一定要馬上到東方來。我會做你的隨行監護人，每次你偷吃禁果時我都會閉上眼睛。」

慶齡發現她跟孫中山有很多共同之處。儘管孫受了洗禮，他並不真信教；而慶齡從小就對傳教士不以為然，後來看他們也總是帶著嘲笑。一封信裡她興致勃勃地描述乘船來日本，旅客們在夏威夷樂隊的伴奏下翩翩起舞，然後加上一句：「就是傳教士也參加了——哦！當然只是旁觀。」她跟孫一道開教會的玩笑。「我告訴他，我在美國上學時，每逢星期日我們被趕到教堂去做禮拜，我如何藏在壁櫥裡衣服後邊，等同學和舍監們都走了以後出來給家裡寫信，他開懷大笑說：『這樣說來，我們倆都得下地獄。』」

孫中山迷上了慶齡。她回上海看望母親時，孫叫人找到個地方，讓她可以背著家人收他的情書。等待回信的日子裡，他寢食不安。房東直率地問他「是不是患了相思病」，他答道：「我忘不了慶齡，遇到她以後，我感到有生以來第一次遇到愛，知道了戀愛的甘苦。」

孫中山真的在戀愛了，這位自稱「我是中國的救星」，「唯一崇高偉大之領袖」的人，竟然也顯得不那麼狂傲自信，害怕受到慶齡的拒絕。慶齡看出這一點，就捉弄他。一次向他宣布她馬上要去美國，實際上她並沒有這個計畫。又一次她回上海，對孫說她是回去結婚的，等她再來日本，丈夫會跟她一起來。在傳說袁世凱準備做皇帝的日子裡，慶齡對孫說她打算跟袁結婚，「做皇后」，或者做妃子。孫中山急得不得了，給查理寫信問是不是有這麼回事。查理被問糊塗了，回答說：「我倒是覺得這不是別的，是在開玩笑」，「這是她小孩子信口說的」，「別相信一個愛跟自己開玩笑的小姑娘說的離奇的話」。查理似乎不明白，女孩子開這種玩笑，只會跟神魂顛倒地愛上自己的人。不久查理得知回上海安全沒問題，回家去了。慶齡跟孫中山單獨在日本，兩人更深地墜入愛河。

*

一九一五年夏，慶齡回上海，要求父母允許她跟孫結婚。他們驚訝之餘堅決拒絕。反對的理由不計其數，最明顯的是年齡的差異：孫四十八歲了，她才剛二十出頭。他們說，優秀的基督教青年多得很，任她挑選，有個叫「榮」的，還有個叫「丹」的就常常來訪，為什麼不選他們哪位，或者別的人？查理忘不了東京的車禍事件，當時孫拒絕去探視傷勢嚴重的夫人。這人可能搞革命很能幹，但他不可能做個好丈夫。最讓他們不能忍受的是孫中山已經有妻子，還有孩子。如果他跟妻子離婚，這只會表示他「對跟他共患難的妻子無情無義，而且妻子撫養成人的孩子們比〔慶齡〕歲數還大」。如果他不跟妻子離婚，慶齡就只會是做妾，這不僅會讓她本人和全家蒙羞，而且也違背了基督教的準則。從前，在孫中山詢問慶齡是否有計畫給袁世凱做妃子時，查理曾回信說：「我們是基督教家庭，我們的任何女兒都不會給任何人做偏房，不管是國王，還是皇上，還是地球上最偉大的總統。」查理並說慶齡本人「厭惡姨太太到了不肯和她們說話的地步」，有次她碰到一個「二房」，堅決不跟她打招呼。靄齡也來勸妹妹，讓慶齡更加生氣。大吵之中，慶齡暈倒，被抬進樓上臥室，門從外邊鎖上。她在家待了幾個星期，每次爭執全家都筋疲力盡。

當慶齡在上海跟她的家庭奮戰時，九月慕貞被孫接到東京來討論離婚。慕貞當時正傷心欲絕，因為她全家的支柱、孫中山的哥哥孫眉幾個月前剛去世，她失去了真正關心照顧她和孩子們的親人。對她薄情寡義的丈夫提出離婚，她毫不在乎，淡淡地接受了。她回到澳門的家，在那裡繼續生活了四十年，與孫中山從此未見過面。

然而，他們的離婚缺乏文件的證明。按傳統方式結的婚，女人得不到體面的離婚，離婚書往往是一紙休書，孫中山不想讓慕貞蒙受這樣的屈辱。兩人的離婚，就是一場對話的結果。

孫派了個助手去上海接慶齡，說他已經按法律離了婚。一個秋天的深夜，滿心都是愛的慶齡從家裡偷跑出來，登上前往日本的輪船。根據日本政府對孫的監視檔案，孫於一九一五年十月二十五日在東京車站接她。他們第二天結了婚。結婚儀式由一個叫和田瑞的日本人主持，在他家裡舉行，慶齡和孫簽了三份「結婚契約」，都是和田瑞用日文預備好的。慶齡不懂日文，相信和田瑞是個「著名律師」，那份契約將在東京市政府登記註冊，具有法律效應。事實上，和田瑞不是什麼律師，他是一家小貿易公司的老闆，東京政府也不給外國人登記婚姻。那紙「結婚契約」不過是和田瑞弄的一張紙，和田瑞本人簽字做「見證人」，沒有孫所說的法律效力。整個儀式是齣戲，為的是「糊弄」這個教會學校培養出來的、堅信婚姻必須法律認可的二十一歲女孩子。

孫中山沒有邀請任何朋友參加婚禮，只有最忠實可靠的廖仲愷在場，做另一個「見證人」。

廖帶來十二歲的女兒廖夢醒，給慶齡做翻譯。

簽字完畢，新婚夫婦在和田瑞家吃了頓簡單的晚餐，然後三個人坐上載孫來的汽車離開。汽車先載和田瑞到一家有歌妓陪酒的餐廳：他將在那裡享用真正的晚餐。然後汽車送新婚夫婦回家。家是慶齡十分喜愛的一棟小巧的房子，隱匿在紅色的楓葉後邊。她說婚禮「再簡單不過」，但「我們倆都痛恨繁複的儀式」。

婚禮第二天，父母來到家門口。離開上海老屋前，慶齡給他們留下封告別信，他們看了心急如焚，馬上乘下一班輪船到了日本。多年後，慶齡寫信給老朋友、她指定為她作傳的愛潑斯坦（Israel Epstein）：「父母勸我離開丈夫，跟他們回去。……我母親哭著，正患肝病的父親勸著，……他甚至跑去向日本政府請求，說我尚未成年，是被迫成親的！當然，日本政府不可能干預。儘管我非常可憐我的父母——我也傷心地哭了——我拒絕離開丈夫。啊，艾培〔對愛潑斯坦的暱稱〕，儘管這已是發生在半個世紀前的事情了，我仍然覺得像在幾個月前一樣。」

從查理到日本政府去控告孫中山一事可以看出，他痛苦絕望到了極點。他曾經相信孫中山是個「高尚」的人，「永遠不會用欺騙的手段對待朋友」。現在他的偶像讓他徹底失望。他對傳教士朋友比爾．貝克說：「比爾，我一生中從來沒有受到過這樣深的傷害。」查理永遠不曾原諒孫。靄齡夫婦說：他「跟孫徹底決裂了，……從前的友誼變成了敵意」。

大家都知道了慶齡的婚事，傳教士們認為她是私奔，要查理把她找回來。孫的同志們不承認她是領袖的正式夫人，堅持稱呼她為「宋小姐」。

慶齡不顧這一切，堅信他們的結合是正當的。她心裡感覺幸福，給美國朋友艾莉寫信說：

這些日子我一直心不在焉，我都不記得是否寄出了給你的信。以防萬一，我再寫幾句，告訴你我感到十分滿意，十分幸福，而且很高興我能有足夠的勇氣戰勝恐懼和疑慮，下決心結婚。

我感到很安定，生活在濃濃的家的氣氛中。我忙得要命，幫著丈夫工作，替他回信，管理他的電報，把密電碼譯成中文。我希望有一天我的一切辛勞和犧牲都能得到報償，那就是讓中國從君主派暴君的統治下解放出來，站起來，成為真正的共和國。

慶齡與孫中山的婚姻除了形式以外，在任何方面都名副其實。孫遵循了結婚誓言，一直忠實於慶齡；而慶齡，她準備為丈夫獻出生命。

*

這時候的袁世凱，坐穩了總統位子後，開始渴望得到更多。畢竟總統當不了一輩子，任期不過五年，最多不過再連任五年，不能永遠當下去，而且當總統還有若干制約。他一向有皇帝夢，到了一九一五年，便公開宣布準備中國重歸帝制，他本人稱帝。但他深知自己缺乏合法性，心裡惴惴不安。紫禁城的大殿內，皇帝的寶座上方雕著一條金色的龍，口裡銜著一顆巨大的銀球。人們相信，不該當皇帝的人坐在寶座上，龍口中的銀球會掉下來把他砸死。袁世凱害怕銀球落在他頭上，叫人把寶座挪開。

當時的中國已經有十年百花齊放、生氣勃勃的公眾輿論，此時一致發聲譴責袁倒擰時針。袁的同事、部屬、軍隊首領也紛紛站出來反對他稱帝。顯然，民主共和已深入人心，而且中國已是相當成熟的公民社會。在宣布準備稱帝的八十三天之後，一九一六年三月二十二日，袁世凱下令撤銷帝制。他最終沒有坐上皇帝的寶座。

這時的孫中山不是高興，反倒是萬分憂慮：他害怕袁世凱在全國一片譴責聲中連總統職位一併辭去。當時不少人呼籲袁辭職，袁也在考慮辭職。一旦辭職，根據憲法，副總統黎元洪會自動接任，孫會失去袁這個不得人心的弱勢靶子。黎元洪既是辛亥革命的現場領導，又在其後的政壇上顯示出他是個能幹親民、深受擁戴的政治家，孫找不到理由起兵倒黎。他「異常焦急」，命令追隨者們馬上行動起來，推翻袁世凱，而且起事必須「發於袁退之前乃可」，然後，「一俟目的達到，設立新政府於南京，仍舉孫逸仙於南京大總統」。他特別重視的是上海，「連電上海革命黨人，再促從速發動起義」。孫派陳其美前去領導。

陳祕密到上海後，發現孫的命令自己辦不到。這時不但北京政府和租界當局都在追捕他，在黑社會裡，從前威風凜凜的老大現在說話也不管用了。對黑社會來說，他「不務正業」，去搞政治，落到個無權無勢的地步。陳其美不僅無法起事，連款也籌不到。從前他是上海老大時，只靠威脅就能從銀行和生意人那裡榨取巨款。當中國銀行的上海經理爭辯說銀行的錢不能隨便交出去時，陳其美二話不說把他抓起來，銀行只好乖乖交錢。如今，陳既沒有錢組織人暴動，也沒錢買殺手想暗殺誰就暗殺誰。相反，袁世凱把他那一套拿過來，變成了殺手更理想的闊綽雇主。

孫中山見陳沒有成功，反過來要他資助，感到不耐煩了，質疑陳的能力。最後，孫潛入上海，要「親自主持黨事」。自從廣州首次起事以來，孫還沒有本人在中國大陸搞過「地下工作」，此行足見他是多麼著急，要在袁世凱辭職前奪權。在上海見到陳其美後，孫對他很不客氣，陳十分沮喪。姪兒陳果夫此時見到他，說他「形容甚枯槁，精神委頓，蓋此數日中辦事不順手，經濟又困難」。他本來就受病痛折磨，對姪兒說：「我病不可治也。」「言時似甚傷痛。」他是袁世凱通緝的要犯，殺手在伺機下手，但他一個人在大街上走來走去，「漫不為意」，一個保鑣也沒有，對生命安全似乎毫不在意。當然，陳其美現在身無分文，雇不起保鑣了。

一天，一個政府的祕密線人，帶給陳其美一筆「煤礦公司」的「生意」。他約陳見面，稱事成後會得到大筆佣金。陳同意見面，在一九一六年五月十八日，到一所經常用來見客的屋子去會見「公司代表」。「代表」有五個，進房時都沒被搜身，陳一個人跟他們走進客廳。一進去這些人就拔出槍來，陳頭部連中數槍，頓時死亡，年僅三十八歲。其實陳其美已經聽說，「煤礦公司」是假的，而且可疑，他仍然決定冒險，也不採取預防措施，或許是在想，希望走運，能為孫中山搞到一大筆錢；要是不走運，死了也就算了。

陳其美被打死後，房子的主人要求把屍體即刻弄走。房子裡當時有幾個自己人，沒一個願意做這件事。蔣介石是陳其美的把兄弟、鐵哥們，他愛戴陳，槍殺孫中山的政敵陶成章就是受陳之命。此時他聞訊趕來，把陳的屍體裹起來，運回自己家中。他給陳設下靈堂，但沒幾個人前來祭拜。孫中山自己性命難保，也沒有來。曾經不可一世的陳其美，死時形影孤單。他的家人無錢，無法為他舉行像樣的葬禮，只好把他的屍體存放起來。蔣介石寫了篇祭文，抒發胸中怨氣：「感此蒼涼，吾復何言。世路崎嶇，人心嶮巇，瞻前顧後，徒增寒心。」他對許多戰友「幸災樂禍，妒公忌公譏公刺公」而氣憤，更為孫中山後期對陳不信任感到憤慨，認為這導致了陳的死亡：「噫！赤忱未剖，奸邪觝隙，忠言失察，竟成今日之禍，悲乎哀哉！」

陳其美被刺的消息一傳到日本，慶齡立刻趕乘下一班船到上海去同丈夫共生死。她坐立不安，堅信只有她在那裡，丈夫才會安全。第二天一早船靠岸時，她走下舷梯，透過正在散去的清晨薄霧，看見孫熟悉的身影站在岸上等她。孫接船是件稀罕事，他是「大忙人」，在這個時刻露面更是危險。看來孫被慶齡的愛打動了，用接船來表達他的感激。慶齡感到幸福，同時也為孫安全無恙而鬆了口氣。

慶齡到上海十八天後，袁世凱因尿毒症死亡。他沒有辭去總統職位。取消稱帝，使袁重新獲得不少人心，人們認為他還是有勇氣糾正自己，還不是沒有道德底線，不會寧願毀掉中國也要當皇帝。跟隨孫中山倒袁的隊伍裡，就有不少人因此停止戰鬥。現在他死了，副總統黎元洪按憲法就任總統。孫只得暫停倒袁戰爭，考慮如何對付新總統黎元洪。對慶齡來說，袁的死意味著她的丈夫安全了，她十分欣慰。

6 「孫夫人」的代價

根據過去對黎元洪的了解，孫認為「黎元洪是個性格悠閒的人，沒有做皇帝的野心」。他派代表進京探口氣，希望黎能「要僕〔孫〕再度出任」，能主動把總統位子讓給他。黎叫他失望了。他只提議給孫一個特別頭銜：「高等顧問」。孫一口拒絕，要代表遊說國民黨議員，但議員們只準備提議孫「出任副總統」。孫中山聽了，「大不以為然」，嚴厲地要他的代表轉告議員們「當心一點」，「我將要造反了」，「要討伐他們，你們要小心」。

孫開始籌畫推翻黎元洪政府的戰爭。打仗要錢，這時進行的第一次世界大戰給了他機會。一九一七年初，美國跟德國斷絕外交關係，希望中國也採取同樣行動。美國向來是中國的朋友，此時許諾說加入協約國將給中國帶來很多好處。國會開會辯論了幾個星期，協約國和德國的外交使節都在公眾廊旁聽。最後，三月十日，國會通過與德國斷交。德國檔案館的文件顯示，德國曾試圖賄賂北京政府以阻止斷交，特別針對總理段祺瑞。軍人出身的段祺瑞是中國加入協約國的積極倡導者，德國人要送給他私人一百萬美金，被段一口回絕。與段同過事的顧維鈞評價他「廉潔得很」，「他有骨氣，其人格很清廉，他的確愛護民國」。段曾是袁世凱的親密部下，對阻止袁世凱稱帝起了關鍵作用。

德國想要推倒段，改變段的政策，跟孫中山和他的密使曹亞伯（Abel Tsao）祕密接觸。德國駐上海總領事柯南平（Hubert Knipping）報告柏林，說孫「對共同倒段一事甚為贊同」，「盼德方予二百萬元款項支援」。德國首相同意了，孫拿到一百五十萬墨西哥銀元（當時在中國通用的貨幣之一）。這是孫中山得到的第一筆巨額外國資助。

用這筆錢，孫打算在廣州建立基地。這個依山傍海的繁榮的南方都市，此時已有一百萬人口，現代化已經開始。狹窄的小巷擴寬為大道，汽車可以在上面跑，儘管新街依然凸凹不平，乘客在綢緞鋪墊的座椅上左搖右晃，顛個不停。孫選擇廣州做基地，是因為這裡現在有一堆從北京來的國會議員，可以充作他的權力基礎。中國第一屆國會的運作遠非一帆風順，裡面的爭執辯論，都由自由的報紙充分報導，給人印象是亂了套，一團糟，不少人要求重新選舉。這樣的局面，黎元洪總統還沒有經歷過，在壓力之下，他於一九一七年六月宣布解散國會，舉行新的選舉。這一舉動超越了憲法賦予他的權力，一百來名國會議員離開北京，以示抗議。擁有德國巨款的孫中山，得以出資讓他們中大多數南下廣州。德國錢也幫助他說服老朋友程璧光率領麾下急需經費的海軍艦隊來加入他的陣營。據美國駐廣州總領事海因策爾曼（P. S. Heintzleman）的報告，德國錢，孫「以五十萬元送海軍，三十萬元送給國會議員，其他的通過荷蘭銀行和臺灣銀行匯來了廣州」。

八月，孫在廣州建立抗衡北京的廣州政府，宣稱他是在「護法」*。他要在那裡的國會議員選舉自己為「臨時大總統」。議員們感到為難，爭辯說根據憲法，他們的人數不到選總統的法定人數。他們其實並不想推翻北京，另立政府，目標只是重開國會。孫中山怒不可遏，大發起他如今時常發作的雷霆，「極口詈議長」。最後，雙方做了妥協，廣州政府稱為「軍政府」，「大總統」改成「大元帥」。孫對就任甚是看重，身著金穗紅帶的大元帥服照了張相，照片上他手按寶劍，頭盔上搖著威風凜凜的長羽毛，看去很是得意。

他跟著就進行旨在推翻北京政府的「護法戰爭」。手上有了錢，他拉起了自己的軍隊。招兵的方式是：帶槍來的每月十五元軍餉，不帶槍來的每月十元。他的德國巨款流失得很快。大元帥沒有收稅的權力，他命令廣州市政府把稅收交給他，可他們拒絕了。孫的雷霆大火又發作了，要海軍首領程璧光下令海軍炮轟市政府。海軍拒不開炮。孫自己登上軍艦，朝廣州市內「親發數炮，又督促炮手發數十炮」。程璧光怒不可遏，阻止孫指揮他的部屬。不久，這位孫的老朋友在碼頭邊被刺身亡。據當時與孫中山親近的羅翼群披露，孫的祕書朱執信是組織行刺的人，朱稱程璧光為「除奸對象」。孫後來自己也說，程不執行命令，被判處「死刑」。

國會議員們被孫的手段嚇壞了，後悔不該跟孫攪在一起，很快想了個法子趕走孫。他們投票廢除「大元帥」，代之以七個人的集體領導「多頭制」，孫是七人之一。議員們的算計是，孫不會滿足於做七個人之一。果然，孫當即辭職，一九一八年五月二十一日離開廣州。他當「大元

* 儘管花的是德國人的錢，孫的政府在德國失敗的徵兆已明時，對德宣戰。

帥」不足一年。

這時見到他的人，形容五十一歲的孫似乎矮小了不少，他「戴著茶色的拿破崙帽，身穿灰色的立領西服，……無精打采地坐在在甲板上，……頭額的頭髮已經減少許多，鬍子亦顯得白多了……」。他一隻眼睛受感染腫得厲害，從眼角往下淌黏糊糊的眼淚。孫自我感覺無比傷痛：他是首倡共和的人，可是沒得到該得的榮耀，他的偉大沒被充分承認，非他莫屬的位置——中華民國總統——總是輪不到他。他感到「孑然無助」，稱他的「解職以去，此誠非〔孫〕文一人之厄，實民國之厄也」。

*

孫中山在廣州時，慶齡大部分時間住在上海。小妹美齡一九一七年七月在離家十年後從美國歸來；父親得了癌症，一九一八年五月去世。加上孫中山不在上海，慶齡與家人的關係重新親密起來。

孫離開廣州後，慶齡請求到法國領事的許可，讓孫住進上海法租界家中。孫夫婦的家是一棟西洋式的小樓，帶一個大花園，坐落在一條短短的死胡同盡頭，安全警戒相對容易。客廳牆上掛著華盛頓的肖像：有人說孫是中國的華盛頓，孫對此很當真。

婚後的慶齡比任何時候都美。查理少年時在美國的贊助人、慈善家朱利安・卡爾，這時訪問了上海，他說慶齡是他在中國見到的「最美的少女」。

孫家有不少來訪的人，慶齡讓每個人都覺得賓至如歸。美國記者喬治・索克斯基（George Sokolsky）是常客，說慶齡的「性格如此甜蜜可人，她輕易就讓她丈夫黯然失色」。「她整個人，她友善的笑聲，她優雅的談吐，給人留下的印象遠比她那有點嚴厲的、永遠像在做夢的政治領袖丈夫深刻持久。」但她整個人似乎附屬於丈夫，千方百計「為那位醫生節省時間和精力，捍衛他的平靜」。早上，她陪他打網球。早餐後，他看東西或者寫東西，她幫他謄清寫好的文稿。她做他的祕書，而且總在強調這一身分。「她雖然隨時在場，但總是在那位醫生背後，而不是在他旁邊，……小心不讓自己的個性太顯露而分散一絲一毫丈夫的光芒。」

有紅袖添香，孫中山一氣呵成，寫了本小冊子，冠以絕大的標題：《孫文學說》。身邊人胡漢民說：他「以前發表文章，很少有自己下筆的，唯有這本書自始至終，都是他本人的手筆」。孫對作品非常滿意。書的核心是「行易知難」，把老話「知之非艱，行之惟艱」反了過來。他聲稱老話是「中國近代之積弱不振、奄奄待斃」的罪魁禍首，而他的新「發明」是「救中國必由之道」，「為宇宙間之真理」。他的論證，有「金針、木耳、豆腐、豆芽」、「六畜之臟腑」，有一大堆跟錢有關的話，有語言、達爾文、科學、日本維新以及發展經濟的必要性——所有這些都扔進一鍋拌成大雜燴，不管邏輯，也不管切題不切題。最後，他說這些都證明了「先知先覺者」優於一切人。所謂先知先覺，他指的就是自己，因為他最先提倡共和。孫還把早先陳其美寫給黃興、稱頌他、要黃聽他的話的信附在後面，把「孫文學說」的這個中心而且唯一的意思直接挑明。胡適看出了孫的意思，寫道：「中山先生著書的本意只是要說：『服從我，奉行我的《建國方略》。』」「《孫文學說》的真意義只是要人信仰『孫文學說』，奉行不悖。……我們細讀此書，不能不認這是唯一可能的解釋。」

在美國讀書時曾寫過邏輯清晰、論證嚴密的論文，一向愛嘲笑自命不凡的慶齡，居然崇拜這種東西。直覺敏銳的妹妹美齡，此時剛認識孫中山，寫信給美國朋友艾瑪．米爾斯（Emma Mills）說：「知道嗎？我注意到，最成功的人往往不是最具有天才的偉大能力的人，而是對自己無比自信的人，他們的自信力強烈到讓其他人就像被施加催眠術一樣，對他們產生同樣的信心。」

慶齡對丈夫就是如此。她寫信給朋友艾莉說：「我一直保持了對他的敬仰，我像從前一樣是他的品格的忠實崇拜者。……我真希望你能得到最美好的東西，親愛的艾莉，那就是不久你可以找到你所有理想集於一身的完美男人。那時，我敢肯定，幸福就將來臨。當然，你現在也很幸福，但是，結婚生活的幸福不一樣，而且優越得多。」

＊

孫在上海住了兩年多。這期間，又一場大選於一九一八年舉行，選舉產生了下屆總統徐世昌。熟悉他的顧維鈞描述他「是一個文人，是一個有君子風度的學者」。跟他同事的顏惠慶在自傳裡說：「徐總統在品格和學問方面，可謂超群絕倫，……他可說是一位學而不厭的讀書人。」徐選舉受到五個廣州影響下的省份的抵制，但其他大多數省份選出來的政府得到全世界的承認。徐世昌總統向廣州提出和平統一的倡議，在廣州的議員們先後響應，一一離開了廣州，「軍政府」

於一九二〇年十月結束。

孫中山把這看作重返廣州、再度興兵北上的機會。離開廣州的兩年中，他為這一天的到來做了大量準備。他派人去德國，邀請德國軍隊入侵中國，建議「德與俄共聯絡，將俄境內華人及士兵一萬二千人與德軍一萬人合組成一支中國軍隊，配以飛機三至五架，及製造軍火等機器……打回北京」。由於德國第一次世界大戰結束後物資匱乏，孫提出回贈德國「食物及各種物資，由鐵路接濟德國」。德國人認為孫的建議「近乎狂想」，拒絕了他。孫中山又向日本駐上海有吉總領事「再三要求」日本援助他推翻北京政府，承諾成功後，他「可以承認日本對『滿蒙』的領有」。日本人沒有反應。孫還找到莫斯科在上海的派員，請求蘇聯從西北入侵中國，跟他合作以武裝推翻北京政府。莫斯科認真考慮了，派能幹的、說一口漂亮中文的米哈伊・波波夫（Mikhail G. Popov）上校於一九二〇年三月來到上海，同孫討論計畫。波波夫上校對莫斯科的報告是：孫的計畫「不可能成功」，還說「布爾什維克厭倦了戰爭，希望和平」。莫斯科沒有答應孫的要求。

孫中山沒有氣餒，不停地八方努力。一九一九年「五四」運動爆發時，北大學生代表來找他求教。孫對他們的遊行示威沒有興趣，他認定槍桿子裡面出政權，對學生們說：「我要給你們五百支槍以對付北京政府，如何？」這時他已擁有用德國的錢培植起來的一支軍隊，並把它交給了一個叫陳炯明的軍官指揮。「軍政府」結束時，孫命令陳炯明乘虛而入，占領廣州，隨後自己於一九二〇年十一月到達。

陳曾是清朝秀才、廣東法政學堂首屆畢業生，一九〇九年中國第一次選舉中當選廣東省諮議局議員，辛亥革命後一度任廣東代理都督。他跟當時很多人一樣，認為中國太大，高度中央集權不合適，應該實行聯省自治，類似美國的聯邦制。作為第一步，他的目標是把廣東建設為學堂、住房、公路、公園和其他公共設施齊備的模範省。當時思考用這種模式治理中國的人不少。陳以為他可以利用孫中山，把理想付諸實施。孫想的不是把廣東建設成模範省，而是利用廣東作為基地征服全國，兩人不可避免地發生了衝突。

陳炯明不是孫中山的對手，結果孫在廣州建立了自己的政權，於一九二一年四月七日宣布被「選」為「中華民國大總統」。這是中國共和以來，第一次出現與中央政府對立的政權。任何其他省都沒有這樣做，也沒有尋求這樣做。

這段時間訪問了廣東的美國武官瑪格魯達（John L. Magruder）在見到孫之後，向華盛頓報告說：孫的「生活的動力只有一個，就是無上自我擴張欲」，為了這個個人目標，他不惜犧牲任何人。瑪格魯達的繼任菲利恩少校（Major Philean）得出同樣的結論：「他的眼睛緊盯著北京——他的目的地。他相信全中國都會俯伏在他的腳下，……全中國都將要服從他。」

一九二二年五月，孫起兵「北伐」，要打到北京去，推翻徐世昌。他宣布徐是「非法總統」，理由是大選時，二十二個省中有五個沒有參加。徐世昌不想看到中國受戰爭的蹂躪，公開宣布自己願意辭職，並要求孫中山一道辭職，以便實行新的全國大選。孫中山答應了，說要「與非法總統同時下野」。六月初，在一項重大外交談判成功之後，徐當即辭職。這場談判事關山東，本為德國租借，在第一次世界大戰結束後的一九一九年凡爾賽會議上，沒有交還協約國成員中國，反而給了日本。這一不公導致了「五四」運動，被認為是中國歷史上的里程碑，中國「百年恥辱」的象徵。但是，歷史書上從來不提的是，凡爾賽會議的不公，只持續了短短三年：一九二二年，在徐世昌總統任內，中國通過談判，在華盛頓會議上迫使日本交還了山東（這一外交勝利被後來的史書刻意隱瞞）。六月二日，徐世昌簽署了收回山東的條約後，所做的第一件事就是遞交辭呈。隨後他請談判歸來的代表們吃飯，主要代表顧維鈞回憶道：「宴會完了，送走了外交團，他從容不迫地對留下來的中國客人說：『謝謝大家光臨，更高興有個機會歡迎顧大使回來，不過我現在藉這個機會向諸位告別了。』說完作了個揖，走到大門口，車子已經預備好了，上車就走了，總統也不做了，實在是很文明的做法，是中國舊道德學者的做法。」*

社會輿論呼籲孫中山履行諾言。可孫顧左右而言他，好像沒有諾言這回事，堅持繼續「北伐」。北京現在由上屆總統黎元洪「暫行大總統職權」，以待大選。孫命令陳炯明的軍隊幫他打仗。陳的軍官們拒絕服從，在廣州張貼告示說：「國會恢復，護法告終；粵軍將士，一致贊同。請孫下野，表示大公。」六月十二日，孫召開記者招待會，神情異常憤怒地譴責軍官們，威脅

---

* 日本侵華時，徐世昌在天津，他拒絕與日本人合作，去世時在重慶的國民政府頒發褒獎令稱：「徐世昌，國之耆宿，望重群倫。比年息影津門，優游道素。寇臨華北，屢思威脅利誘，逞厕陰謀，獨能不屈不撓，凜然自守，亮風高節，有識同欽……」

說：「若不服從命令，我不難以武力壓服人。人說我孫中山車大炮，但這回大炮更是厲害，不是用實心彈，乃用開花彈，或用八寸口徑的大炮之毒氣彈，不難於三小時內把他六十餘營陳家軍變成粉泥。但戕害六十餘營的軍人，且驚動全城的居民，不免過於暴烈，但我不如此做去，他們終不罷休。」孫叫報界替他廣為宣傳這一威脅。

陳炯明和軍官們忍無可忍，下決心把孫趕走。其後幾天，他們的隊伍部署在孫的「總統府」周圍。總統府坐落在小山腳下，隨著一條長廊走到半山腰，便是孫中山住宅，一棟熱帶植物掩映的小洋樓。山下是廣州的街道，再遠些是珠江。在總統府內，孫不斷接到消息，催他離去。他堅決拒絕。

六月十六日凌晨一點左右，孫收到警告，陳炯明軍隊將在黎明時進攻。他決定逃走。身著夏布長衫，戴著墨鏡，他在幾個便衣警衛的保護下離開，隨身攜帶最機密的文件，包括與蘇俄代表會談的密件。一下到廣州街道，孫一行便喚來人力車，很快跑到最近的碼頭，在那裡，他們雇了艘汽艇，不一會就到了忠實於孫的軍艦上。離家最多不過一個多小時，夜裡三點不到，孫就安全了。只是，他沒有帶上慶齡。

凌晨，陳炯明的軍隊開始進攻，他們不知道大總統早已不在那裡。因為慶齡還留在總統府內，為了保衛她，孫的五十人衛隊奮力抵抗。

*

慶齡是自願留下來掩護孫逃走的。「我覺得帶著個女人走對他不方便，堅持要他把我暫時留下來。」她在事後為上海報紙用英文寫的敘述中說。她在別的地方還說她催孫先走，對孫說：「中國可以沒有我，不可以沒有你。」熱戀中的慶齡準備為丈夫犧牲自己。

但她沒有想到的是，孫安全**之後**，並不打算讓她也逃走。孫抵達海軍司令部時，時間不到凌晨三點，還有好幾個小時天才亮，陳炯明的軍隊才開始按計畫進攻，他有足夠的時間通知慶齡，告訴她，他已經安全了，她可以離開了。但是孫沒有通知妻子。他其實還派了個人悄悄潛回總統府去，但只是去「偵察」，沒有給妻子帶信的任務。慶齡完全不知道丈夫已經安全，堅守在總統府內。

黎明到來，她寫道，進攻開始。孫的衛隊「用來福槍及機關槍與敵人對射，敵人用的是野地炮，……我的澡盆被打得稀爛。……到了八點，我們的彈藥只剩很少了，只得停止回擊，保存剩下的，等待最後的時刻」。這時她才決定離開，和三名侍衛在通往總統府的長廊地上爬下山去。「敵人不久就把炮火集中在這條長廊上，子彈從我們耳邊呼嘯著飛過，有兩次子彈擦過我的耳鬢而沒有打中我。」

不像她丈夫的輕鬆離去，慶齡的逃亡是一場生死搏鬥。「從早上八點到下午四點，我們可說是埋葬在炮火的地獄中。子彈到處亂飛。一次我幾分鐘前剛停留過的房間整個屋頂塌了下來。」

一名侍從被子彈打中不能前行。慶齡戴著他的帽子，穿著孫中山的雨衣，和另外兩個衛兵一起走上街道。這時滿街的士兵，好像都發瘋了，到處是槍聲。

我筋疲力盡，哀求衛兵給我一槍。他們不答應，一邊一個人架著我往前走，……到處都是屍體。……一次我們看見兩個男人面對面蹲在屋簷下，細看發現他們都已經死了，但眼睛還睜得大大的。他們一定是被流彈打中的。

往前走的路被一群從小巷衝出來的暴徒截斷。我們幾個人悄悄商量說應該躺在地上裝死，這樣我們沒有被傷害，暴徒過後我們又接著走。我的衛兵勸我不要看屍體，怕我會暈倒。半小時後，槍聲稀疏下來，我們走進一戶農家。房主害怕，要把我們趕出去，可是這時，我及時地暈倒了，他才沒有強趕我們走。

我醒來時，看見一個衛兵在用冷水給我洗臉，用扇子搧我；另一個出門去看情形怎麼樣了。突然一排槍響，屋裡的士兵趕快跑過去關門，他告訴我另外那個被流彈射中，可能已經死了。

槍聲漸漸停下來了，我化妝成老農婦，衛兵裝成賣貨的，我們離開了農舍。路上我撿起一只籃子，裡面有些蔬菜，提在手上。終於我們到了一個朋友的住宅，……在那裡過了一夜，整晚炮聲不停。最後，我們聽到軍艦上傳來的大炮聲，總算放心了。這樣說來，孫博士安全了。

她直到這時才知道孫已安全，這就是為什麼陳炯明的軍隊進攻時她繼續待在總統府。孫中山就是想要她待在那裡，他期望陳的軍隊攻打總統府，慶齡在，衛隊就在，就會和陳的軍隊對打，攻擊就會越演越熱，孫就有理由反擊，從軍艦上炮轟廣州。當時數十名中外記者來見他，懇求他停止炮打廣州。他指出陳軍對他住宅的攻打，使他們無言可對。孫宣稱他「逃出不及數分鐘，即〔槍聲〕亂發」，宣稱他是「對此不滿，及為維持正義，故命海軍開炮」。

孫的大炮轟轟響時，他十分興奮，與眾人「且談且笑」，當眾豪邁宣稱：「今日之役，足矣！」孫似乎毫不掛念妻子的生死安危。

慶齡兩天兩夜噩夢般逃亡之後，終於設法打電話向朋友、嶺南大學校長鍾榮光求援。鍾派大學電船來接她，隨後又聯繫把她送到孫中山的軍艦上。在整個這場九死一生的劫難中，她丈夫沒有動一根小手指幫幫她。軍艦上他們短短地見了見面，然後慶齡回上海家。途中，她小產了，並且得知永遠不可能再懷孕。

打擊是摧毀性的。慶齡渴望孩子，此後大半生她都為此傷心。眼下，她難受得死去活來，在寫文章時對這件事提也不敢提。她的明顯痛苦深深觸動了美齡的美國朋友艾瑪・米爾斯。艾瑪此時在上海，當慶齡打扮成農家婦女回家時，她正在宋家。她在日記裡寫道：慶齡「弱小無力，臉色蒼白到極點，有生以來，我還沒見到過這樣孤單的人」。艾瑪留下來吃晚飯，飯後幫著美齡和請來的裁縫給慶齡趕製了幾件衣裳。

僥倖活下來、失去孩子而且永遠沒有希望再生的慶齡，看透了丈夫的行為。孫中山利用她掩護自己逃走她心甘情願，但用她來引誘敵人開戰，擴大戰火，讓她做犧牲品，不可饒恕。這行為足以掐死任何正常女人的愛情，慶齡對孫的愛也沒能倖存。多年後，她的朋友、美國記者愛德加・斯諾（Edgar Snow）問她是怎樣愛上孫的。根據斯諾記載：「『我沒有愛上他，』她緩緩地說：『我是遠距離的英雄崇拜，一個浪漫女孩的念頭，我跑離家去為他工作，……我想要救中國，孫博士是唯一能做這件事的人，所以我想幫助他。』」

熱戀中的慶齡寫的那些信很清楚地表明，她對孫中山所曾懷有的不僅是英雄崇拜，而確實是愛情，只是她那毫無保留的、全心全意的愛在一九二二年死去了。她睜開了眼睛，看到了丈夫醜陋的一面。他並不比自己高尚，並不比自己美好，不值得自己為他犧牲。經過深思熟慮，慶齡決定不離開孫，但她要照顧自己的利益，跟他「做交易」。她也考慮清楚了要為自己爭取什麼：她要在大眾眼前做他的政治伴侶。她不要再做他的祕書，在孫與來訪者談論政治時躲在他背後打字。她要參與他們的討論，她要與他肩並肩出現在公眾眼前——這一點她從前曾經提出過，但被否決了，理由是公眾不習慣看到領導人的太太。如今，她要他們接受自己的要求。很可能，她給上海報紙寫的脫逃敘述，就是給孫中山和他的追隨者看的，讓他們看到她都經歷了些什麼，她的身分是用生命換來的，一點也不過分。

孫中山從軍艦上炮打廣州一無所獲。八月，他來到上海，見到慶齡，滿足了她所有的要求。他似乎認識到自己做得太過分，虧欠妻子，未來將囑咐友人「照顧」慶齡。那些曾經反對慶齡以孫夫人身分露面的人不再反對，他們對她的勇氣與犧牲佩服得五體投地。

從此時起，慶齡以孫夫人的名義活躍在公眾眼前，為自己樹立起獨立的政治形象——同時也開創了領導人妻子做政治人物的先河。九月十五日，她寫信給美國朋友艾莉・斯利普：「能給我幫個大忙嗎？我需要一些最時尚款式的名片。你能**立刻**幫我從蒂芙尼（Tiffany）或其他好的刻印店訂製二百張嗎？請幫我選擇簡單美麗的字體。名片上只寫名字：孫中山太太〔Mrs〕。」

後來，用簡單的Mrs——「太太」——稱國父的妻子好像顯得不夠高貴，法國對已婚女人的尊稱Madame取代了它，中文則用「夫人」。慶齡成為馳名中外的「孫夫人」。

7「我的朋友列寧就是我的榜樣」

一九二二年夏，孫中山被趕出廣州之後，蘇俄在他和慶齡的生活中日益重要。從前，他曾試圖說服蘇俄武裝入侵中國，跟他合作推翻北京政府，那時蘇俄謝絕給他提供幫助。這次就不一樣了。

困在軍艦上時，孫派使者送了封親筆信給在上海的蘇俄聯絡人沙吉・達林（Serge Dalin），首先要他放心：有關他們雙方密談的全部文件，孫都隨身帶著，未被陳炯明的軍隊所獲。據達林後來回憶：使者「交給我孫中山給外交人民委員會委員齊契林（G. V. Chicherin）的信。信是匆忙寫就的，用的是一張從學生練習本上撕下的四裁的紙」。這封英文信說：「我正經受著陳炯明給我帶來的嚴重危機，這個人的一切都是我給的！」信末孫「向列寧致意」。蘇俄迅速做出反應，他們此時正用得著孫。莫斯科在跟北京政府談判建立外交關係，被一個障礙卡住了：蒙古這一大塊中國的土地，此時被俄國軍隊占領，蘇俄企圖吞併蒙古，北京政府堅決拒絕，並要蘇俄撤軍。莫斯科希望能打孫中山牌。

蘇俄在北京的談判代表是越飛（Adolf Joffe），他派化名「馬林」（Marin）的荷蘭共產黨人到上海去跟孫會談。八月二十五日會談結束後，孫寫信告訴越飛，他完全同意「蘇聯軍隊應該留在」蒙古。越飛報告莫斯科：孫建議蘇聯軍隊使用入侵中國的「歷史途徑」，攻占北京，首先「占領新疆，並且在那裡幫他組織一支軍隊，屆時他自己會去新疆，建立隨便什麼政治制度，甚至蘇維埃制度」。為了幫助蘇聯人打定主意，孫告訴他們，新疆「只有四千中國軍隊，不會對入侵蘇軍有任何抵抗」。為了使他的建議有更大的誘惑力，孫提請俄國人注意，新疆「礦藏豐富」，他們可以開採。對這一整套計畫，孫的要價是「最高不過二百萬墨西哥銀元（大致相當於二百萬金盧布）」。

莫斯科認為孫很有用，決定把賭注押在他身上，尤其是因為北京政府在蒙古問題上毫不妥協。越飛在中國首都的外交談判徹底失敗後來到上海，跟孫中山做成交易，於一九二三年一月二十六日發表「孫越宣言」。討論越飛報告的蘇聯領導人包括列寧、托洛斯基和史達林。孫中山是「**我們**的人」，越飛強調，「難道這還不值兩百萬金盧布嗎？」

蘇共中央政治局開會批准每年給孫中山二百萬金盧布。這是孫第二筆巨額外國資助（第一筆是一九一七年的德國錢），而且這一次不像上一次，不是一次性的，是年年有，沒有截止期限。

有了這筆可靠巨額收入，孫「說服」鄰省垂涎廣州的軍隊進攻廣州，陳炯明看到抵抗的代價太大，辭職離去，孫得以再度進入廣州，再度當上「大總統」。這一次，他奪取北京政權比任何時候都有希望。

根據史達林的提名，白俄羅斯人、老資格的蘇維埃鼓動者，曾在美國、英國和墨西哥都搞過祕密工作的鮑羅廷（Mikhail M. Borodin）被任命為孫的政治顧問。鮑羅廷高高的個子、長相威武，據後來見過他的宋美齡描述：「他的頭像獅子，一簇長長的、有點鬈曲的、仔細修整過的深棕色鬈毛一直垂到後腦勺」，「說話聲音是男中音，宏亮清晰，不緊不慢」，「個人魅力十足，給人印象一切都在他的掌握之中」。他到達廣州時，孫中山設宴歡迎，據鮑羅廷報告莫斯科：孫「眼睛注視著我，幾秒鐘不眨一下」，「問我關於列寧的情況，像真資格的醫生一樣詢問身體的每個細節」。

鮑羅廷是個傑出的組織者，教給孫中山列寧式的途徑去實現他的夢。他按布爾什維克的模式改組了國民黨，策畫了一九二四年一月在廣州舉行的蘇俄式的國民黨第一次代表大會。莫斯科的金錢、軍火源源而至，還開辦了黃埔軍校，校址在離廣州十公里的一個風景如畫的珠江小島上。

雖然俄國人把賭注押在孫身上，但他們很清楚孫並不信仰共產主義，不能相信他不會在背後搞鬼。莫斯科早在一九二〇年就一手組建並資助了人數不多的中國共產黨，如今它命令中共黨員參加國民黨，協助莫斯科在內部左右國民黨。參加國民黨的中共黨員中，有後來當上中共領袖的毛澤東，毛的政治生涯起飛就在國民黨內。

意識形態、合作對象、中國的前途——所有這些對孫中山都無關緊要。正如他對美國相識布洛克曼（Fletcher S. Brockman）所說：「他們是幹什麼的我都無所謂，只要他們支援我推翻北京政府。」

*

孫中山一心想要推翻的北京政府，實際上一直在做維護中國利益的事情。繼一九二二年從日本手中拿回山東之後，它又於一九二四年迫使蘇聯承認蒙古是中國的一部分，並在此基礎上與蘇聯建交。而且，在中國歷史上，它是唯一經過民主選舉產生的政府。全國大選，不管有多少缺陷，總是在進行；國會，不管有多大問題，總是在運作。袁世凱企圖稱帝沒有成功。各式各樣的挫折都沒有改變民主政體。言論自由和新聞自由，百花齊放，欣欣向榮；不同的政黨，針鋒相對，有聲有色；獨立的司法機構，循序發展，日臻完善；私人工商業蓬勃興旺，中國經濟逐漸進入經濟學家所稱的「快速發展的『黃金時代』」。正是在這一時期，一大批文學、藝術巨匠脫穎而出，其創造力的高度，在其後一個世紀，包括今天，都無法望其項背。現代中國語言——白話文——在此時發展成熟，使得一般人能夠不再是文盲。儒學大師徐世昌總統，在現代漢語的發展上有不可磨滅的功勞，是他簽署法令，令所有小學都教授白話文，白話文的普及，由此起步。

後來，所有這一切文學、藝術、語言上的成就，都被歸功於「五四運動」。事實上，它們跟一九一九年五月四日發生的民族主義的示威遊行沒有因果關係。它們的發展，遠早於「五四」，它們也並非因為「五四」而繁榮。「新文化」的蒸蒸日上，歸根到底，是因為中國那時乃是民主社會。

由一九〇二年慈禧太后反對纏腳的諭旨興起的婦女解放，在這時已經勢不可擋，變化令人驚歎。一代人的工夫，女子從被禁錮在家，改變到在公開場合與男子挽手而行；從「女子無才便是德」，改變到跟男子享有平等的受教育的權利。宋家姊妹是改革的第一代受益者：慶齡到美國留學是清政府的獎學金，她和小妹美齡，以及其他獎學金獲得者去美國，由政府代表團護送前行。姊妹們在民國初期回國時，她們的西方觀念和生活方式，在中國已遠非標新立異。

對不同政見的寬容程度無以復加。自立國中之國的孫中山，受到的是紳士般的禮遇。中央政府的控制鬆弛而溫和，對各省不是令行禁止，而是仰仗各省出於傳統、道義和自我約束，給予擁戴與支持。強有力的中央集權，此時由各省的權力擴張所代替。有權的人多了，中央政府不是一言九鼎，而是必須與自己任命的地方大員協商。自晚清鎮壓太平天國以來，各省首腦享有統轄本省軍隊的權力。那時的慈禧太后具有駕馭這些擁兵大員的權威和能力。在如今軟弱的中央政府之下，地方首腦們雖然仍由中央政府任命，他們並不完全聽命中央，常常各行其是，並且有時彼此間使用武力。這些擁兵大員後來被統稱「軍閥」。孫中山也有軍隊，還占據著廣州，但他不算軍閥。「軍閥」都承認民主選舉的中央政府。中國並非由軍閥割據，因為各省大員不僅由中央政府任命，而且在一系列關鍵問題上服從北京，包括最重要的：向中央政府納稅（儘管在後期有截留部分國家稅的現象）。

各種協商，各種摩擦，被自由的報刊廣泛報導，造成一種印象，即中國當時亂成一團，到處打仗。事實遠非如此。「軍閥」之間的武力對峙相對短暫，孫中山沒有參與的兩場最著名的戰爭，從頭到尾也就幾天：一九二〇年的直皖戰爭：七月十四日至二十三日；一九二二年的直奉戰爭，四月二十八日至五月五日。

軍閥之間的作戰方式也不像真正的戰爭那樣你死我活，西方觀察家發現仗打得半心半意，這樣描述道：穿灰色軍裝的士兵們，走到戰場上，停下來，四下望望，然後不緊不慢地放幾槍，有時也發幾炮，但少有擊中目標的。傷亡數字遠不能跟西方戰爭比，這可從一個細節看出：有的軍隊雇用苦力抬著有限的棺材隨軍而行，為的是告訴士兵們，要是不幸被打死，他們的屍體會得到體面妥善的埋葬，這對中國人是至關重要的事。將士們隨身攜帶的還有其他要緊的東西，如像個人的小茶壺以備沏茶，還有鮮豔的蠟紙雨傘。天上一開始飄雨，戰鬥就會停止，雨傘紛紛打開，戰場立刻變成五彩繽紛的蘑菇園。這樣的軍隊，將面對孫中山正在蘇聯人指導下組建的戰爭機器。

軍閥們擁戴的國家領導人，在一心一意追逐最高權力方面也遠不能跟孫相提並論。跟孫比起來，他們甚至可說是天真的書生。人稱「吳大帥」的吳佩孚就是一例。吳是個喜愛填詞賦詩的晚清秀才，率軍駐紮華北。多年來，他被公認為「中國的強人」，肖像登在一九二四年九月的美國《時代》週刊封面。美國《生活》雜誌這樣寫道：「如果一位中國舊式軍閥能夠統一全國，吳佩孚應該辦得到。他具有無畏的勇氣，而且不腐敗，一生從未行賄受賄。這位個頭矮小、眼睛棕色、舉止溫和的人，完全沒有個人野心。」

吳佩孚斷然拒絕了人們要他出來競選總統的要求，擔心這樣一來，他尋求各省擁戴北京政府的努力會被認為是含有個人企圖。吳大帥的好名聲遠近皆知，他也非常珍惜這個名聲。他不收禮，不納妾，生活簡單清貧，手下的軍隊紀律良好。西方人尊敬他，稱他為「中國的誠實軍閥」、「民主派」。中國人敬重他，因為他有著傳奇般的愛國情操：雖然不仇外，跟外國人打交道彬彬有禮，吳卻把「不住租界」作為自己的原則，即使是生命受到威脅也不例外。後來，一九三九年在日本占領的北京，他拒絕跟日本人合作，普遍認為被日本人毒死。眼下，在對付孫中山的「北伐」威脅時，吳大帥崇尚的原則捆住了他的手腳。北京政府缺乏經費，但向外國人借錢打內戰是他不齒的事。蘇俄曾把他視為最佳合作對象，向他頻頻示好，他拒絕了他們，為的是蘇俄對外蒙古深藏野心，還因為他不認同共產主義。日本人追求他，提出幫他打敗孫中山，他也拒絕了，因為他知道日本會向他索取不能接受的領土要求。

孫中山完全沒有吳佩孚這些原則底線。對蘇俄的金錢、軍火，他請求多多益善，對莫斯科的指示，他欣然接受。就這樣，他在廣州建設了一支蘇俄式的軍隊——正是這支勁旅最終打敗了吳佩孚，推翻了北京政府。

*

孫中山跟所有莫斯科來人的會面，慶齡都在場。孫的政治顧問鮑羅廷對她影響最深。這位白俄羅斯人和他的妻子范妮（Fanny）在美國住過，說英語帶著美國中西部口音，慶齡跟他們一塊很自在，很親近。這兩對夫婦之間，英文是共同語言。孫開玩笑說：「殖民主義者的語言，竟然成了俄國革命者把他們的經驗傳授給中國同志的有效工具。」

慶齡在學生時代就對政治感興趣，如今到了革命風浪的中心，她為此興奮不已。列寧主義讓她著了迷，把她性格中激烈、強硬的一面激發出來，她成了列寧主義的信徒。這一點她不像丈夫：孫更感興趣的是怎樣利用俄國人達到自己的目的。

一九二四年，廣州商人起來反抗孫的統治，他的戰爭給他們帶來不堪承受的負擔。商人們用罷市表示抗議，最後在八月實行總罷市。孫中山覺得必須用武力鎮壓。商人的團體有自己的武裝，孫帶到廣州的外省軍隊也不聽孫的命令而支持商團。慶齡於十月十三日給鮑羅廷寫信說：「孫博士決定立刻行動……只是我們的軍隊需要更多街頭戰鬥的訓練，孫博士希望您能讓你們的專家幫助訓練他們……這場戰鬥的目的是粉碎那些抗命的〔外省〕軍隊和造反的商團志願者們。」她用學到的列寧主義語彙告訴鮑羅廷：「廣州人民敵視我們」，所以，「只有靠畏懼和恐怖才能救廣州」。

由蘇聯教官訓練出來的黃埔軍校軍人，執行了對商團的鎮壓，沒收了他們的商店、貨物和房屋。沒參加商團武裝的人接到命令立即開業，否則槍斃。在這場鎮壓中，上百人死亡，數千房屋被燒毀。中外輿論譴責孫中山，但他的基地保住了。

對孫來說還有更好的消息——這回來自北京。十月二十三日，也像孫中山一樣大批接受蘇俄金錢、軍火、顧問的馮玉祥將軍，發動政變推翻了總統曹錕，邀請孫進京「主持大計」。孫中山多年追求的夢想似乎唾手可得，他馬上回電說「即日北上」。

鮑羅廷告訴孫中山，離開廣州以前，孫必須發表宣言，其中要有「打倒帝國主義」這類口號；北上一行不管到哪裡，孫都必須公開譴責「帝國主義」。孫按要求發表了宣言，帶著鮑羅廷和克里姆林宮的口號，於十一月十三日離開廣州，十七日到達上海。只需再乘坐四十個小時的火車，他就能到天津，離首都北京一箭之遙。他的夢想似乎就要實現。然而，在這個時刻，孫中山止步不前，反而轉了個彎，到日本去了十三天。

去日本是孫一路上費心思考的結果。他按鮑羅廷的指示，比以往任何時候都尖銳地高調反帝。在上海，他更是威脅說一旦大權在握就廢除租界（儘管他自己從來都住在租界，以受到西方法律的保護）。走到哪兒，蘇俄式的遊行歡迎都等候著他，呼喊著反帝的口號。這樣一來，孫跟所有西方國家都樹了敵，把自己跟蘇俄綁在一起。

共產主義的幽靈此時已經嚇壞了中國公眾，包括大多數國民黨人。做莫斯科的人，孫勢必陷入孤立。如果他繼續聽命於鮑羅廷，到北京後能否當上總統大成問題——無論莫斯科贊助的馮玉祥怎樣為他出力。就算當上了，也難長久。但是要擺脫莫斯科談何容易，他非得找到另一個靠山不可，孫想到了日本。

鮑羅廷看透了孫中山的心思，對克里姆林宮彙報說，他本來完全可以不讓孫去日本，但他決定讓孫去，孫已經跟蘇俄走得太遠，日本不可能接手，此行只會以孫的徹底失望告終，那樣他會鐵了心跟莫斯科走下去。事實正是這樣，日本政府在孫中山要求訪問東京會見官員時一口拒絕，對孫的使者說，日本只會在孫跟蘇俄一刀兩斷後才會幫助他。孫兩手空空地離開了日本。鮑羅廷報告莫斯科：孫回來時垂頭喪氣，「對他的旅行提也不願提」。

在孫的走走停停中，馮玉祥政變已過去四十多天，馮完全無力掌控局勢，被老練的前總理段祺瑞取代，段組織了「臨時執政府」。鮑羅廷注意到孫中山聽到消息時滿臉陰霾。段曾在阻止袁世凱稱帝一事上起了關鍵作用，又曾一口回絕了德國人的賄賂，在中國享有盛譽。靄齡的丈夫孔祥熙就說段「是個好人」，「為國家盡了他的最大努力」。段等人明白，中國要停止內戰，成功組建統一的中央政府，一定要有孫中山的參與，因此一再敦促孫進京。孫要當總統，還是有希望的。

可是，孫知道他有個無法解決的難題。要讓這些人以及公眾輿論認可他，他一定得跟莫斯科劃清界線。但他辦不到。蘇俄在廣州有一千顧問，掌控著國民黨軍隊，鮑羅廷和他的人又圍繞著孫本人。莫斯科，用鮑羅廷的話來說，就是「孫老頭的老闆」。

＊

一九二四年十二月四日，孫中山到達天津，住進了租界。這裡跟上海租界一樣，看上去也像個歐洲城市，由英屬印度的錫克人做巡捕。抵達當天，孫就去見人稱「張大帥」的「滿洲王」張作霖。張出身普通士兵，當過土匪，如今做了這塊廣闊而重要的地區的首領，靠的是本事。他精明實際，還有想像力豐富的腦袋：他曾雇用學者為他設計適合中國的意識形態。他把滿洲建設得讓全中國和世界都矚目，現在在政治舞臺上說話分量十足。他告訴孫，他會支持孫做總統，但前提是孫必須跟莫斯科決裂：「我是一個捧人的，可以捧他人，也可以捧你老。但我反對共產，如共產實行，我不辭流血。」這當頭一棒，打得孫回去就病倒了。隨身衛士李榮寫道：孫「嘔吐大作，遍體大汗，〔李〕榮以毛巾代拭，竟透濕兩巾，其嚴重情形，如此可見」。第二天照樣劇痛，他不得不缺席幾個星期前就準備好的天津各界歡迎大會。醫生診斷他是嚴重肝病。鮑羅廷報告了莫斯科，外界也知道他病勢沉重。

就在孫臥床不起、痛苦萬狀時，十二月十日，慶齡給她的美國朋友艾莉寫了封歡快說笑的信：

最親愛的艾莉：

自從上次給你寫信以來，我從中國的一端旅行到了另一端。我愉快極了，到這裡就讀到你的信。……非常高興你的身體好轉了，而且你還長胖了。

顯然，慶齡對身體好壞是敏感關心的。可是她丈夫的極度痛苦似乎完全沒有影響她的心緒。她提到孫，只是講他如何到處受到崇敬，她本人也跟著過得多麼開心：

在日本和天津，我們都受到盛大歡迎。一萬多人在港口來迎接我的丈夫，打著旗幟，歡呼著。我們住在一個老保皇派的住宅裡，政府為我們把房屋裝飾一新。這地方好美，充滿了有趣的東西。一切都是嶄新的，都美麗極了，因為政府花了兩萬元來裝飾這個地方。我已經在想像到北京後住進宮殿會是什麼感覺！但當然，我雖然被寵也會保持謙恭……

前天，我在前總統黎元洪的家裡舉行的午宴上是最尊貴的嘉賓，因為我丈夫也出席了。宴會在黎私人劇院的大廳內舉行，劇院真宏偉，是他花了他八十萬元建造的。宴會過程中，五十名之眾的樂隊穿著天鵝絨的制服演奏助興。生平第一次，我用金子做的刀叉調羹用餐，前總統對我說這些是專門從英國訂製的。奇異的鮮花和水果盛在金花瓶和瓶架上。

接下去慶齡還描述了宴會的其他細節，而這一午宴對孫中山是難忍的折磨。就在那天上午，他因為疼痛實在無法忍受而缺席為他精心準備的歡迎盛會。這些日子，孫無時不在痛苦之中，而慶齡熟視無睹。在給艾莉的信中，她講到一些老朋友來訪，說這如何給她「意外的驚喜」，她是如何的「興奮」：「我的天，來訪的那個小時，我們有聊不完的話。」有個朋友「專門從另外一個城市來看我，我第一次知道了好多父親的故事，他還是個孩子時說話就多麼得體有趣，他在田納西州納什維爾時怎樣對教師惡作劇，他的辯論又怎樣嚇死了哲學教授」。慶齡告訴艾莉：「一個星期後我們都要到北京去，那兒正在做各種準備，準備歡迎我的丈夫。」

一九二四年最末一天，孫被送到北京。然而，他的首要任務是治病。協和醫院數國醫生會診確認他是肝癌晚期。他的同志們有的「慘然色驚」，有的「掩面而泣」。慶齡這時也悲痛欲絕，或許此時她才真正意識到孫中山快死了。這個男人她曾如此深愛，以致她期望為他獻出生命，但他的作為讓她徹底寒心。現在她的感情複雜糾結，萬千滋味。日日夜夜，她都守在孫的床前，慟哭不已。他們之間的最後一場談話，由孫的隨身衛士李榮記錄下來：孫要李榮和另一衛士把他抱起來放在地上睡覺，慶齡說：「地上冰冷睡不得的。」「總理說：『我不怕冷，最好有冰更妙。』夫人聞言側面垂淚，悲愴不已。總理說：『達齡（即「親愛的」之西語），汝不用悲哀，我之所有即汝所有。』」孫告訴慶齡：我的遺產都歸你。他認為慶齡的悲傷是怕得不到遺產！李榮接下去記載道：「夫人答：『我一切都不愛，愛者惟汝而已。』言時哽咽，微頓其足。總理答：『此即難言〔這很難說〕！』夫人益悲，淚如雨下。」孫中山知道慶齡對他已經沒有了愛情。死前五個小時，他又叫了一聲「達齡」。死時，慶齡痛哭，以致「氣絕暈倒」，醒來後，她輕輕地用手闔上了孫的雙眼。

*

意識到孫的大限將至，慶齡電報在上海的姊妹，她們立刻啟程赴京。連接兩個城市的鐵路當時因為土匪騷擾不暢通，天津的大沽港口又已凍住。靄齡、美齡只得繞道換船、換車，通過各種方式走完了一千多英里的路程。後來美齡寫道：

> 嗣後，我總理在平病況阽危，甫值悍匪孫美瑤在臨城綁劫藍鋼車案後，津浦鐵路中斷，大沽口並已封港，乃只得與大姊孔夫人繞道買棹先至青島，由膠濟路北上轉平，時逢祁寒，車廂既無暖氣，又無膳食飲料，車上水喉均已冰凍，車到北平前門車站，周身既抖且僵。離滬時即知途程艱難，甚至何時或可否能如期到達目的地，均難逆料……

這樣的艱苦，兩姊妹還沒有經歷過。但她們知道，慶齡需要她們和其他家族成員到場，以給她精神的慰藉，也保護她的利益。她不信任孫的接班人汪精衛，私下稱他為「叛徒」。汪當時超越別的追隨者當上接班人，原因部分是他在共和革命中的光榮履歷：他曾企圖刺殺清朝攝政王，未遂後判無期徒刑，在監獄裡度過了一段時光。他又樣子英俊，聰明過人，待人和氣，人緣好。但歸根結蒂，他的扶搖直上得益於鮑羅廷的青睞。鮑一錘定音，接班人就是他了。鮑羅廷指揮一個委員會為孫準備「政治遺囑」，汪精衛被指定為起草人。

除了政治遺囑，汪還擬定了一個私人遺囑，孫的所有財產都由慶齡繼承。孫的孩子們都在場，他們沒有提出任何異議。他們從來沒有沾過父親的光，現在更不會去爭什麼遺產（慶齡後來一生都與孫的家人保持了親密關係）。

一九二五年二月二十四日，汪精衛當著四名孫的親戚的面——兒女孫科、孫婉，連襟宋子文、孔祥熙——對孫宣讀了這兩份文件，然後委婉地請孫簽字。孫點頭說「贊成」，但不願簽字，說：「現在還用不著，等幾日以後，你拿來我簽字。」他希望自己能挺過鬼門關。

政治遺囑重申了鮑羅廷制定的政策。生命垂危但頭腦依然清醒的孫中山，看到這一點，在汪宣讀以後對他說：「你們如此顯明是危險的，因為政治的敵人，現已預備著等我死後，便來軟化你們，你們如此強硬堅定，必然有危險的。」汪答道：「我們不怕危險，我們一定要照宗旨做去。」孫說：「我贊成。」

鮑羅廷注意到孫對蘇俄的認同，索性再進一步，叫英文祕書陳友仁（Eugene Chen）以孫的名義寫了一封〈致蘇聯政府的遺書〉。出生在西印度群島千里達的陳友仁，是廣東人、非洲人混血兒，英國公民。他不懂中文，但這不妨礙他做孫的廣州政府外交部長。早年在倫敦受訓做律師時，他深受種族歧視的刺激，受傷的自尊心跟參加中國革命不無關係。他捉筆的英文遺書，語彙是外國的，風格歸蘇俄特有，譯成中文後，講究言簡意賅的中國人讀起來生澀拗口。開頭是「蘇維埃社會主義共和國大聯合中央執行委員會親愛的同志」，結尾遠遠超過孫對蘇俄的熱情程度：「親愛的同志，當此與你們訣別之際，我願表示我熱烈的希望，希望不久即將破曉，斯時蘇聯以良友及盟國而欣迎強盛獨立之中國，兩國在爭世界被壓迫民族自由之大戰中，攜手並進以取得勝利！」這好像出自克里姆林宮的檔案庫。

三月十一日，孫看上去隨時都會死亡，更多的國民黨人聚集在床側。慶齡托著孫的手腕，在兩份遺囑上都簽了字。然後，陳友仁把致蘇聯政府遺書呈上，宋子文用英文唸了一遍，孫聽完以後，也用英文簽上名字。沒人知道孫是否聽懂了信中每個字，但毫無疑問，他對信的中心內容是清楚的。一九二五年三月十二日上午，孫中山去世，時年五十八歲。

靄齡和丈夫孔祥熙不喜歡共產主義，此時想方設法要避免他們的妹夫被看作共產黨人。他們說服慶齡為孫在醫院舉行了基督教葬禮——「以證明他不是布爾什維克」，慶齡後來不滿地說。

*

孫中山不是布爾什維克，為什麼要在死前做出那一系列極端親蘇的姿態？最可能的原因是，他死後也需要俄國人。只有他們才能讓他永垂不朽：他們不僅會幫助國民黨奪取政權，還會教國民黨人怎樣搞他的造神運動。死前孫曾通過慶齡明確告訴國民黨領導，死後「願照其友列寧之辦法，以防腐藥品保存其骸，納諸棺內」。列寧於一年前去世，他的屍體放在特製的透明水晶棺內，安置在特殊的墓穴中供人瞻仰。幾個星期的工夫，據稱數十萬人排隊從棺材旁走過，向他致敬。一場聲勢浩大的個人崇拜運動席捲蘇聯，列寧被造成了神。他的肖像、宣傳畫、塑像，在所有的公眾地方豎起，從辦公樓到教室，從街道到公園，時刻告訴大眾，他是他們的偉大救星。孫中山想在死後也享受這樣的殊榮，只有蘇聯能讓他如願以償。

孫中山經過防腐處理的遺體停放在北京西山碧雲寺，以待陵墓在南京建成後移往那裡。莫斯科為他定製了列寧式的水晶棺，最終沒能用上，很可能屍體已經腐爛，無緣像列寧一樣被公眾瞻仰。

但孫的其他意願得到充分滿足。國民黨立刻開始列寧式的造神，「國父」一詞就是這時首次使用。在未來的年代裡，特別是一九二八年國民黨武力奪取政權後，需要用孫中山的名字來支撐其合法性，對孫的個人崇拜更達到了無以復加的地步。孫的塑像在城鎮到處豎起；他的每句話，不管多麼不靠譜，都被奉為聖旨；沒人可以對他不敬。從蘇俄那裡學來的標語口號稱他是「中華民族的解放者」，「中國五千年歷史上最偉大的人」，甚至「所有被壓迫民族的救星」。這些話後來被借用來搞毛澤東的個人崇拜。

孫中山個人崇拜最明顯的標誌是「中山陵」。他死前特別對慶齡、汪精衛等指示，遺體「可葬於南京紫金山麓，因南京為臨時政府成立之地……」。只是在南京臨時政府裡，孫才當過「臨時總統」，哪怕只當了四十天。紫金山也是明太祖朱元璋的孝陵所在地，而孫中山曾拿自己跟朱元璋比，甚至要把朱元璋比下去。他強調自己的墳墓要高於明孝陵，而且「不可使人在更高處建墓」。

國民黨依照孫中山的設想為他建造了一個無比巨大的墳墓，在全中國、在全世界，今天恐怕都絕無僅有，讓明孝陵相形見絀。明孝陵占地面積一百七十餘萬平方米，本來就是中國規模最大的帝王陵寢之一，可中山陵，比明孝陵高九十米，有臺階三百九十二級，占地面積高達三千多萬平方米，囊括了全部紫金山及山腳周邊地區。為了給它騰出地方，山上山下的居民房屋、村莊統統被強行收購，祖墳被挖。村民們無數次申訴，有譴責國民黨「以高壓手段強民為難」的；有痛罵「為埋一人之骨，用墟萬人之墳」的。明孝陵所在地孝陵鎮的鎮長王桂芳呈文說：「總理陵園自開始建築以還，徵收民等土地豈止萬千，皆惟命是從，令遷即遷，令讓即讓，傾家蕩產者有之，流離溝壑者有之，甚至因之而畢命以殉者亦有之，其犧牲不可謂不大。茲已遷無可遷，讓無可讓，只餘孝陵鎮一席之地藉為棲身之所。而該會〔總理陵園管理委員會〕仍不體念苦衷，一紙布告，使千百顛連無告之民驚惶失措，如喪考妣，搶地呼天，哀告無門。」由於孫中山把「天下為公」掛在口邊，鎮長爭辯道，這圈地建墓不是「天下為公」的行為。然而，陵管會給申訴的村民們的回覆是：「汝等須念總理提倡革命苦心，應抱絕對犧牲之宗旨，從速前來登記〔賣家產〕。」

第三部　三姊妹與蔣介石（一九二六～一九三六）

8 上海仕女

一九一七年七月，十九歲的美齡回到中國。她在美國住了十年，養成了開朗樂觀的性格，無憂無慮，對政治沒有特別興趣。在喬治亞州梅肯市的威斯理安女子學院畢業後，她進了東海岸麻薩諸塞州的衛斯理（Wellesley）學院，專修英語、哲學，選修的課程包括《舊約聖經》。外向合群的美齡，比她的兩個姊姊都更深地融入了美國社會，威斯理安同學異口同聲地說：「她是三姊妹中最友好的，對誰都喜歡，什麼事都感興趣，總是快樂，說個不停。」「美齡愛到我房間來，躺在我的床上，枕著我的小枕頭跟我說話。」那時她「胖嘟嘟的」，「充滿活力，每分鐘都調皮搗蛋」。她渾身迸發出無法壓抑的精力，「在上法文課的中間，老師允許她離開教室去繞著校園飛跑，因為她小小的身體不能安靜地待在一個地方太長時間」。

在衛斯理學院，她像別的女孩一樣有「懺悔筆記」，跟同學交換著看。有一條寫道：「我的奢侈：衣裳。……我最喜歡的警語：不要吃糖果——一顆也不要吃。……我祕密的悲傷：太胖了。」她此後漫長的一生中，隨時都在注意自己的體重。

畢業後，她跟哥哥宋子文一道回國。子文剛在哈佛和哥倫比亞大學念完經濟學。不像活潑外向的妹妹，他性格靦腆，外表看去拒人於千里之外，以致人們都認為他傲慢。兄妹倆關係親密，多年後美齡跟哥哥談到此時生活：「還記得我怎樣一早起來，在你上課前給你煮可可嗎？」

兄妹倆在一九一七年夏乘火車橫跨加拿大到溫哥華去登輪回國。在溫哥華，美齡給朋友艾瑪·米爾斯寫信說：「我和哥哥到最好的商店去，想買些東西。但我們大失所望，商店糟透了。有人說全加拿大沒有一個穿著入時的女人；從前我認為那樣說太誇張，可現在，我想這話沒錯。這兒的婦女看上去都土氣！」

她對中國的事並不特別關心，注意到有關的事情時，她的反應是直覺的，有點特別：「我們看見一列火車，滿載中國的苦力到法國去做工。如果他們中哪個死亡，他的家庭可得到一百美金！這就是他們生命的價值！要是有朝一日我有影響力，我一定要做到沒有一個苦力被運出國，因為中國需要男人開發礦藏。」

回到上海三個星期後，她給艾瑪寫了第一封信。首先，她興奮地炫耀她的家：

> 我們住在城北——住宅區越往北越高檔。這兒很美，但是離商業區、戲院、餐館太遠！我們有輛漂亮的馬車、兩名車夫，等等，可是馬太麻煩，不能盡情使用。下個星期，我們會有輛汽車，就能在城裡到處跑了。馬車呢，媽媽留著自己用。我們有座美麗的花園，有草坪網球場，有門球場，我們的房子是全上海最美的之一。……我們有大涼臺，有可以打盹兒的寬敞門廊，還有別的一切。房子三層樓，十六間屋子，還不算廚房、洗澡間等等。……忘了

說，我現在是管家了，我們有五名女僕和七名男僕，告訴你這真不是開玩笑的！……每天跑上跑下巡視房間把我累壞了，……幸好媽媽照舊管理家的財務，我很感謝她！

叫我懊惱的是，有時我忘了自己在什麼地方，跟僕人們說起了英語，……還有時我不會用中文表達自己，只好打鈴給男管家，叫他來給我做翻譯！……自從回到家裡，我好像總是在買衣服，……我去了非常多的晚宴、茶會，還有其他聚會。

美齡感到家的溫暖。慶齡住在上海等她（孫中山在廣州），靄齡帶著孩子從山西來了，兩個姊姊對小妹關愛有加。美齡告訴艾瑪，她們不斷對她說：「噢，我們在哪個哪個地方看到件最可愛的衣服，你一定要有件相仿的。……她們喜歡打扮我，因為我最小，是唯一沒結婚的。」三姊妹在一起和諧快樂，以致靄齡想把家搬到上海來，甚至打算全家都住在一起。她們去看了房子，看中一棟「有三十個房間的屋子（還不算僕人住的地方）。這是一棟真資格的大豪宅，有五層樓，還有個屋頂花園。老實說，我不喜歡這房子，太大了，屋頂那麼高，我感到在裡面消失了。這好像是家飯店，太正式，儘管也還雅致。讓一個剛從『木屋』畢業的女孩來住，這『太過分』！……我希望她們不要決定搬到那個巨大的宅子去。當然，我想要姊姊（靄齡）跟我們住在一起——可同時，三十個房間不是開玩笑的！我的趣味平民化——起碼我家的人都這樣認為！」最後宋家沒買那棟大樓，但住在各自的家中不妨礙美齡和靄齡天天在一起。

美齡此時也跟兩個弟弟朝夕相處，她對子良、子安的疼愛表現在她故意做出的嚴厲中：

我的兩個弟弟去年都不及格，全家大發怒。可憐的孩子們有兩個輔導老師（一個教英文，一個教中文），每天來上課，說實話，他們也夠用功！我也幫著教他們英文文法，在我的監督下，一個可憐的孩子學打標點符號，一個學拼寫。……媽媽對他們厭惡極了，把他們連人帶身子一併交給了我。他們還真不好管，因為他們既巧妙又懶惰。我已經打了我最小的弟弟好幾次了，所以他們倆都怕我。你不知道我可以做個多麼稱職的懲罰官！

美齡全心全意地愛上了她的家庭。「有家好奇怪。我向來都是想幹什麼就幹什麼，不問任何人的意見，現在還真要費點事才記得我已經不在大學裡了，不能想怎麼樣就怎麼樣。可是當然，我在家裡非常快樂。」

她已經有追求者了：

H. K. 從北京來這兒，Yang先生也來了。我喜歡他們，但僅此而已。嗯，艾瑪，我還是對你實說了吧，在輪船上，我愛上了一個人。他爸爸是荷蘭人，媽媽是法國人，他是個建築師，到蘇門達臘去。他向我求婚。這兒全家人聽見都像天塌下來一樣！我的日子很不好過。記住：這是個祕密，別告訴任何人，千萬千萬！……今天晚上，我在船上遇到的一個法國人來訪，我們說話都是用法文。……發誓你不會告訴任何人我剛才跟你說的這番話。……

這封快活的、唧唧喳喳閒聊而又內容十分豐富的長信最終結尾時，美齡說：「順便說說，你可以幫我訂購《文學文摘》（*Literary Digest*）、*Scribner's*雜誌和一份講兒童心理學、怎樣照料他們等等的刊物嗎？最後那份是給孔夫人的，她有兩個小孩，一個兩歲左右，一個一歲。但請寄我的名字，告訴我所有這一切花費多少，我付給你錢。」買美國雜誌和幫其他小忙成了美齡給艾瑪寫信常有的內容。

*

每天早上，美齡上中文課。她的老教師「在我八歲時教過我，如果我沒記錯的話，有次他發現我在偷吃糖，裝作是吃『洋鬼子』的潤喉片，用戒尺打過我的手心。可現在他對我再客氣不過了。」美齡的中文進步很快，她甚至認為複雜的文言文很容易學。上午其他大部分時間，她在房子裡轉來轉去，「在各個房間進進出出，擺弄擺弄花瓶，把掉下的書撿起來擺好，等等」。

午餐時間到了，她打鈴叫僕人。她與子文住的那層樓有個僕人專管，「他的責任是清潔房間，聽我的鈴聲召喚。常常我叫他把午飯擺在涼臺門廊裡吃。我本來還有個女僕，可是我辭退了她：我發現我根本用不著她，媽媽的女僕照料我所有的需要，像縫縫補補、把亂扔的衣服整理好等等。而且我覺得有個女僕跟著很不舒服，對她解釋我要什麼，比我自己做的時間還長。你看，所有這些年生活在民主的美國對我還是有影響的。有一個僕人照料我和哥哥我就很滿足了，他為我們擦鞋，打掃灰塵，拖地板，疊被鋪床等等。……下午我出去或在家吃茶點。」

晚餐呢?「我總是忙得要命。上兩個星期,只有一天晚上我們沒有在家請客,或是出去赴宴!」晚餐後,「我們通常乘汽車或馬車兜風,或者去散步,或者上劇院」。「俄羅斯大歌劇院剛在這兒演出,我去了六七場表演。」像大多數外國人一樣,對京劇她望而卻步,感到京劇音樂「尖銳刺耳」。夜半兜風是常有的事,而且「午夜前是不會回家的。難怪我筋疲力盡」。

在她優越的生活中,美齡的主要苦惱包括:「我們訂了一輛別克汽車——可是倒楣透了,還要一個星期才能運到。」一天她發現臉上有個小感染,這對她是場大災難:「你簡直不能想像,我因為緊張哭成什麼樣子,……現在一個星期完了,我還不能出去派對!」「自從我把自己關在家裡,生活變得無聊——無聊,無聊!我不時忍不住發脾氣,毫無道理,不聽勸告,我想我是不是發瘋了。」

上海的派對規模可觀:今天一個招待會有一千人,明天一場婚禮有四千人,「我的日子過得真開心!……只是有時我想起跟母親待在一塊的時間太短,覺得非常內疚,……你一定認為我是個不折不扣的交際花。」

*

不久悲劇讓這幅歡樂的圖畫黯然失色:一九一八年五月,查理在美齡回國僅十個月後因癌症離開人世。在他生命的最後幾個星期中,美齡充滿感情地、像個受過訓練的護士一樣照料他。看到他的皮膚像枯樹皮,晚上她用橄欖油給他擦身體。母親和姊姊白天來陪查理,美齡晚上在病床畔過夜。凝視著父親睡夢中浮腫的臉，她感到「悲痛難忍」。當醫生們說查理活下來的機會不到百分之二十時，他的妻子不顧醫生的反對把他搬回家去。倪桂珍是「使徒信心會」的成員，相信祈禱的力量。她的會員朋友聚在她家，日夜為查理祈禱。

查理死後，桂珍為他舉辦了一場安靜簡單的葬禮，只通知了特別親近的朋友。他安葬在「萬國公墓」，在那裡宋家買了塊地，準備全家都葬在一起。萬國公墓後來聲名遠播，而查理是在此落葬的第一人。美齡後來說：「他喜歡在任何比賽中都得第一。所以我敢說，如果他天上有知，一定十分得意。」

美齡為父親的去世悲傷不已。她說：「父親故去，家就不像個家了——我們都非常懷念他，他既是父親，又是我們的好朋友。」「他是不可多得的好父親！他離開我們了，我們還是深深地愛他。」

離家十年歸來跟父親只相處了十個月，使美齡遺憾終生。這一遺憾，再加上她整個少年時代都不在家裡，讓她對家的感情格外濃烈。才二十出頭，她就對朋友感歎：「朋友固然好，但記住，你真要碰到麻煩，只有家才會跟你站在一起。這話出自一個像我這樣大半輩子離家千里之外的人，好像顯得可笑，但相信我，你會發現我是對的。」

從美國歸來的一個親戚受不了自己家的生活。美齡的觀察再次顯示她比年齡更成熟：「我認為整個麻煩在於：她和她家都對對方期望過高，……這跟我的回家多麼不同啊。我的家不管我好壞都接受我，對我沒有要求。雖然我們很多觀點不一樣，但我們尊重彼此，互相妥協。」

她看出母親是讓家庭充滿容忍氣氛的決定性人物：「不是每個人都這麼運氣，有像我的這樣好的母親。真的，母親對我太體貼了，每天我都為自己和自己的行為感到羞愧。」

桂珍的母愛是那種不同於常人的堅強母親的愛。為了讓孩子受到好教育，她可以狠下心來把九歲的女兒送過千山萬水去異國讀書，一去就是十年，而在那漫長的歲月裡，她又無時無刻不在惦念女兒。美齡到山西去看姊姊靄齡時，寫信給艾瑪說：「媽媽心底裡不想我離開她，但是她又不願阻攔我去。」「媽媽真害怕姊姊留我多住，怕極了。可憐的媽媽！我不在身邊她會寂寞。」「媽媽對我太好了，很多時候也真依賴我，我恨自己要走。」在上海時美齡瘦了，母親焦急萬分：「媽媽那天晚上哭了，她說看到我消瘦憔悴她心疼。」實際上，一生都為體重發愁的美齡在減肥，胖乎乎的小女孩這時一下子從一百三十磅減到一百零七磅，成了個苗條的大姑娘（她身高一米五八，可看上去高很多）。

因為愛母親，美齡樂意去做討母親喜歡的事情。母親反對跳舞，她就不再跳了，儘管在學校時她很愛涉足舞池。為了讓熱心慈善事業的母親高興，美齡也為慈善機構工作。她在禮拜日學校教書：「我同意去教書，媽媽高興得不得了。我能為她做的事太少了，我積極去做能做的一切。」她跑來跑去為上海基督教女青年會籌款，到貧民窟去走訪窮人：「我實在不願意聞噁心的臭味，看骯髒的地方，可我想那些骯髒的景象總得有人先去看，然後才可能清掃乾淨。」美齡周圍的人都認為她有公眾精神，也能幹，適合做個大型慈善組織的主管。

＊

除母親之外，大姊靄齡是美齡最敬佩的人。她對艾瑪說：「我真希望你能認識她，她的頭腦在我們全家毫無疑問是最傑出的，異常敏銳，而且機智、活潑、反應快、精力充沛。她絕不狂熱盲信，可是她對宗教的信仰非常虔誠。」

從大約一九一四年起，靄齡有幾年時間在抑鬱中度過。初給孫中山做助手時，她活躍在大風暴的中心，生活充實愉快，但後來是一場失望。結婚後她安家在太原，成為教員、妻子、母親。這樣的生活她不滿足，頭兩個孩子出生時——孔令儀一九一五年，孔令侃一九一六年——她整天焦躁不安。美齡告訴艾瑪：「她經歷了一段痛苦的日子，……精神很苦惱，很不愉快，……以至於到了不承認上帝存在的地步。有人在她面前提起宗教時，她或是閉口不談，或是乾脆說這都是胡說八道。」雖然她幫助丈夫成為鉅富，並且發現自己也很具金融才能，但靄齡總是感到生活沒有目標。

小妹美齡的歸來給她帶來一束陽光，她有了個親密無間、無話不談的好朋友，這幫助她釐清思緒，漸漸回復寧靜。靄齡意識到自己需要宗教，到一九一九年生第三個孩子、女兒孔令偉時，她已重新回到上帝的懷抱，懺悔一度對主產生懷疑。一九二一年小兒子孔令傑出世時，她告訴美齡，她終於「找到了生活的慰藉，存在的意義」。美齡對艾瑪說：「她現在天天祈禱上帝幫她解答所有的難題。不僅如此，她還找到了安寧，從未得到過的安寧。」她「快快樂樂地去派對，等等，不比從前去得少」，可是，「她跟從前有點兒不大一樣了。她對人遠不像從前那樣愛挑剔，更為別人著想，更容忍他人的弱點」。

靄齡勸小妹對宗教更虔誠一些，美齡對此很牴觸，告訴艾瑪：「你知道，達達（她對艾瑪的暱稱），我不是個很虔誠信教的人，我太獨立了，最討厭聽話或者謙卑順從。」她覺得靄齡是在「有意麻痺自己的腦筋」，對靄齡的勸說感到不耐煩，叫她「少囉嗦」。

姊妹倆一邊爭論，一邊越來越親密。小妹經常幫大姊照顧孩子，對他們像母親一樣鍾愛。她對艾瑪說：「照料他們好費事呢，他們從早到晚都嚷嚷餓，不管吃多少東西。姊姊嚴格命令不許給他們吃油膩的食物，我想這就是為什麼他們一天到晚老是那麼饞糖果等等。最近我每天給他們一塊糖，他們那種兩頓飯之間不斷想吃東西的欲望似乎減少了點。」

慶齡住得遠，思想上也有距離。但每當聚在一起時，她們相處十分愉快。美齡在一封信裡說：「我的姊姊孫夫人從廣州來上海住兩個星期，這期間生活是不停的旋風似的社交。」「我姊姊孫夫人在十月十日那天要舉辦一個大型招待會，慶祝國慶。我得幫她接待賓客。累死我了。」她到廣州去看望慶齡，發現穿高跟鞋走城裡傍山而建的高高低低的街道很是吃力。

*

在上海的日子裡，美齡整天忙的一件重要事是她的浪漫生活，其中細節她不厭其煩地告訴艾瑪。從歸國輪船上遇到的荷蘭人起，一連串追求者接踵而至——隨後又一個個消失。她家反對她跟任何外國人結婚，美齡也樂意順從家人的意願。她曾跟一位比爾梅（Birmeil）先生邂逅：「香港登船的頭天晚上我才在朋友家碰到他，雖然我們只在輪船上共處了三天，但我們成為很好的朋友。到上海那天是他的生日，所以儘管我離家幾個月了，我那天還是跟他一塊度過，……我們一塊過得真美好，我很高興生平第一次我按衝動行事。」家裡人得知很生氣，「覺得這是件醜事，……指責我輕浮，在船上隨便『撿起』他。……他星期六下午離開後，我收到兩封電報，說如何思念我。家人想不讓我看到電報，但我還是看到了。……從某種意義上說，我很高興他不在這裡，我不知道他要是在這裡我會怎麼辦。」但是美齡不久就忘掉了他，就像她忘掉了那個荷蘭人一樣。

另外一個「沒有言語能充分表達我對他的感情」的人不是外國人——可是他是有婦之夫。「這幾個月，我們倆都說不出來有多麼傷心，……你知道我家對離婚的態度，而且他的妻子什麼錯也沒有，只不過他不再愛她，……有這樣多的感情真痛苦。我從前不知道這意味著什麼，……一切都這樣令人絕望。」可是，忘掉這個人也不是太困難。

美齡顯然對自己的征服很得意。有個追求者說他好久沒有她的音信，「著急得要死」。美齡對艾瑪嘲弄地說：「〔第一次世界〕大戰殺死了這麼多人，再多死一兩個人也無礙大事，對吧？」她抱怨：「啊，饒了我吧，麻煩那個人不要再纏著我，上吊去吧。」她嗤之以鼻：有個男人「真煩死人了，他愛上了我，現在在追我」。另外一個「表現出明顯的症狀要向我求婚了」，「可是我想我擺脫他了，而且是一勞永逸」。「上海灘這一向滿是謠言，一會說我跟這個人訂婚了，一會說我跟那個人訂婚了，……最可笑的是，那些男人都不出來否認，也不承認。我不開心。」

美齡並沒有閉月羞花之貌，可她有十足的魅力和誘惑力。她還具備別的更實在的，甚至實用的長處，對此她本人全不諱言：「人們都認為我是個『知識分子』，『大腦發達』，人高傲，但是不討人厭。……我隨和，可因為我家的關係跟『普通人』又不在一個檔次上。另外我穿著時髦，又穿洋裝，有汽車兜風，還不必教書養活自己。」

隨著時間的流逝，繁忙的社交和浪漫生活漸漸失去了吸引力，美齡感到不滿足了：「我每天忙忙碌碌，可什麼成就也沒有。」「我感到無聊，無聊透頂，無聊已極。」她看到：「中國到處有那麼多的疾病，……那麼多的悲慘！有時候，當我看到貧民窟那些骯髒、襤褸的人群時，我有種絕望的感覺，好像一個偉大的新中國不可能出現，而我自己那麼渺小，什麼也做不了。達達，你不可想像在這樣的環境中一個人會覺得自己多麼無用，窮人的比率在這裡比在美國能想像到的任何地方都高。」

慈善事業不能讓她感到充實。這些都「不是真正的工作，只是樣子像，……我感覺不到自己做成了什麼事情」。「我們說啊說，但看不到實際成效。哦，我們當然做了些善事，但沒什麼實實在在的成果。」她渴望「找到一份真正的工作，對生活感到真正的心滿意足」。

有一段時間，她想回美國去學醫，但這想法沒實現。首先，她不願離開母親；其次，她家也沒能力供她再去上學了。一九二一年，她母親在黃金交易市場上損失慘重。

美齡想過結婚生子：「我想女人如果不結婚會對生活失去興趣，……而且如果沒有孩子，未來有什麼意思呢？」但看看周圍的已婚婦女，她不羨慕她們中的任何一人：「我看不出她們比我對生活更感到滿意，從生活中得到更寶貴的東西。她們似乎被縮小了，要不漠不關心，要不無精打采，要不怨氣沖天。她們的生活似乎是那樣空虛——空虛。」

靄齡讓她再試試宗教，美齡對艾瑪說：「她告訴我宗教信仰、與上帝建立真正的對話，是戰勝精神倦怠的唯一途徑。」「我正在試驗她的建議，現在還不知道是否成功。可是我能說，自從試驗她的建議以來，我覺得愉快多了，就好像我不再是獨自一人背負著一個沉重的包袱。當我祈禱時，我處在一種可說是樂於接受的心態中。」

即便如此，不滿足感仍然像影子一樣貼著她。她依然痛感「厭倦生活」，「一切都毫無意義」。她一心渴望能經歷「生活的活力帶來的快樂」。靄齡意識到小妹需要的是什麼：她需要一個合適的男人，一個能讓她生活充實，有目的、有意義的男人。

大姊於是著手尋找這個男人。一九二六年，靄齡幫助她二十八歲的妹妹，結識了時年三十八歲、剛任命為國民革命軍總司令的蔣介石。一個嶄新的世界為美齡敞開了大門。

9 美齡認識了蔣總司令

蔣介石於一八八七年出生在浙江省的山間小鎮溪口，家庭跟美齡的完全兩樣。父親是個鹽商，在蔣八歲那年去世，寡母歷盡艱辛把他和妹妹撫養成人。母親的淚水浸透了蔣的童年，傷心事一樁又一樁：幼子夭折、親戚對孤兒寡母漠不關心、洪水要沖掉老屋時無人過問、為遺產打官司敗訴，還有許許多多別的災難。蔣介石從小就對母親的悲哀刻骨銘心，成人後對母親的依戀之深，到了異乎尋常的地步。他在日記中自陳：「自我有智識以來，凡欲出門時，必戀戀不肯捨棄我母。到十六歲時，必待我母嚴責痛擊而後出門。」

十四歲那年，母親按傳統給他娶了個媳婦，新娘毛福梅比他大五歲。新婚之夜，按禮節兩口子去給母親奉茶。據蔣介石的日記，母親睡在床上哭，不肯起來接茶。蔣跪在床前，「情不自禁亦痛哭不置」，這是他一生中哭得最厲害的三次之一。婚後生活充滿了吵架，蔣時常毆打妻子，甚至抓著她的頭髮把她拖下樓梯，有時他自己也覺得打得太狠，在日記中寫道：「我待毛氏已甚，自知非禮。」

蔣母雖然對媳婦總是抱怨，卻不許他們離婚。蔣介石娶了個妾：姚冶誠，跟她的關係也十分糟糕，部分原因也是她與蔣母不和。蔣母瘧疾復發，蔣說是冶誠「凶悍，任性，不可名狀，……得罪於我母，使我母病重」。一九二一年，蔣介石三十四歲的時候，母親死了。蔣終生懷念她，有權以後，把一整座山建成她的墓地，還在好些風景區豎立寶塔紀念她。母親的死把福梅從不幸的婚姻中解脫出來：蔣介石跟她離了婚，離婚由蔣、毛兩家的親戚「公證」。陳潔如，一個從十三歲起就是蔣欲念對象的女孩子，成為「蔣太太」，雖然蔣說她只是姨太太。

少年蔣介石以頑劣無賴著稱，稍長後他嫖妓、酗酒、打人。鄰居不理他，親戚瞧不起他，說他沒出息，是「敗家子」。他自覺四面八方都是敵意，下決心要有朝一日出人頭地，選擇了從軍的路子。一九〇七年，他獲得清政府陸軍部獎學金，去日本學習軍事。在日本他認識了陳其美，追隨陳加入了青幫，隨後又做了共和黨人。辛亥革命爆發後，蔣回到中國，受陳之託刺殺了孫中山的政敵陶成章，幫助孫鞏固了臨時總統的地位。正如蔣意識到的，孫因此對他信賴重視，他政治地位的上升，由此開始。

一九一六年陳其美被暗殺後，蔣介石痛悼恩師，反感孫中山後期對陳的輕蔑不信任，認定孫要為陳的死亡負相當責任，與孫保持了距離。孫屢次邀請蔣來跟他一起幹，蔣都沒有反應，儘管他經營的物品交易所生意進行得並不順利。蔣跟孫周圍的人也合不來。他的暴躁遠近皆知，發起脾氣來對人拳打腳踢，領教他的拳腳的有人力車夫、勤雜人員、衛兵與下級，都是無力還手的。對同事他是惡言相向，對上級他倒理智地把一腔怒火發洩在日記裡。這樣的惡劣行為為人所不齒，蔣事後也常常對自己感到厭惡。

一九二二年六月，孫中山被趕出廣州後，在軍艦上面臨兵變，情況十分危急。蔣那時交易所生意失敗，正在老家。孫走投無路之際，給蔣發來求救電報，蔣收到後立即啟程，為孫中山雪裡送炭。蔣出現時，孫激動得半天說不出話來，眼眶裡滿是淚水。

八月，蔣護送孫到了上海。孫與莫斯科做成了交易，蘇俄即將給孫巨量援助，幫助孫組建軍隊，孫的前景大有希望。孫許諾，他未來的軍隊由蔣統率。一九二三年，他派蔣擔任訪問蘇聯的軍事代表團團長。

蔣介石具有敏銳的觀察力，也有自己的原則底線。訪蘇過程中，他接觸到「階級鬥爭」這一信條，對此深惡痛絕。同時他看到蘇聯正盡全力要把中國變成共產主義國家，他不願為這個計畫效力，考慮離開孫中山，回國後遲遲不去廣州見孫。孫不斷來電催他，他仍不動身。最後，一九二四年三月十四日，蔣把自己的真實想法寫信告訴孫的助手、負責跟他聯繫的廖仲愷：「尚有一言，欲直告於兄者，即對俄黨問題是也。……以弟觀察，俄黨殊無誠意可言，……俄黨對中國之唯一方針，乃在造成中國共產黨為其正統，絕不信吾黨可與之始終合作，以互策成功者也。至其對中國之政策，在滿、蒙、回、藏諸部，皆為其蘇維埃之一，而對中國本部，未始無染指之意。……彼之所謂國際主義與世界革命者，皆不外凱撒之帝國主義，不過改易名稱，使人迷惑於其間而已。」

廖回信了，沒有提起蔣對蘇俄的看法，只堅持要他速來廣州，說孫「以介石不歸之故，深致欷歔。請兄等即行，以免先生加受一重精神上痛苦」。蔣介石得到的信息很清楚：即便他這樣反感蘇俄，孫中山仍然要用他，甚至可能更積極地要用他。蔣去了廣州，一到馬上跟孫密談，談話內容至今不得而知。但無疑地，孫中山對蔣介石厭惡蘇俄沒有異議，相反，這些負面看法讓他對蔣加倍重用。俄國人只是孫的利用對象。蔣介石留了下來，一九二四年蘇聯援建的黃埔軍校成立時，他被任命為校長。孫中山要反蘇的蔣介石執掌兵權。

*

此後三年內，蔣介石隱藏了他的真實想法，利用俄國人建設國民黨軍隊。三年來，他打磨擅長謀略的天賦，等待時機與蘇俄決裂。他還隱瞞了自己的政治嗅覺與才能，裝成一個不問政治的軍人。當時國民黨中有個堅決反蘇的西山會議派，但蔣離他們遠遠的。鮑羅廷很自然地要調查蔣介石。中共報告說：「蔣是單純的軍人，沒有任何政治見解。」孫的助手廖仲愷告訴鮑羅廷，蔣非常親蘇，訪問蘇聯後對那裡充滿熱情。孫中山死後不久的一九二五年八月，廖在廣州被刺身亡。誰下的手至今仍是個謎，廖的遺孀相信蔣是指使人。不管是否如此，唯一知道蔣介石真實面貌的人永遠閉上了嘴。

鮑羅廷報告莫斯科蔣「百分之百值得信任」。他後來承認自己受了騙，因為蔣「看上去那麼服貼，那麼順從，那麼謙恭」。莫斯科向黃埔軍校傾注了巨額金錢，派遣了大批顧問，輸送了大量軍火，包括飛機大炮，一次一船就載來四百萬盧布的武器。

一九二六年一月，國民黨第二次代表大會上，莫斯科幾乎劫持了整個國民黨，產生的領導層多是共產黨人和國民黨親蘇成員。列寧主義信徒宋慶齡成為領導人之一：中央執行委員會委員。毛澤東是執行委員會候補委員。對蔣介石來說，他的黨就要徹底掌握在俄國人手中了，自己該行動了。行動的第一步是要他的敵人對他更加不設防，於是蔣提出要求去蘇聯：「決意赴俄休養，研究革命。」他甚至把這個要求反覆寫進日記裡。蔣介石記了五十七年日記，無時不預備著那些想窺探他思想的人會讀到裡面的字句。他還在三月十六日給人在蘇聯的兒子經國寫了封明知會被檢閱的信，差點就說自己是共產黨了：「我雖然未加入共產黨，……但我自認我一生的事業是在革命。……對於你，名稱雖為父子，在革命上說起來是一個同志。」

釋放了這一系列煙幕彈之後，蔣介石以出其不意的方式動手了。三月二十日，他找了個藉口，逮捕了數十名共產黨人，把蘇聯顧問的衛隊繳了械，顧問們則受到監控。這一突然襲擊，斬斷了蘇聯顧問對國民黨軍隊的控制。

「準政變」完成了，蔣又引導俄國人誤判他，讓他們以為，他出此一舉，是因為蘇聯顧問傲慢無禮，強行在中國軍隊裡推行蘇維埃制度，傷害了他的自尊心。俄國人的結論是他們可以繼續信任蔣介石：「蔣能夠跟我們合作，也將會繼續跟我們合作。」他們決定最好的辦法是安撫蔣，便撤出了主要軍事顧問。當然俄國人也做了準備，未來某個時候「消滅這位將軍」，但他們認為眼下不必著急。出事時鮑羅廷不在廣州，他回來了就好辦了，鮑對蔣「擁有特殊的個人影響」，鮑羅廷可以讓蔣聽話。結果，蔣被提拔為國民革命軍總司令。

汪精衛那時是國民黨第一號人物，他只能站在一旁，無能為力地看著蔣的陰謀得逞。他害怕禍及自己，躲藏起來，隨後又逃往外國。就這樣，蔣介石上升為國民黨中最重要的人。

＊

在這些戲劇性的事件發生時，有個女人在一旁觀察，看到它潛在的重要。靄齡有政治頭腦，小妹美齡曾說她「嗅覺比我靈敏得多，是個真正出類拔萃的女人」。靄齡反共，一向對孫中山的親蘇政策不滿。孫死後，是她和丈夫孔祥熙說服慶齡給孫舉行基督教葬禮，以沖淡他的布爾什維克形象。靄齡注意到蔣介石踢出去一大批蘇俄軍事顧問，意識到這位新任總司令在改變國民黨，她興奮不已。妹妹慶齡、弟弟子文，都在為國民黨政府工作（子文是財政部長。蘇俄的援助以及他本人的能力，使他得以平息當地人對孫時代巨額稅收的不滿）。靄齡對弟妹跟著莫斯科的指揮棒轉，早就耿耿於懷。如今，蔣介石的行動燃起了她的希望。

靄齡自然也想到小妹的終身：上海已經無人可選，年輕的總司令或許能配得上美齡？雖然蔣身邊有個太太，對一心要為妹妹找到合適丈夫的靄齡來說，陳潔如只是姨太太，並非真資格的夫人，把她趕走易如反掌。為了對蔣有更多的了解，一九二六年六月，靄齡帶上小妹去到廣州。那時這個南方城市正受熱潮襲擊，暑氣濕熱難忍，相比之下上海是涼爽的天堂，可兩姊妹重任在身，不顧一切地來了。她們住在標準石油公司經理的房子裡，經理本人在紐約。那是棟兩層的白色獨立洋樓，坐落在杉樹叢林中。六月三十日，靄齡設晚宴招待蔣介石，潔如當然也被邀請。她來後就有預感，這頓晚餐將改變自己的命運。

蔣介石對靄齡邀請的反應是受寵若驚。潔如回憶道：他「十分興奮地在室內走來走去，他的喉嚨似乎因緊張而收縮。『邀請！』他反覆地自言自語，『我從來沒有想過，現在你和我終於有機會接近這位大人物，這真是太好了。』他像一隻孔雀似地在室內昂首闊步，不願坐下。他很少如此坐立不安。」蔣對潔如說：「我有地位，但無特權。」「你必須知道，接近宋家對我是多麼重要的事。」

由於蔣在軍校下班晚，潔如比丈夫先去。晚宴只有六個人，另外兩位客人，一是廖仲愷夫人何香凝，數月前她的丈夫被刺身亡，她私下裡懷疑蔣介石；另一位是千里達人陳友仁，廣州政府的外交部長。當時盛傳他和美齡可能相好，但潔如說：「目睹他們在客廳的相互應對，這項謠言似乎並無根據。」的確，美齡受不了陳友仁，從前在給艾瑪的信中說：他「也在晚宴上，坐在我旁邊。他很聰明，很出色，但自大虛榮得不得了。他聳肩的姿勢難看極了，讓我差點兒發瘋！這個星期他要來拜訪我，我希望我不會無禮」。

出身平民、年輕單純的潔如，跟上流社會少有交道，她不無嫉羨地從旁打量宋家姊妹：「穿著顏色鮮豔的上海最新式樣絲質旗袍，她們的一頭烏髮梳成瀟灑的貴族髮式，在後頸處綰了一個髻，看起來真像是上海時裝圖冊中的人物。」

「這麼大熱天跑來，真難為你了，蔣夫人，」靄齡迎接她，一面用絹帕輕輕擦拭額頭的汗珠。房間裡有三臺電風扇，還是悶熱不堪，美齡站在電扇前面，一邊抱怨「濕熱難忍」，一邊搖著一把雕花象牙的大絹扇，嚮往「下星期就要乘『日本皇后』號回上海」。靄齡抓緊時間盤問潔如，美齡有時也插嘴：

「你的婚姻生活如何，蔣夫人？你曾和你的丈夫吵架嗎？」

「介石的壞脾氣是出名的，他從來不罵你嗎？沒有？那你一定是忍耐的化身……」

「據孫先生說，介石稍不稱心就暴跳如雷，是真的嗎？」

「他的大太太毛夫人反對你嗎？她為難你嗎？她對你很壞嗎？」

「他的二太太姚夫人呢？……她是個什麼樣的人呢？」

這些問題聽起來好像太不客氣，可是潔如被認為年輕簡單，無須對她講究分寸，而且靄齡也不是以微妙委婉著稱的人。

蔣介石來了，靄齡安排他坐在自己與美齡之間。晚餐的交談給靄齡提供了許多新總司令的訊息，但最重要的是，美齡對他感興趣。他的舉止像個軍人，瘦削的面龐看去敏銳又善解人意，談吐跟上海社交場上的人是那樣不同，美齡感到十分新鮮著迷。晚餐結束時，她給了蔣介石自己的地址。

蔣覺察到美齡對自己的興趣，欣喜若狂。他跟潔如的關係多半建築在性的需要上，沒有深厚的愛情，蔣一點都不在乎把她拋開。跟貴婦人美齡比，潔如黯然失色。更不用說，跟美齡聯姻，蔣就能把自己的名字跟孫中山連在一起。好運到來的時刻再巧不過，蔣介石就要進行「北伐」。這時的北京政府，由於蘇俄支持的馮玉祥在一九二六年四月再搞政變，趕走了段祺瑞，自己又無法控制局面，正處在群龍無首的混亂狀況。蔣有充分把握能夠推翻它，建立自己的政府。有像美齡這樣一個女人在身旁，對這位未來的中國統治者，該增加多少光輝！別的不說，她跟西方人士的關係就是不可估量的財富：蔣介石要跟蘇俄決裂，需要西方。

美齡還沒回上海，蔣就已經在思念她了，日記寫道：「美齡將回滬，心甚依依。」她走後不久，蔣託人去向大姊靄齡、兄長子文求親。子文反對，但這事大姊說了算，而靄齡認為國民黨的這位新強人值得考慮，只是還得等等看。

蔣介石此時仍然披著親蘇的偽裝，靄齡不能完全肯定他的真實面貌是什麼樣。任何親共的傾向都是絕不能容忍的。另外，靄齡和丈夫孔祥熙從來就不認同孫中山的廣州政府，認為得到世界各國承認的北京政府才是中國的合法政府。一九二一年孫在廣州宣布就任總統時，小妹美齡正好在那裡探望慶齡，準備參加孫的就職典禮。靄齡和母親一連給她發了三封加急電報，要她馬上回上海，不許出席慶典。小弟子安還專門被派去廣州，「把我活生生拖回家去」，美齡告訴艾瑪。

孔祥熙去過廣州，在那裡跟周圍的一切「格格不入」。他謝絕了孫中山要他參加廣州政府的邀請，告訴孫，他的主張是「全國團結」。他敬佩北京的領導人，稱吳佩孚「是個真正正直的人，他愛國，他有原則」。徐世昌總統跟孔夫婦相處甚佳，常邀請他們出席總統府的招待會，跟孔祥熙討論國家大事。孔夫婦生活的主要地方是北京，就在她設宴招待蔣介石後，靄齡回到北京——而非上海——送她的孩子去首都的美國學校就讀。

蔣在日記中記到，靄齡的保留是「因政治關係」，他暫停了對美齡的追求。這期間，他卓有成效地領導了北伐戰爭，奪取了中國若干省份。十一月，《紐約時報》用一整版的篇幅報導蔣，大標題是：「新強人控制半個中國」。一九二七年三月二十一日，蔣指揮軍隊占領了上海；四月，他公開與中共和蘇俄決裂，頒發的通緝名單上，第一名就是鮑羅廷（毛澤東也在其中）。鮑羅廷穿過戈壁灘逃回蘇聯，一天夜裡，睡在沙漠上帳篷裡，他思前想後，後悔當初信任蔣介石。蔣著手「清共」，鎮壓共產黨領導的暴動。廬山真面目露出來了，蔣的真正敵人是共產黨，而不是北京。上海商界、西方國家居民，正害怕暴民專制，此時大大鬆了一口氣。他們對蔣介石有了好感，覺得他幹得不錯，甚至佩服他。就是在這個時候，當他展示出真實的政治立場，證明了自己的才幹，讓美齡的朋友讚許他時，蔣介石才重新開始追求美齡。

*

美齡雖然絕頂聰明，但她早年的政治思想跟兩個姊姊比起來相當含糊。這種狀況在一九二六年至一九二七年冬天，蔣介石「清共」前夕，徹底改變。那時國民黨軍隊占領了長江重鎮武漢，廣州政府搬去那裡。姊姊慶齡作為國民黨領袖之一，哥哥子文作為財政部長，都在武漢。美齡跟母親和大姊一同去看望他們，在武漢住了三個月。他們親歷了一個紅色都市。城裡到處是巨幅標語宣傳畫，有的畫著中國群眾把帶血的刺刀捅進肥胖醜陋、畏縮在地的資本家身體。罷工是家常便飯，遊行示威、群眾集會天天發生，用當時也在武漢的、左傾記者文森．希安（Vincent Sheean）的話來說，學生和工會的行為，「表明這是一場高度組織起來的社會革命運動，好像隨時可能奪過生產工具，宣布實行無產階級專政」。大風浪尖上引人注目的泡沫，是聚集在街頭的一群群外國革命者，他們來自歐洲、美國和亞洲其他國家，來紅色武漢目擊革命，從中獲得啟發。

紅色武漢是慶齡一生中最活躍、最激進的日子，身居高位的她，對市內及四周盛行的暴力一概支持。可是美齡和母親、靄齡對所見所聞都反感透頂。美齡寫道：她住地的窗外，「沒有哪個星期沒有共產黨工會控制的成千上萬的人群遊行示威，呼喊著『打倒』的口號，不是打倒某某人，就是打倒哪個傳統、哪椿陋習，要不就是打倒哪個帝國主義國家，……一連幾小時，數千人的呼喊震耳欲聾，隊伍經過這裡時，還特別直著嗓子喊聲最高。……刺耳的號角聲、鑼鼓聲、鐃鈸聲，叫人不得片刻安寧」。她聽說，這裡「不分青紅皂白地抓人，打人，非法搜身，拘捕，私設法庭，私處死刑」，人們「被逼迫著眼看對地主、官員、自己的親戚甚至自己的母親舉行『公審大會』，他們恐怖萬分」。她對這一切深深厭惡。

鮑羅廷——武漢蘇維埃式紅色恐怖的設計者，此時在武漢。一天美齡問他怎樣為這些行為辯護。鮑羅廷據說私下裡愛慕美齡，有僕人在他寢室發現一張廢紙，上面寫滿了「美齡，親愛的，親愛的美齡」。既然美齡問他，他便有意要在她面前表現一下。鮑羅廷擺出一副思想家、演說家的樣子，對她發表長篇演說。在宋子文的客廳裡他踱來踱去，根據演說節奏，或是沉思地漫步，或是激昂地大踏步，不時，他舉起握緊的拳頭，停頓在頭上好似在打標點符號，然後一氣砸下來，砸在左手心以示強調。這番表演，對美齡產生的效果只是：「我的天性，我的直覺，我的信仰，我的整個身心，都對鮑羅廷先生的理論感到噁心厭憎。」

四月回到上海後，美齡目睹了蔣介石的「清共」，對蔣與蘇俄和中共決裂十分贊同。在靄齡的鼓勵下，她願意把自己的一生與蔣介石結合起來。五月，蔣給她寫了第一封信，寄上自己的照片，她給蔣回了信。從此他們頻繁往來，據蔣日記，有時「談至午夜」，有時到鄉間「別有風味」的小餐館聚談，有時乘車兜風到深夜一點。兩人顯然愛上了彼此，也許不是神魂顛倒地愛，但是是兩個成熟的人，基於共同的見解、贊同彼此的生活目標、樂意攜手並進的愛。對美齡來說，作為未來中國領袖的夫人，以她無窮的精力，她覺得能夠為國家幹出一番事業。

蔣介石早已同妻子福梅離了婚，這時著手安排與兩個姨太太脫離關係，她們沒法不同意。他答應負擔她們終身的生活，潔如被送上輪船去美國。在船上有人看到她「穿著入時」，但在掉淚。蔣在上海的主要報紙《申報》上連登三天〈啟事〉，說明自己是單身。

一九二七年九月二十七日，美齡和蔣介石在大姊家訂婚，同時照了訂婚照。第二天，蔣東渡日本，去見美齡的母親。宋老夫人顯然已把美齡的婚事整個交給靄齡辦理，但她也想見一見這位未來的女婿。見面後她很滿意，當面告訴蔣她同意這樁婚事。蔣興奮已極，回到住地後挑了一枝大墨筆，書寫了四個大字：「橫掃千軍」。

宋老夫人回到上海為女兒籌辦婚禮，婚禮定於十二月一日。那天，新郎在上海報紙上發表文章表達自己的喜悅，新娘告訴朋友她覺得幸福得發暈。基督教儀式先在宋家舉行，然後一千多人出席了他們在上海首屈一指的大華飯店舉行的婚禮。美齡激動地對艾瑪說：「所有有地位的人都出席了。」「上海從來還沒見過這樣盛大的婚禮！」報紙報導了每一細節，一篇文章詳細描繪她的西式婚紗：「新娘看上去非常迷人，她身穿美麗的銀白色喬其紗長禮服，一側稍稍下墜，束著一支橙花。頭上戴著也是橙花骨朵編織的花環，下垂著美麗的稀有蕾絲面紗，面紗長而飄逸，跟她肩披的長長的白色刺繡銀花軟緞拖地裙裾互相輝映。她的鞋、襪都是銀色的，手上捧著蕨葉陪襯的淺粉色康乃馨花束。」因為白色在中國是葬禮的顏色，美齡的裝束以銀色代之。

婚禮後，蔣跟大姊靄齡——而不是跟他的新夫人——討論政治局勢和他的計畫。他那時還在北伐途中，靄齡對北京政府的同情無疑影響了他的立場，擊敗北京後，他對政府領導人和官員都不抱敵意，以後繼續重用他們中許多人。前總理段祺瑞去世時，他說：「段氏對於國家確有不沒之功，於己之師生關係，尤無任哀悼也。」吳佩孚去世，他為吳舉行隆重國葬。

靄齡感到有責任讓新郎不要耽於享樂而誤國事。一天，蔣跟美齡出去騎馬郊遊玩了一下午，晚上他去拜訪靄齡，靄齡責備了他。蔣日記記載：「晚餐後訪大姊談時局，彼甚以余遊怠為慮，且輕視之，其實不知鴻鵠之志也。」蔣介石受到刺激，認為靄齡不了解他的遠大志向，要用事實來證明給大姊看。靄齡如今有點像蔣的顧問，她對蔣的影響超過任何人。

10 同四面受敵的獨裁者生活

美齡和丈夫之間的摩擦一結婚就開始了。蜜月還沒有結束，一九二七年十二月二十九日，新婚夫婦就大吵一場。那天，蔣回到上海的家，發現美齡外出，覺得「寂寞，心甚不樂」。從前他生活中的女人都是等在家裡伺候他，他生氣了。美齡回來後沒有道歉，他大發脾氣。美齡很吃驚，說自己沒做錯什麼事。他更加惱怒，指責美齡「驕矜」，一番爭吵後稱病上床睡了。誰知美齡沒有過來哄他，反而回自己家去了，從那裡送消息給蔣，說她也病了。結果蔣介石「聞三妹病在岳家，乃扶病連夜往訪」。見面後，美齡說病是因為「不自由」，還教訓蔣要注意個人道德修養。兩人和好了。那天夜裡，蔣「心驚肉跳不能安眠」。

蔣意識到自己娶了個性格異常剛強獨立的女人。生平第一次，是他，而不是他的女人，要低頭認錯，這對蔣的心理是一個大衝擊。他想來想去，結論是沒有辦法，只能包容美齡。他需要美齡，不說別的，把他的名字跟孫中山連在一起就重要無比。更何況，聽了美齡的話，蔣覺得她說得挺對：「心頗許之。」第二天早晨，他不像平時黎明即起，而是在床上與美齡纏綿到十點鐘：「上午與三妹濡滯，起床又十時矣。」

美齡也迅速與蔣和好。剛做蔣夫人，她處在振奮喜悅的情緒中，夢想著：「這是我的機會。同我的丈夫一道，我們可以不停地努力，讓中國變得強盛。」

美齡相信蔣的北伐一旦勝利能夠平息內戰，帶來和平，她要盡力幫他取勝，然後做個稱職的第一夫人。她脫下西式衣裙，換上旗袍，從此把這中式服裝作為「制服」。她也把頭髮梳成當時中國婦女流行的式樣，額頭上一排整齊的劉海。蔣在北伐前線，美齡在後方為傷兵購買大量藥品、衣物和被褥運去，還聯繫紅十字會的醫生、護士去前線救護。她拜訪西方國家領事，轉達蔣的承諾，即國民黨軍隊會保護他們在戰區的人員。她像蔣的特別代表，為他做別人做不了的事情。北伐完成後，蔣在日記裡寫道：「吾妻內助之功，實居其半也。」美齡還把一些人道的措施介紹進蔣的軍隊，為死亡官兵的孩子建立起「遺族學校」，這在中國軍隊是首創。她把遺族學校的學生稱作自己的孩子，此後漫長的一生中跟他們保持了親密的關係。

一九二八年七月三日，蔣介石打敗了北京政府，進入北京城。國民黨政府成立，首都定在南京，蔣任「國民政府主席」。

一個時代結束了——中國追求民主的時代。這十多年，一九一二年至一九二八年，在歷史書上被叫作「軍閥混戰時期」。其實，這些年中最長、最重要的戰爭，不是發生在「軍閥」之間，而是孫中山、蔣介石與中央政府之間。軍閥之間的戰鬥，時間短得多，規模小得多。最主要的，軍閥間的爭鬥都在國會、選舉這個大前提下進行，沒有人要摒棄這套民主制度。最後保衛北京政府的吳佩孚，以「民主派」著稱，他在被蔣介石打垮之前的最後一刻，給聚在北京的數百名國會議員發放回家的路費。這些議員們留在北京，是心存僥倖，希望吳能打贏，能夠重開國會。蔣的勝利粉碎了他們的希望。

蔣介石拋棄了民國一成立就實行的民主制度，建立了以他為首的專制體系。他的政權繼承了一部分列寧主義的「鬥爭方式」（鮑羅廷語），包括蘇維埃式的組織、宣傳、控制機制。但是，他拒絕接受共產主義，沒有搞後來毛澤東搞的那種極權專制，保留了相當多中國已經存在的自由。美齡雖不制定政策，但在蔣比較開明人道的政策中，可以看到她的痕跡。

*

蔣面臨的最大問題是合法性。之前的民國總統都是選舉出來的，即使這些選舉有或多或少的毛病。蔣征服了中國，但沒有征服人心，人們並不把他看作解放者。他的軍隊進入北京時，西方觀察者注意到，面無表情的路人報以「雷鳴般的沉默」。北京政府領導人整個來說，聲譽遠勝於他。北伐成功，許多人也不認為是由於蔣有軍事天才，而認為是蘇俄組建的軍事機器、組織手段有力。就連蔣把國民黨從蘇俄控制下解脫出來，也不算作是蔣的功勞。國民黨內早就有個反蘇、反共的西山會議派，那時蔣還裝作親蘇。對不少人來說，他只是個機會主義者。

蔣宣稱他是孫中山的傳人，大搞對孫的造神運動。在他本人的婚禮上，孫的巨幅畫像高懸正中，一旁是國民黨黨旗，一旁是他當政後的中國國旗：國民黨黨旗在中央，凌駕於一片紅色土地之上。這是孫中山的理想：他的黨要永遠統治中國。新婚夫婦和在場的一千多人，都對孫的肖像三鞠躬——這一套成了未來中國典禮不可或缺的儀式。

蔣介石把孫捧上神壇，是為了政治需要。在私下裡，他表示對孫的不滿，日記記載：「總理既決心聯俄，不能轉移其方針，乃只有赴粵任事（去廣州為孫中山執掌軍權），以圖逐漸補救。與大姊及吾妻喟然歎曰：余當初反共到底，不去廣東任事，則總理亡後，國民黨當為共產黨消滅，中國亦無挽救之望。」

孫中山的三民主義——民族、民權、民生——被蔣定為統治中國的意識形態。三民主義伸縮性大，可以任意解釋。一次在一個三分鐘的英文新聞短片中，蔣、美齡和蔣的翻譯受採訪談三民主義，三個人給出三個定義。美齡的任務是講三民主義如何解放了中國婦女，但孫的三民主義中找不到這一條，她只好背宣傳稿子。但她又忘了稿子上的內容，結果對著鏡頭，結結巴巴地說：「孫博士給了婦女經濟——還有——經濟——還有——」，再也說不下去了，窘態十足但甜蜜可愛地笑著轉過頭去，向焦急地一旁看著的丈夫求援。蔣介石對她說了幾句悄悄話，她完成了自己的句子：「……給了婦女經濟和政治獨立。」

蔣介石聲稱自己不是反對民主，而是要在實行民主憲政之前先搞「訓政」。「訓」字給人的印象是居高臨下地訓人，可孫中山說中國人就是該被他本人和國民黨如此對待：「我們革命就是要將政治攬在我們手裡來做。……以五千年來被壓做奴隸的人民，一旦抬他做起皇帝，定然是不會做的。所以我們革命黨人應該來教訓他。……又須知現在人民有一種專制積威造下來的奴隸性，實在不容易改變，雖勉強拉他來做主人翁，他到底覺得不舒服。……我們現在沒有別法，只好用些強迫的手段，迫著他來做主人，教他練習練習⋯⋯」在一幅宣傳畫上，中國被畫成一個蹣跚學步的幼兒，被國父拖著朝上走。在中國傳統文化裡，還沒有哪個統治者敢對全體老百姓表示這樣的蔑視。

在蔣介石統治下，沒有人可以對孫中山不敬。無論學校還是機關，每週一次要舉行「總理紀念」儀式，要「靜默三分鐘」，要宣讀「總理遺囑」，要聽上司訓話。這一切都讓民眾大為反感，須知從前的皇上也沒有逼他們做過這樣的事啊，更不用說此時中國已經有將近二十年的公民社會，政治上多黨存在，法律制度相對獨立，報章雜誌自由自在，人們可以直率尖銳地批評北京政府而不會顧忌受到報復。一九二九年，一群自由派知識分子出版了《人權論集》，自由知識分子的領軍人物胡適寫道：中國人已經經歷了「思想的解放」，可是現在，「共產黨和國民黨合作的結果，造成了一個絕對專制的局面，思想言論完全失了自由。上帝可以否認，而孫中山不許批評。禮拜可以不做，而總理遺囑不可不讀，紀念週不可不做」。「我們所要建立的是批評國民黨的自由和批評孫中山的自由。上帝我們尚且可以批評，何況國民黨與孫中山？」「現在國民黨所以大失人心，一半固然是因為政治上的設施不能滿足人民的期望，一半卻是因為思想的僵化不能吸引前進的思想界的同情。前進的思想界的同情完全失掉之日，便是國民黨油乾燈盡之時。」《人權論集》遭到查禁，國民黨宣傳部門下令：「密查當地各書局有無該書出售，若有發現，即行設法沒收焚毀。」胡適辭去了中國公學校長職務。

胡適還抨擊蔣的專制：「無論什麼人，只需貼上『反動分子』、『土豪劣紳』、『反革命』、

『共黨嫌疑』等等招牌，便都沒有人權的保障。身體可以受侮辱，自由可以完全被剝奪，財產可以任意宰割……。」原北京政府國務總理並署任總統的顧維鈞，在北京有一座輝煌的大宅，是他當時的夫人黃蕙蘭的父親，號稱「糖王」的南洋富商給女兒買的。孫中山最後一次進京時，這座房子借給孫住，他死在那裡。國民黨奪權後，為了神話孫，沒收了房子，把它變成孫中山逝世紀念地，顧夫婦痛失愛屋。屋子的牆壁原先塗的是美麗的古老北京紅，可新主人刷上一層陰沉沉的半灰色，讓人們致哀*。

蔣介石把國家財產也看作是自己的。他用國家稅收建立了「農民銀行」，中國主要銀行之一。在一九三四年寫的「代遺囑」中，他把銀行資產放在「家事」的名下，跟要他的兒子經國、緯國「認余愛妻美齡為母」相提並論。

＊

蔣介石的四面八方都是敵人。東南西北的各省首腦，左中右國民黨大老，反對他的比比皆是。他們有一個共同之處，就是拒絕承認蔣的權威。不少人更進一步採取極端手段。滿清時鮮有

---

* 蔣介石後來雇用了顧維鈞，一位出色而謹慎的外交官。多年後，他在紐約哥倫比亞大學口述歷史學者採訪時談起這椿往事。在錄音紀錄上可以看出，一直侃侃而談的顧，這時有些緊張，驟然停止了錄音，對訪問者說：「這得停止，這牽涉到國民黨。」隨後，他改變了話題。

的暗殺，共和後成了解決難題的當然手段，孫中山、蔣介石都是箇中老手。如今，這把輕易出鞘的利劍便懸到了蔣和美齡的頭上。

一九二九年八月的一天夜晚，美齡在上海家中被噩夢驚醒。她後來寫道：一個怪異的、幽靈般的人物出現在夢中，是個男人，「臉粗野凶惡」，「表情不懷好意」。「他舉起雙手，一手一支左輪槍。」她驚叫起來，蔣介石從他睡的床上跳起來跑到她身邊。她說樓下可能有賊，蔣走出寢室喊警衛，兩人應聲回答，蔣放下心來，回到床上，只是心裡嘀咕，本來衛兵只是一人值班，為何兩人在此。

幾天後，這兩名衛兵躡手躡腳進到蔣夫婦的寢室，手指已在槍機上了，蔣突然翻身咳嗽，兩人吃了一驚，立刻退出逃走。這兩個人後來被逮捕。他們跟隨蔣介石十多年，深受蔣的信任。

在這些未遂的暗殺事件期間，美齡小產了。蔣在日記中寫道：「妻病小產，其狀痛苦不堪」，「今日妻病痛苦最甚」。蔣守在她身邊十七天，沒有處理公務，這在當時的他是絕無僅有。小產後，美齡得知今後不可能懷孩子了。像姊姊孫夫人一樣，蔣夫人也沒有自己的孩子。

*

美齡每天都生活在恐懼之中。有天她又做了個夢，夢見河裡有一塊石頭，周圍流的都是血。因為蔣介石的名字裡有「石」字，她提心吊膽，怕大難發生。結果，的確有件大事發生了：鄰省安徽宣布脫離蔣政權，並且炮擊首都南京。

儘管生命隨時處在危險之中，儘管她對丈夫有許多不滿，美齡還是選擇跟他站在一起。一九三〇年，包括汪精衛在內的部分國民黨高層將領和政治人物，聯合起來在北京成立了個反蔣政府。蔣出兵攻擊「叛軍」，持續數月的「中原大戰」爆發。大戰期間，美齡跟她人在前方的丈夫頻繁電文往來，對他備加關愛。她擔心蔣在前方吃不好，要派她的廚師去；酷夏到來，她問他：「天氣極熱安好否？」蔣答：「精神甚好勿念。」她怕他寂寞，讓小弟子安帶上手書和禮物去看他，而他考慮小弟的安全，幾天後要他回去：「在此雖寂寞然亦不願宋子安久留戰地。」她好似蔣的後方主管，幫蔣料理這些要求：「請另購肉類及筍菜類與糖類罐頭食品各十萬個、毛巾十五萬條與避疫藥水一併專車送來前方慰勞將士」，「四十萬件衛生衣與本月下旬之軍米於此一星期內辦妥解來前方」，等等。時任財政部長的哥哥宋子文，對蔣無休止地要錢感到難忍，幾番要辭職，都是美齡說服他留了下來。

有一些絕密的金錢轉手是由她親自辦理的。當時的滿洲王已是「少帥」張學良——張作霖的兒子。「大帥」本人曾在北京政府最後的日子裡（一九二七年六月），短暫主持政務。面臨被北伐軍打敗時，日本人建議幫助他，條件是取得一系列東北權益。大帥答道：「我不能出賣東北，以免後代罵我賣國賊。」六月四日，他離京乘火車返回滿洲，被日本人在一座鐵路橋上置放的炸藥炸得粉身碎骨。大帥的死，標誌了北京政府的覆滅。蔣介石成功後，少帥歸順了南京政府，但保持相對獨立。中原大戰時，蔣介石請求他的幫助，他也決定幫蔣一把——只是要價不菲。經過祕密談判，蔣同意付給他大約一千五百萬美金的巨款。這筆錢數目如此之大，得分若干年付清，這些年中少帥不時自己到上海南京來取款。一九三〇年九月十八日，美齡親手先匯出一百萬，說明再繼續匯出四百萬。第二天，她電告丈夫：「已陸續匯款給張學良。」就在那天，少帥派兵從東北南下，與蔣北上的軍隊夾擊，打敗了蔣的敵人。

這期間，美齡跟大姊、母親住在一起。母親支持她，大姊更給她具體幫助。蔣感激不盡，幾乎封封電報都要問候她們。對靄齡，他尊稱「大姊」，儘管他比靄齡年長。聽說岳母病了，他天天打電報：「請詳告岳母倪桂珍病況」，「甚繫念母倪桂珍病況請代侍奉」，「掛念母親病況」，等等，還請美齡轉告：「女婿在前方謹遵教誨自愛請勿掛念……。」

作為他感激之心的具體表現，中原大戰一結束，一九三〇年十月二十三日，蔣介石在上海宋家受洗皈依基督教。

*

蔣介石打贏了中原大戰，但並沒有摧毀他的政敵。他們把基地從北京移到廣州，於一九三一年又成立了個對抗蔣的政府，其中有孫中山的兒子孫科。在蔣的首都南京，國民黨元老如胡漢民等，公開抨擊蔣介石。蔣把批評者軟禁起來，但還得裝作這是為了可以隨時向他們「請教」。

蔣感到四處都是敵意，像少年時一樣，心裡充滿了對世界的憤怒。他的日記裡這樣的發洩比比皆是：「除母子之外，天下絕無義友仁愛。」「近日憤激不絕，以友人偽者多，而真者少也。……以此而欲……斷絕一切。」「人心險詐惡劣，畏我者固為我敵，愛我者亦為我敵，必欲我皆為其利用而後快心，……誠意愛輔我者，惟妻一人。」「父母妻子之外，皆無誠意待己之人，此乃人情之常。」

腦子裡裝滿了這些悲觀的念頭，蔣介石始終是一個孤僻的人，一個單槍匹馬的個人獨裁者。對他來說，「中國人才太少，委之事權，類不能達成任務」；「所用之人，所有機關，幾無一如意」；「除妻以外無一人能為余代負一分責，代用一分心」；「對內對外，對老對少，對文對武，皆須以一身親當」。這樣對任何人都不信任的結果是，「九一八」日本侵華前夕，在中國最需要國際支持的時候，他沒有大使在西方國家。

蔣的執政圈子很小，就是宋氏家庭。他自己的家人，他除了厭惡就是鄙視。對同父異母的兄長，日記裡滿是貶詞：「俗不可耐，鄙陋尤甚」；「惡劣狡詐」；「嫌惡已極」。對親妹妹他瞧不起。一天他和美齡走訪妹妹，看見家裡有客人鬧烘烘地打牌，蔣「見之愧怍，為愛所輕也」。

他對恩師陳其美的感情在某種程度上給了他另一個「家」，陳的兩個姪兒，果夫、立夫，建立並主持了他的情報系統「中統」。可是就連他們也沒有得到蔣的完全信任。蔣多疑，總怕他們的權力太大，製造了「軍統」以分散他們的權力。

只有宋家得到蔣介石徹底、無條件的信任。他相信他們不會欺騙他，用他們來掌管他政權的生命線：金錢。他把四家主要銀行歸到一起，成立了個「四聯總處」，由宋家女婿孔祥熙主持。為孔祥熙以及宋子文這兩個連襟，蔣保留了他的政權的主要職位：行政院長、財政部長、外交部長。特別是對他唯命是從的孔祥熙，做行政院長、代理院長、財政部長的時間長達十多年*。重用孔祥熙，還因為蔣能從孔那裡得知宋家大姊有關政治和金融的意見。除了通過丈夫或妹妹，靄齡也自己直接對蔣說，蔣總是樂意聽從。她還不時批評蔣，如說他「欠準備工夫，全憑臨時應付」。蔣欣然承認：「此誠道著矣。」

在這個小小的家庭圈子以外，蔣沒幾個人信得過，沒幾個人的意見願意聽。上層人物中沒有正常的辯論，開會是千篇一律的乏味，在座的聽蔣訓話，還要看他擺出無所不知、無所不能的架子。聽訓的人跟著蔣的樣子學，也對他們的下屬如此訓話，一層層地學下去，形成了當官的訓人風氣。

有這麼一個老闆，少有官員願意出頭提政策性的建議，甚至高官也絕少進言。痛感這一缺陷的胡適，曾高聲呼籲：「至少至少，學學專制帝王，時時下個求直言的詔令！」

靄齡雖然對蔣介石有影響力，但她不具有政治家的頭腦，還有一個致命傷：她脫離現實，跟老百姓沒有認同，沒有共鳴。蔣本人給人印象是他根本就蔑視自己的人民。他公開講：「一般中國人什麼地方都是齷齪、污穢、紛擾、禮義蕩然、廉恥掃地。」「懶惰、麻木、腐敗、頹唐、驕傲、奢侈、不能耐苦、不肯耐勞、不守紀律、不從法令、沒有廉恥、不知禮義」；「大多數人都是半死不活、不死不活的人，……正如古人所講的『行屍』。」蔣介石的中國，沒有讓老百姓感到振奮、感到希望的政治綱領。

蔣沒有把改善人民生活作為政策的核心——這個災難性的失誤他只是在被趕出大陸的前夕才

意識到，那時他悔之晚矣。蔣政權曾經有過「減租」的想法，也曾在一兩個省試驗過，但在遇到強大的阻力後放棄了。共產黨乘虛而入，大力宣傳他們的目標就是讓人民過上好日子，這自然使人們對他們有好感。在莫斯科的資助下，一九三一年，中共在中國富庶的東南部，離上海不遠的地方，建立了「中華蘇維埃共和國」。在它的全盛時期，這個國中之國占地十五萬平方公里，有一千多萬人口。在蔣的鼻子底下，一個心腹之患成長起來。

*

美齡跟蔣結婚時做的美夢——要作為蔣夫人成就一番事業的美夢——很快就破滅了。她在一九三四年寫道：「過去七年裡，我精神上經受了很多折磨。中國不斷的動亂，讓我非常痛苦。」除了無休止的內戰，還有無數其他災難：一九二九年的陝西大旱，數十萬人死於饑荒；一九三〇年東北方的連續暴風雨讓數百萬人流離失所；一九三一年長江流域的洪水，又吞噬了四十萬條生命；而邊境上，日本正虎視眈眈，伺機入侵。「所有這些都讓我感到自己是多麼渺小，多麼無能為力，……為國家做任何事好像都是杯水車薪，……我沉入一片昏黑的絕望之中，可怕的抑鬱症抓緊了我。」

---

* 孔一向被稱為孔子後裔，但他的名字只見於一九三〇年修的孔氏族譜，而且是他讓修族譜的人添上去的。鑑於那時他已有權有勢，人們質疑他是否真是孔子的後代。慶齡提到他時挖苦地稱他「聖人」。

最黑暗的時候是一九三一年，母親於七月二十三日死於腸癌之後。母親病重時，美齡一直守在身旁，陪母親在最後的日子裡去青島避暑。母親死後她痛不欲生，說「這個打擊對我尤其沉重，我是她最小的女兒，對她的依賴程度是我自己也沒有想到的」。她不斷回憶母親的生前，去世前不久的一段對話讓她感觸尤深。「一天我跟她說話時，腦子裡突然閃出一個我自認十分聰明的念頭。『媽媽，您的祈禱總是很有效，您能不能祈禱上帝給日本來場地震，摧毀日本，讓她不能再威脅中國呢？』」她記得母親「別過臉去」，告訴她僅僅具有這個想法也是可恥的。母親的言傳身教是美齡生活的指針，她奉母親為楷模。失去了母親，她不知道該怎麼做人：「現在沒有媽媽在我的身邊、幫我祈禱度過個人的和其他的危難了。我還有一輩子要過，但她不在了。我該怎麼辦？」

就在母親去世當天，哥哥子文差點死於暗殺者之手。一群年輕的國民黨左派，計畫暗殺蔣介石，拿為蔣管錢的宋子文先做預演。他們研究了子文的行蹤，知道他每週四晚上乘火車從南京來上海過長週末，那天在上海火車北站等他。宋子文身穿上乘西裝，頭戴白色遮陽帽，身高六呎有餘，是個惹人注目的翩翩公子。他在人群中朝外走，身邊跟著祕書、警衛。就在這時，刺客高呼：「打倒宋氏王朝！」隨即朝子文一行人開槍，走在他身旁的祕書被打死。車站裡一個商店營業員目睹了這一幕，事後告訴報社記者，刺客「穿著綠灰色的中山裝」。這套由日本士官制服改造的、孫中山首先穿起的衣服，當時國民黨政府的公務員都必須穿。槍擊開始後，他們又扔了兩顆炸彈，「一大片白色煙幕冒起來，你也就看不清宋先生了。我是藏在我的櫃臺下。」利用這陣白煙，子文跳到一根柱子後面，同時拔出左輪槍。一個值班的鐵路警察跑過來對他說：「部長，把你的帽子扔掉，彎下腰讓他們看不清你，跟我來，我帶你到安全的地方去。」子文在煙霧中摸索前行，小心腳下的屍體，跟著警察進了樓上一間辦公室。刺客見他上了樓，而不是往出口去，就放棄了追趕，跟他的警衛對打幾槍後，扔掉武器，混入車站大呼小叫、四下奔跑的人群中。刺客脫險了——回去再做準備，以暗殺他們真正的目標蔣介石。

這組人還沒回到家，別的刺客又在一個公園朝蔣介石放槍，不過沒打中。蔣不想讓美齡著急，打電報說「傳言不實，請勿掛念，盼珍重身體」。但美齡知道傳言屬實，更加焦慮萬分。刺殺的威脅像幽靈一樣纏繞著她，直到晚年，她都需要有可靠的保衛人員待在隔壁才能安睡。

一九三一年九月，日本入侵東北，占領了這一大塊中國的寶地。美齡描述自己滑入「絕望的深淵」。

11 慶齡的流亡生涯：莫斯科、柏林、上海

在美齡掙扎著適應婚後生活時，慶齡選擇了流亡。一九二七年四月蔣介石「清共」以後，她出走莫斯科。母親和姊姊妹妹都曾竭力勸她不要走，希望說服她不要信仰共產主義。還在武漢時，美齡專程趕來，帶來母親的信。但慶齡還是那個十二年前偷跑出去嫁給孫中山的倔強女孩，勸說無效。回到上海等候輪船的日子裡，她跟家人多次激烈地爭吵，隨後再次偷偷離家出走，這次是化裝成貧苦婦女，跟幾個志同道合的同志一起，登上蘇聯輪船，前往「世界無產階級的首都」。

三十二歲的弟弟子文，在到底是跟她走還是跟蔣介石走之間反覆搖擺多日，最後選擇了留在中國，跟蔣合作。當時跟他頗有交情的文森·希安這樣描述道：

在資本化帝國主義的醜惡現實跟共產主義革命的醜惡現實之間，他猶豫不定。……在中國，一出門，你不可能看不見到處皆是的、無論外國人還是中國人都在進行的不人道的殘酷剝削。子文太具有同情心，不會對這一切熟視無睹。可是任何一場地道的革命，又讓他同樣

厭惡。人群叫他害怕，勞工鼓動和罷工使他頭疼，有錢人的財產會一朝被剝奪這個概念讓他充滿驚恐。

一天在武漢，一群暴民湧向他的汽車，朝他喊口號、揮拳頭，把車窗玻璃也打破了一塊。這使他終生反感群眾運動，儘管他沒有失去對左派的同情。

像宋子文一樣，武漢大多數國民黨人選擇了支持蔣介石。曾幾何時鋪天蓋地般的蘇維埃運動風暴，竟一下子煙消雲散。昨天的大眾歡呼擁戴，今天成了一個幻覺，一場夢。慶齡從她激情的雲端一落千丈，不敢相信她的革命就這樣完了，完得這樣突然，這樣乾乾淨淨。她恨死了那個毀掉她的夢的人——蔣介石，赴莫斯科的前夕發表聲明痛罵蔣。

九月六日到了莫斯科。文森．希安不久後來訪：

財政部大樓的二樓上，光線黯淡的接待室遠處一扇門打開了，一個身著黑色綢衣裙、嬌小羞澀的中國女子走進來，纖細、神經質的手上捏著一方繡花手絹。……她開口了，聲音是那樣柔和，那樣文靜，那樣想不到的甜蜜，我吃驚得幾乎跳了起來。……我想這是誰呀？難道孫逸仙夫人有個我從未聽說的女兒？我沒想到，這個精美的幻影般的人物，如此柔若無骨，如此怯怯生生，竟然就是夫人本人，全世界最著名的女革命家。

顯然慶齡讓文森大為傾倒，特別有震撼力的是她的模樣與使命之間的強烈反差。文森和其他有類似感覺的人組成了慶齡在莫斯科的小小朋友圈。蘇聯政府給慶齡的是國賓待遇，為她安排了僕人，把別人吃不到的蘋果、葡萄從高加索運上她的餐桌。她下榻之地是最豪華的「大都市」飯店——只是客房的床上不乏吃飽喝足的臭蟲。鮑羅廷也住在那裡，但老朋友們彼此不再打招呼，歡聚一堂的日子已成過去。

一場清洗就要到來：史達林與托洛斯基的角力，包括追究在中國慘敗的責任，就要以史達林獲勝而告終。慶齡目睹了托洛斯基和追隨者挑戰史達林的努力。十月革命紀念日那天，她受邀參加紅場上的遊行觀禮。那天特別的冷，即便是對以冬季寒冷著稱的俄國來說也少有。她跟蘇共領導一同站在列寧墓上，皮底鞋外面套著橡膠靴，在紛飛的雪花中凍得發僵。她還沒學會在橡膠靴內塞報紙保暖。觀禮臺下，遊行隊伍裡，一些中國留學生出其不意地展開旗幟，上面寫著支持托洛斯基的標語。觀禮完後，慶齡走回坐落在紅場一側的酒店，途中看見一群人在聽演講，史達林的反對者們正最後一次爭取莫斯科人的支持。警察從旁邊的小街上衝出，驅散人群，抓走了演講者。一星期後，托洛斯基被開除出黨，被流放，先在國內，後在國外，一九四〇年，他在墨西哥城被史達林派去的殺手用冰斧砍死在家裡。

所有跟中國革命有關的人都岌岌可危，只有鮑羅廷沒出事。他是史達林的人，但他也不得不跟中國來的人保持距離，包括慶齡在內。別的人就沒他的運氣了。四年前跟孫中山簽署協議的越飛，忠實於托洛斯基，在朋友被開除出黨之後舉槍自殺，床頭桌上留下給托洛斯基的信：「您在政治上一向是正確的……」卡爾·拉迪克（Karl Radek）是莫斯科成立的專門培訓中國革命者的「孫中山大學」校長，他跟托洛斯基一道被開除，流放到西伯利亞。新校長一上任就在學生中開展清洗。

這樣一種氣氛足以嚇跑所有能夠跑掉的人，但慶齡沒有退縮，她選擇了走鋼絲般的危險生活。當然，在這種生活裡，如果你不是清洗對象，冬天的莫斯科還是意趣盎然的。人們的話題不是金錢、職業，不是其他資產階級社會的世俗話題。這裡的職業活動分子們辯論怎樣改變世界，組織社會，重塑人民——好像人民是他們手中的泥土胚子。而他們的辯論，也確實在全世界掀起風浪，哪怕他們自己可能被風浪捲沉。慶齡的地位獨一無二，她能夠盡情享受衝浪的快感，而被淹沒的可能性很小。她是孫中山夫人，是已故國父的遺孀，清洗整不到她頭上——只要她小心精明。而她確實也很精明，她十分技巧地迴避了史達林跟托洛斯基的較勁，隱藏了她本人對托洛斯基的同情。孫中山大學的學生急切地想聽她的見解，但她除了剛到莫斯科時去大學演講過一次以外，一直遠離學校，對學生一聲不吭。就這樣，她保存了自己，在俄羅斯首都住了八個月。她熱愛那些日子，後來重回莫斯科時，寫信對朋友說：「回來真好。這裡的生活充滿情趣，活動也很多。……我就要走了，感到有些遺憾，但我年紀還不算太老，我想以後會有再來的那一天的。」

*

因為「孫夫人」這個頭銜對她性命攸關，任何可能失去它的危險都讓慶齡驚恐萬狀。她在莫斯科時，《紐約時報》和其他幾家報紙登載了一則消息，說她已經跟也流亡莫斯科的陳友仁結婚了：「根據蘇聯政府新聞，這對新人將在中國度蜜月，共同發起革命。……據稱紅色共產國際〔莫斯科指揮世界革命的機構〕給他們開了一大張支票，資助新婚夫婦的革命活動。」報導還專門提了一句，陳友仁的前任妻子是「黑人的後裔」。報導的篇幅雖短，慶齡的朋友看到它對慶齡的「毀滅性的」打擊，她快要「精神崩潰」，在床上躺了三個星期。她認為報導是某個大陰謀的一部分，目的是斬斷她與孫中山名字的聯繫。

又一個打擊隨之而來：小妹美齡跟蔣介石結婚。那個挫敗她的事業的人，從此跟孫中山連在一起。她對朋友說美齡的「婚姻雙方都是機會主義，沒有愛情可言」。

還讓她沮喪的，是史達林似乎看不上她。「大老闆」只見了慶齡一面，整個會見一小時多一點，從頭到尾史達林幾乎沒說話，只吸著菸斗，面無表情地凝視房間對面。最後他開口了：叫她盡快回中國去。史達林看出慶齡不是做政治領袖的材料，他拒絕向慶齡提供類似給她丈夫的全面援助，對慶齡說，回中國以後，共產國際會通過它在中國的代表給她指示。

共產國際開了次特別會議，專門討論慶齡未來的作用。會議做出的決定要點，好些條以這樣的語言開頭：「利用宋慶齡……」。慶齡可被用來吹捧蘇聯，用來爭取國民黨中的大員，用來給蔣介石施加壓力以使蔣靠近蘇聯。她可在大大小小的事情上給中共幫忙。

慶齡只得考慮回上海。她也想回去看母親。她是在跟家人大吵一架後離開的，之後母親寫信叫她回家，她置之不理。現在她想回去對母親解釋一切，重歸於好。

一九二八年二月，一個名叫鄧演達的朋友從柏林來信，懇請她去柏林。鄧是國民黨左派領袖，從前黃埔軍校教育長。他也流亡到莫斯科，來後曾同慶齡討論過成立個有別於國民黨和共產黨的「第三黨」，現在他一再請慶齡到柏林去繼續他們的討論。

鄧演達比慶齡稍微年輕一點，他「高大結實，肩膀很闊」，見過他的人無不感到他的特別：

鄧氏給我的印象是非常的深刻，……〔他〕穿一身青灰色的中國大褂，頭髮蓬蓬，沒有半點的修飾。但是他那魁梧的體格，那樣宏壯的器宇，真有壓倒一切的氣概。問答之間，時時做明顯的首肯，而態度非常的率真而且自然。我當時便想，這確不愧為一黨的領袖。會談的內容多是關於政治問題。在他那種自然而脫略的，足以令人親近的態度中，卻含有極堅強的個性。……

臨別時的握手，也異常的誠懇，令人感動。

鄧氏生活刻苦，精力過人，每天工作十餘小時無倦容。……為人極正派，是非之心極為強烈，他任事和待人實在是可欽可敬的。

他很愛講話，也很會講話。性情非常的活躍、潑辣、熱情。當他講話的時候，你如果坐在前面，會擔心他的頭髮飛到你的身上來。他講話簡單明瞭，特別生動，很能吸引人，聽眾的注意力都貫注在他的身上。當他笑的時候，大家也會和他一起笑；當他發怒的時候，大家也會和他一樣發怒。……

甚至毛澤東也感受到他的吸引力，好幾次對人稱讚他，有次說：「鄧演達先生這個人很好，我很喜歡這個人。」毛從來沒有用這樣的語言、語氣說過任何別人。

跟他見面以後，史達林也立刻對他另眼相看，那天晚上同他從八點談到凌晨兩點，把他一直送到克里姆林宮的外牆大門，這在「大老闆」是難得的禮遇。史達林看出他的領導才能，提出讓他做中共領袖。演達說他連中共黨員也不是，史達林說，沒關係，共產國際可以安排。可是演達不信仰共產主義，認為它「強暴獨裁」，「破壞一切現存的經濟組織」。而他的主張是「把妨害中國經濟發展的根源除去，去發展社會主義，……使農工的利益都確實得到保障，……建立平民的政權」。他稱他的主張為「爭鬥的和平主義」，說他與共產黨的分界是：「共產黨在目前要使中國更窮乏混亂化，我們卻要使中國新的社會秩序早日形成。」「共產黨純粹是國際的，而我們是帶民族性的。共產黨以中國革命為手段，而我們的目的就是中國革命。」

演達的這些主張，加上他對史達林說「不」，明確表示不想受蘇聯黨的操控，使他感到生命有危險，他迅速離開莫斯科去了柏林。史達林後來指定毛澤東為中共領導人。

從柏林，演達給慶齡寫了好幾封信，封封洋溢著他奔放溫暖的性格。一封勸慶齡不要回上海的信是這樣寫的：

慶齡姊姊同志：

接到你17／2的信時，我打算晚幾天再寫信給你，方才又接到你21／2的信，叫我不能不即刻寫信給你了！唉，親愛的同志！我深深的為你掛心，因為你這樣的在你的母親底懷抱裡。你的生命，你的愛，自然現在你的母親的方面占了百分之幾；然而……設若你真的就回去了，你怎樣去盡你的責任，就是你對於社會的生命，對於社會的愛？

他希望「慶齡姊姊」到柏林來討論組織「第三黨」的事：「一切綱領政策口號及組織自然要十二分具體的指出，……因為這十二分重要的使命，我必然要和你詳細商量；但是我現在必不能到莫斯科去，……你可以知道這種關係的……。」

在演達激情澎湃的語彙裡，一切都是「十二分」：「我十二分的盼望你放心，安慰，拿著你的決心和勇氣去安慰你親愛的母親！」「因為說話的方便及一切方略的決定，我們有親口談一次話的必要，望你能設法到德國來一次。……我十二分的盼望你能祕密進行這個工作罷！……各事要和你面談的很多，恨不能插翼飛去和你立刻見面！！！」

*

一九二八年五月初，慶齡來到柏林。柏林這時正處在「黃金二十年代」中，創造力迸發在文學、藝術、電影、劇院、音樂、哲學、建築、設計，乃至時裝的各個領域。柏林人很友善，而且，這兒可以很便宜地就生活得很好。用莫斯科提供的資金，她租了一套公寓，舒適，但不豪華。每天「組織上」派人來幫她料理家務和事務；午飯在一家小餐館吃套餐，肉類、蔬菜、加馬鈴薯或米飯，一馬克一份；晚餐在家裡做。在德國政府不引人注目的監視下，慶齡過著普通人的生活。

一個月後，蔣介石推翻了北京政府，在南京建立起自己的政權。這新聞對她來說應該是沉重的打擊，但她的情緒沒有受影響，她滿足、安寧。另一個也可能使她心煩意亂的消息，是母親不認她了。在一九二八年六月的一封信中，她寫道：「親愛的媽媽：我給您寫了許多信，都沒有回音。這又是一封『拒不接收的信』。」

信封上地址是中英兩種文字寫的「孔夫人宅」，有柏林和上海的郵戳，從上海退回的時間是一九二八年七月四日，信沒有拆封。

宋老夫人對她最疼愛的女兒信仰共產主義、流亡海外痛心疾首，決心不跟她通音信。在這期間，靄齡、美齡跟母親比以往任何時候都親近，大姊靄齡成了家庭的核心。

儘管跟家庭斷了關係，慶齡沒有悲痛欲絕，相反，她說「柏林是我有生以來感到最自在的地方，遠較上海還自在」。

有這樣的安詳和力量，毫無疑問，原因是鄧演達在她身旁。在柏林，他們天天見面，一連數小時地長談，散步一走就是半天。他是她的老師，教她歷史、經濟學、哲學，還有漢語。她是急不可耐要學習一切的學生，為他的才智和魅力折服，感到他「實實在在是處處令人歎服」。

兩人都三十多歲，都感情充沛，這樣長時間相處，一同計畫他們國家的未來，又都仰慕彼此——這些都是滋生愛情的自然土壤。慶齡孀居，演達一直在努力擺脫沒有愛情的包辦婚姻。從一九二八年下半年給朋友的信中可以看出，他跟妻子鄭立真已經分居多年，非常想離婚，可是又顧及妻子，「在感情上她是十二分難過」，怕她會「要絕望或者要自殺」，所以沒有離。他對朋友傾訴自己的苦惱：「唉！君達！立真現在來了一封信給我，告訴我她怎樣的悲哀淒慘！……我深信中國婦女——她自然免不了——都是在監獄裡頭，都受著人家所忍受不了的痛苦，我們應該解救她，幫助她。我所以從結婚到去年出國前止，都是抱著一種救護女子的意思，都反對一切『時髦男子』拋棄舊妻子，去討『時髦老婆』。所以我忍受了好幾年的生活平淡的過去。」經過反覆痛苦的思考，他終於寫信給妻子結束了他們的婚姻。她雖然悲傷，但沒有自殺，他們保持了良好的關係。

這樣善待妻子的演達，當時真是鳳毛麟角，跟孫中山比更是天壤之別。他會贏得慶齡的心，是再自然不過的事。可是他們的感情不能發展——因為她必須保持孫夫人的身分。這個身分對她有著壓倒一切、生死攸關的重要性，鄧演達尊重她的決定。

當時已有傳言他們是情人。於是，他們似乎決定迴避彼此。一九二八年十二月，慶齡離開了柏林，直到第二年十月才返回。她先去莫斯科，然後回中國去出席於一九二九年六月舉行的孫中山的葬禮。在南京，其大無比的「中山陵」終於完工了，孫的遺體被挪了進去，舉行的儀式比駕崩的皇帝出殯還要堂皇，慶齡自然得參加。之後，在她回到柏林的前夕，演達走了，先去巴黎，再去倫敦，他們用通信的方式討論組建「第三黨」。最後，慶齡謝絕了加入第三黨，因為莫斯科痛恨它，但她始終沒有按莫斯科的要求譴責第三黨。

一九三〇年，演達祕密回中國去成立第三黨。臨行前他到柏林來向慶齡告別。雖然危險甚至死亡像利劍一樣懸在他的頭上——他對慶齡說「這次或是我們最後一次的聚會」——他們仍度過了幾天愉快的時光。非常可能，他們去電影院看瑪琳・黛德麗（Marlene Dietrich）主演的電影《藍天使》（*The Blue Angel*），電影中黛德麗唱了她最著名的歌〈再墮愛河〉（*Falling in Love Again*），這像是為他們而唱。二十多年以後，慶齡請她的德國朋友王安娜（Anna Wang）幫她買電影的唱片，說唱片讓她「回憶起許多在柏林的美好時光，那時我去看正在放映的那部電影。……啊，我們是怎樣在閣樓裡咯咯地笑那個害相思病的教授的滑稽舉動！」她對安娜說，那首歌對她「具有一種特殊的意義」。

*

孫中山一九二九年的「奉安大典」是蔣介石操辦的。蔣是主人，慶齡的參加只是給他增添光輝。她知道自己被利用，十分氣惱，許多官方活動都拒絕出席，可是她的缺席並沒有引起人們的關注。蔣介石如今是孫的繼承人了，慶齡在上海法租界的房子裡過著形同隱居的生活。

她原先期待的跟母親和好沒有實現。她的家如今是蔣政權的核心。靄齡的丈夫孔祥熙是工商部長，宋子文是財政部長，宋母被稱為「中國的岳母」，她後來去世時，棺材上覆蓋著國旗，送葬隊伍包括軍隊官兵。慶齡跟家人很少來往，監視她的法租界警方檔案裡關於母親、姊妹來訪的紀錄寥寥無幾。

慶齡感到透不過氣似的窒悶，要找機會發作。就在這時，蘇聯因為「中東路」的爭執入侵東北，中國的民族主義情緒高漲。慶齡按照莫斯科的調子，把入侵歸罪於國民黨政府，一腔怒火發洩到蔣介石頭上。一九二九年八月一日，共產國際在柏林的外圍組織發表了她的文章，文中用前所未有的激烈語言痛罵蔣：「反革命的國民黨領導人背信棄義的本質，從來沒有像今天這樣無恥地暴露於世人面前。……他們已不可免地墮落為帝國主義的工具，企圖挑起對俄國的戰爭。」中國報紙都不敢或不願轉載這篇文章，可文章被印成傳單，從上海的高樓大廈頂上撒下到市中心。

蔣介石被激怒了，少見地寫了篇措詞同樣激烈的信回罵慶齡，他要跟慶齡徹底決裂。在靄齡的勸說下，他沒有把信送出，但把它莊嚴地裝裱起來。

慶齡的政治立場雖然人所共知，但眼下她跟入侵中國的蘇聯站在一起高調反對自己的國家，這使她分外不得人心。她感到周圍的壓力，對朋友說：「我對到處的中國人都反感，希望到一個看不見任何中國人的國家去。」她的全家人都憤怒地指責她，她終於受不了了，十月份再度啟程返回柏林。

這次在柏林跟上次大不一樣，鄧演達不在那裡，她沒有了慰藉，只是在次年他來道別的短短的幾天中，他們度過了愉快的時光。德國共產黨人照料她，給她派了個管家，也安排著名人士如劇作家布萊希特（Bertolt Brecht）跟她交朋友。但「黃金二十年代」已成過去。一九三一年二月，慶齡在給朋友的信中寫道：「失業大軍不斷增加，令人不安。乞丐挨家挨戶地討飯和要舊衣服，一天至少響六七次門鈴。盜竊和殺人不可勝數。……知識分子成為棄兒。滿街都是失業的演員，小提琴手為了幾個芬尼在寒冷的街頭演奏。」像她的德國朋友一樣，慶齡對納粹的崛起憂心忡忡：「德國在最近的將來已不可能避免一場革命，而法西斯黨徒將占上風。」這樣的環境加強了她對共產主義的信仰。

四月，她收到家裡發來的電報，說母親病危。她還在跟家人生氣，就沒有回去，也沒有回信。七月，宋老夫人去世。姊姊妹妹都沒跟她聯繫，顯然她們對她在母親垂危時的表現非常生氣。孔祥熙拍來電報，幾天後宋子文也打電報來，叫她馬上回國。宋老夫人在上海下葬時將有公開的儀式，慶齡不在場說不過去。慶齡立即啟程返國，帶著一個助手，是祕密共產黨員。她們的第一站是莫斯科，在那裡慶齡停留了一天，跟蘇共領導人開祕密會議。當她乘坐的火車駛入中國邊境車站時，軍號齊鳴，一片響亮的敬禮聲，要員都來迎接。政府為她派了專列，每到一個車站，都聽得見軍隊致敬的禮號。一位官員是宋家的親戚，專程前來迎接慶齡。在車上，他告訴慶齡宋老夫人如何生病、如何去世的詳情，慶齡終於醒悟到她來遲了，她將永遠見不到母親。那天晚上她哭了一整夜。到了青島，看到母親去世的房間，她又痛哭不已。出殯時她從頭到尾泣不成聲。

不過，她從母親譴責的重負下解脫出來了。慶齡重新住進上海的屋子，離開在歐洲的自我流放，進入了故鄉的自我流亡。

＊

母親葬禮的前一天，已在中國組建了第三黨的鄧演達，被蔣介石政府逮捕。他和慶齡還沒來得及見面。在包括孫中山的兒子孫科在內的蔣的所有反對者中，鄧演達是他最大的威脅。鄧不僅具有領袖資質，還有經過深思熟慮的綱領，這是蔣所缺乏的。演達曾著意在歐亞大陸廣泛旅行，研究各國的治理辦法，形成了一套詳細的政策，核心是解決土地問題。最讓蔣介石頭疼的，還是鄧在黃埔軍校有成群的崇拜者。一九三一年十一月二十九日，蔣下令在南京把鄧祕密槍殺。

消息傳出後，慶齡存著一線希望，或許這只是謠言，她到南京去見蔣介石，請求他釋放鄧演達。這是她唯一一次向蔣介石「求情」。她盡量溫和地對蔣說：「你與鄧演達的矛盾，我來給你們調解。你把鄧叫來，我們三人當面談談。」蔣先默然不語，隨後說：「你已經見不到他了。」這句話讓慶齡心如刀絞，她大聲喊道：「劊子手！」舉起雙手把茶几掀翻。蔣匆匆走出房間上了樓。慶齡腦子一片空白，在悲哀和絕望中離開。回到上海，她迫不及待地提筆寫下一篇討蔣檄文，第一次宣布她希望看到國民黨的「滅亡」，也第一次公開暗示她會支持共產黨。這篇文章在《紐約時報》上以雙版登出，配以一張她略帶哀思的照片，圖說是「我為革命的中國發聲」。文章的中譯本登載在上海最有影響的《申報》上。因為這件事以及其他對蔣介石的抗拒，主編史量才後來被暗殺。

在鄧演達死後那些悲痛欲絕的日子裡，慶齡找到共產國際祕密駐上海的代表，要求參加共產黨。其實，她早已在為共產黨工作了，共產國際也早已在按計畫「利用」她，她沒有必要成為黨員。而且一旦加入黨，她得要遵從共產黨組織的命令和紀律，將冒更大的危險，無論是來自蔣介石還是來自共產黨內部的權鬥。

但慶齡滿腦袋想的是如何打到蔣介石。她告訴共產國際的代表，她願意「獻出一切」，她對在上海進行祕密工作的危險有「深刻的了解」，完全做好了思想準備。代表猶豫不決，慶齡堅定不移，最後，代表同意了。事後，共產國際認為這是個「很大的錯誤」：「一旦她入了黨，她獨特的價值就會失去。」慶齡的黨籍一直祕而不宣。

在現代中國史上，宋慶齡的共產黨籍是最為嚴守的祕密之一，直到她去世後的一九八〇年代，才由老友廖仲愷的兒子廖承志講了出來。廖承志在一九三〇年代自己就是地下黨員，他回憶道：

> 記得是〔一九三三年〕五月時分，宋慶齡同志突然出現在母親的客廳中。……〔她〕同我母親寒暄，一面向我眨了眨眼。我母親明白了，她託詞去拿糖果，回到了寢室。當時只剩下宋慶齡同志和我兩個人了。……
>
> 她面色凝重了，說話放慢了，但明晰、簡潔，每句話像一塊鐵一樣。……
>
> 「我今天是代表最高方面來的。」她說。
>
> 「最高方面？……」我想知道。

「國際！」她只說兩個字，隨後又補充說：「共產國際。」

「啊！」我幾乎叫出來。

「冷靜點。」她說。「只問你兩個問題。第一，上海的祕密工作還能否堅持下去？第二，你所知道的叛徒的名單。」

我回答了：「第一，恐怕困難。我自己打算進蘇區。第二，這容易，我馬上寫給你。」

「好。只有十分鐘。」她微笑著，打開小皮包，摸出一根香菸，自己點了火，然後站起身子，往我母親客廳中去。我聽見她和母親低著聲說了些什麼，然後兩人高聲笑起來。

我飛快地寫好了，在一條狹長的紙上。十分鐘，她出來了，……打開皮包，取出一根紙菸，把上半截菸絲挑出來，把我那一張紙捲塞進去，然後放進皮包裡。

我不用問。還有什麼好問的？我只怔怔地望著她。她從容地站起來了，……慢步下了樓梯，走過廚房，也就出了何香凝公館的大門。她一笑，出去了，真利落。

……儘管過了將近五十年，但那短暫的不及半小時的每一分鐘我都記得清清楚楚。

看起來慶齡還接受了特工訓練。

＊

在未來的歲月裡，慶齡是知名度最高的持不同政見者，在蔣介石的鼻子底下和他唱反調。在上海，她為共產黨做的事不計其數。她幫中共轉匯大筆款項，幫中共物色嚮導帶他們的使者去莫斯科；中共跟莫斯科聯繫的電臺出了問題，她用自己的祕密電臺幫他們轉發電訊。美國記者愛德加．斯諾就是經她挑選去陝北紅區採訪毛澤東等中共領導人的。根據採訪，斯諾寫出暢銷書《紅星照耀中國》（*Red Star Over China*），為毛在西方塑造了一個給人好感的形象。

慶齡還為共產國際成立了外圍組織「中國民權保障同盟」，成員是一群志趣相投的中外激進分子。他們在她的客廳裡開長長的會議，在她的餐桌上討論嚴肅的話題。年輕的激進者們崇拜慶齡，其中一位叫伊羅生（Harold Isaacs），後來回憶道：

> 我拜倒在這位美麗尊貴的女性腳下——誰又不會拜倒呢？我那時這樣認為，今天也還是這樣認為。……我二十一歲……易受感染；她四十來歲，無論作為女人還是作為人，都極具感染力。她的美麗，她的勇氣，她對正義事業的獻身，讓我五體投地，我就像個年輕的騎士一樣心地純潔地愛上了她。她對我呢，是無懈可擊但又溫暖可人的鍾愛。隨你今天怎麼看這感情，當時的情況就是這樣。

慶齡是蔣介石的眼中釘、肉中刺。他的情治人員給她郵寄子彈，嚇唬她，想讓她閉嘴。「民權保障同盟」總幹事、她的好友楊杏佛在她家附近的汽車裡被槍殺，同時被殺的還有司機，十五歲的兒子僥倖活了下來。情治人員也曾打算給慶齡安排一場「車禍」，甚至還演習了，但最終被蔣介石否決。在蔣的所有考慮中，妻子美齡和大姊靄齡的反應，是最重要的因素。不管她們對慶齡的信仰選擇是多麼地不認同，慶齡畢竟是宋家人。美齡還常記起九歲時慶齡帶她去美國的經歷，一路上姊姊的細心呵護讓她難忘。她想吃米飯，慶齡就想了個辦法煮給她吃：在房間裡，把米放進熱水瓶，把開水倒進去，關緊瓶蓋，一夜生米就煮成了熟飯。美齡無論如何也不許丈夫加害姊姊。她把慶齡的所作所為歸罪於「一向受左派及共匪諸人之包圍」，甚至還對慶齡有不少同情，認為她「稟性傲岸」，能「言他人所不敢言」。

美齡原諒姊姊對蔣介石的痛恨，畢竟蔣殺了鄧演達。不僅如此，人們還盛傳蔣先讓鄧演達受盡酷刑才最後殺了他。蔣對妻子說鄧沒有受刑，美齡相信他，可她無法讓姊姊也相信，慶齡堅認蔣什麼壞事都做得出來。此後美齡一生都希望讓天下人知道她丈夫不是個殘忍的人，晚年她專門指出，蔣的一生中有幾件事，「真相均須直陳公諸」，其中一個誤傳就是「鄧演達酷刑後而死」。

由於美齡和靄齡的保護，慶齡在故鄉的自我流放中，沒人動她一根毫毛。

12 夫妻團隊

一九三一年「九一八」日本入侵，給了蔣介石一個外部敵人，一個擺脫政治孤立的機會。他呼籲全國團結，邀請政敵參加他的政府（共產黨不包括在內，他們被視為「土匪」）。不少反對派響應了蔣的呼籲，前提是他得辭職。蔣宣布下野，但安排兩個輕量級的人分別代理國民政府主席和行政院院長。後者一度為孫中山的兒子孫科，他沒有他父親的「無毒不丈夫」的狠勁。不久蔣就把兩個職位都抓了回來，但眼下，他自任軍事委員會委員長，執掌軍權。

蔣放鬆了政治壓制，爭取了許多對他的批判者。自由派的領軍人物胡適，被邀請擔任教育部長。雖然胡適謝絕了邀請，但他對蔣介石產生了好感，稱蔣介石「長進了；氣度變闊大了，態度變和平了」；「能相當地容納異己者的要求，尊重異己者的看法」。蔣的這一轉變，跟受洗入基督教，以及靄齡、美齡的影響，應該不無關係。

慶齡無意中也幫著把胡適推向蔣的一邊。胡適曾參加了她的「民權保障同盟」，因為他贊同「同盟」爭取言論自由、保障人權的宣言。一九三三年的一天，「同盟」安排他去視察監獄，之後發表了一封「控訴書」，給人印象是胡適控訴政府在監獄中施行酷刑。胡適立即警覺起來，他既沒有寫這封信，也沒有在監獄中看到任何酷刑。他寫信對慶齡說：控訴書是「捏造的」，慶齡發表它「是大錯」。同時他致函報紙，澄清事實。慶齡大怒，開除了胡適的會籍。胡適醒悟到「同盟」是共產黨的外圍組織，在利用他的聲望。他開始為蔣介石著想，得出結論蔣「成為全國公認的領袖，是個事實的問題，因為全國沒有一個別人能和他競爭這個領袖的地位」。他認為蔣介石有可能「走上民主憲政的道路」，對蔣的批評明顯地溫和起來。

有些反蔣的人繼續反蔣，一九三三年與蔣抗衡的「福建人民政府」成立。蔣打敗了它。同時，蔣對中共的「蘇維埃共和國」進行圍剿，於一九三四年把這個紅色政權趕出中國腹心地帶，迫使他們進行「長征」。

*

美齡在一九三一年母親去世後，處在抑鬱的深淵。蔣介石想盡辦法要把她拉出來，於一九三二年為她製作了件禮物：一條特殊的「項鍊」。「項鍊」上的「寶石」是棟兩層樓的別墅，房頂上鋪著綠色琉璃瓦，在陽光下熠熠生輝。「項鍊」的鍊子是長長的法國梧桐林蔭大道，環繞著紫金山的一部。法國梧桐的樹葉顏色跟周圍的本地樹木不同，在秋天變色的時候格外明顯。坐上私人飛機繞著紫金山飛，美齡能欣賞她獨特壯觀的生日禮物。別墅欄杆上雕刻著數十隻象徵皇后的鳳凰。這所別墅被稱為「美齡宮」。

南京人引以為豪的紫金山，如今是孫中山陵園。蔣介石在此建造「美齡宮」，美其名曰「國民政府主席官邸」。只是別人任「國民政府主席」時，無緣住進「官邸」，還是歸蔣夫婦使用。

有了美齡宮，蔣盼望妻子能多跟他住在南京。美齡一向不情願來這裡，更願意住在上海。南京對她來說「就像個小鄉村，只有一條所謂的大街」，房屋原始不舒服。但是蔣需要她，想念她。「聞其不回南京，心甚抑鬱沉悶。……余孑然回京，誰愛誰惜誰知余？嗚呼！」他渴望跟美齡同寢：「睡眠妻旁，為之心安。」

隨著時間的推移，美齡跟丈夫在一起的時間越來越多。一九三四年蔣介石把中共趕出根據地時，她伴隨蔣去剛收復的主要紅區江西。多年的占領和戰爭，使這裡土地荒蕪，滿目瘡痍。美齡寫道：「數千里的富庶的稻田如今完全被摧毀；數十萬家庭如今無家可歸。」村子裡，空空如也的房子「大門敞開，裡面殘缺不全的家具什物亂七八糟扔了一地。走前匆忙的縱火把牆壁燒得焦黑……能拿的東西都破壞了。毀滅和死亡沉默地籠罩著整個村莊。」一次，她的腳趾碰上了個頭蓋骨；又一次，她經過一座小寶塔，看見有個年輕人躺在陰影裡，全身瘦骨嶙峋，眼睛張開，好像生著病。美齡叫衛兵去看看他怎麼了，衛兵回來說：「他已經死了！」夜裡，她「被噩夢纏繞，都是白天看到的廢棄的田野和廢墟般的村莊」。她見到許多聞所未聞的事。一天，蔣的軍隊包圍了一個紅軍長征時留下來打游擊的支隊，支隊士兵請求投降，為了證明他們的誠意，他們把指揮官的頭顱割下來獻給蔣介石。

美齡也跟死亡幾次擦肩而過。一次在南昌行營，她半夜三更被城門方向傳來的槍聲驚醒，原來中共游擊隊突然前來攻打。她起床披上衣服，開始「整理一定不能落到敵人手中的文件。這些文件我都隨身攜帶，一旦要離開可以馬上燒毀。然後我拿著我的手槍，坐下來等待事件的發展。我聽見丈夫下令叫所有的衛兵組成一道警戒線，在我們真的被共產黨包圍時打出去」。她說自己不害怕，「腦子裡只想著要做的兩件事：銷毀那些有我們的軍隊駐紮和行動信息的文件，和一旦要是被俘，打死我自己。」攻城被打退了，「我們都回去睡覺。」

*

一連串的震驚，把美齡震回現實，她渴望對丈夫能有所幫助，尋找自己可做之事。從前她仰仗母親指點，如今母親不在了，但大姊變得越發像母親。靄齡繼承了倪老太太留下的每週一次在宋家老屋舉行的祈禱會，鼓勵妹妹參加，以此紀念母親。參加祈禱會在美齡身上產生的效應是奇蹟般的。她寫道：「我重新回歸母親的上帝。我明白有一個比我更強大的力量存在，我明白上帝就在那裡，只是母親已不能再為我與上帝溝通。現在輪到我來在精神上幫助我的丈夫。」這意味著「用我的全部身心**與頭腦**來按照上帝的意旨辦事」，以不斷的祈禱「請求上帝告訴我，他的意旨是什麼」。終於，她感到上帝對她開口了：「上帝交給我一件工作，讓我為中國去做。」這工作就是領軍「新生活運動」。

這個想法最初來自蔣介石。在從前的紅區，他看到共產主義的意識形態，尤其是階級鬥爭——這個十年前他訪問蘇聯時就深惡痛絕的概念——造成了什麼樣的惡果。窮人被告知掠奪富人是天然權利；受雇者被鼓勵背叛甚至殺戮他們的雇主；兒童受教唆告發聲討自己的父母。對蔣來說，所有這些都違背了中國的傳統道德，他要重新恢復中國自古以來就崇尚的道德觀。一九三四年春天，蔣在南昌發起新生活運動。

對美齡來說，這場運動的意義不大一樣。跟丈夫在中國內地旅行時，她有生以來第一次見識了真正的中國。就像許多西方人首次走出上海的雕金屏障、看到內地時的反應一樣，她感到這塊土地「衰老、骯髒、令人噁心」，人群粗野，男人赤裸著上身在大街上走，在街頭牆角小便。她說自己「在內地擁擠不堪、又髒又亂的城市街道上行走感到的驚惶失措，遠勝過在辨不清方向的惡劣天氣中飛行」。她渴望改變中國，把生她的土地變成自己能為之驕傲的地方。對美齡來說，新生活運動意味著讓中國人舉止文明。

夫妻倆商量的結果是：「新生活運動應該由簡單到複雜，從實際到理想」，首先是把運動的「原則施用於衣食住行」。美齡武斷地說：「如果一個人衣冠不整，不顧自己的形象舉止，……他的思想一定也是混亂的。」

於是，在這塊曾經滿是恐怖與屠殺的土地上，蔣委員長告訴中國人，美好的未來取決於「飲嚼無聲，座必正席，飯屑骨刺，毋使狼藉」；「拔上鞋跟，扣齊鈕顆，穿戴莫歪，體勿赤裸」；「就位退席，魚貫出入，莫作吵鬧，莫先搶說」；「噴嚏對人，吐痰在地，任意便溺，皆所禁忌」；「乘車搭船，上落莫擠，走路靠左，胸部挺起」……等等。（在叫大家走路靠左時，有人開玩笑：「那街右邊不就都空起來了嗎？」）

新生活運動成了蔣夫婦最鍾愛的活動，是蔣介石政權的主要內政政策。它被宣傳為包治百弊的靈丹妙藥，可以給中國帶來幸福美好的未來。這顯而易見言過其實，哪怕秩序禮貌確實在文明社會不可或缺。當時胡適發表題為〈為新生活運動進一解〉的文章，評論說：「看到南昌印出來的《新生活須知》小冊子，所開九十六條（規矩五十四項，清潔四十二項）都是很平常的常識的生活，……一個文明人最低限度的常識生活，這裡面並沒有什麼救國靈方，也不會有什麼復興民族的奇蹟。」「我們不要忘了生活的基礎是經濟的，物質的。許多壞習慣都是貧窮的陋巷裡的產物。人民的一般經濟生活太低了，絕不會有良好的生活習慣。」九十六條之一是「拾到東西，交還原人」，胡適說：「在我們這個國家，父母教兒女背著籃子，拿著鐵籤，到處向垃圾堆裡去尋一塊半塊不曾燒完的煤球，或一片半片極污穢的破布。雖有『拾金不昧，拜相封侯』的宗教，有何益哉？……提倡新生活的人不可忘記：政府的第一責任是要叫人民能生活，第二責任是要提高他們的生活力，最後一步才是教他們過新生活。」

胡適的理智批評引來蔣宣傳機器的口誅筆伐。美齡也加入「駁斥這一謬論」，聲稱：「十分明顯的事實是，如果每個人，從最高官員到挑夫苦力，都能認真貫徹這些日常生活的準則，那麼人人都能有飯吃。」雖然這一望而知是幼稚的一廂情願，胡適也沒法反駁。當然他也沒有受到迫害。美齡忿忿不平地堅持說新生活運動是她丈夫「對民族最偉大、最積極的貢獻」；至於她本人，她的行為稟承上帝的意旨，不容置疑。「我尋求上帝的指引，當我感到上帝的指引時，我朝前走，什麼結果都由他。」美齡精力十足地選拔外國傳教士做顧問，寫規則，東奔西跑地督促實行。「像個美國一流婦女俱樂部的總裁」，美國觀察者如是說。她統轄著數十萬領薪水的職員和義務志工。儘管新生活運動給中國社會帶來一些文明的影響，但它沒解決什麼緊急的問題，到後來不了了之。

可是對美齡，這改變了她的生活：「沮喪、絕望今天已離我遠去，萬能的上帝是我的引路人。」

*

共同進行這一事業加深了蔣夫婦的感情，帶給他們前所未有的親密。一九三四年聖誕節那天，他們往南飛行了五百公里來到福建，在這裡驅車沿著山路行進。那是中國東部最崎嶇的山路，剛為對紅軍作戰修建，數千民工用簡陋的手工工具在懸崖絕壁上鑿出。有時蔣夫婦的「汽車在大山的平頂邊緣行駛，駕駛盤稍微偏一偏都會把我們甩下萬丈深淵」——美齡寫道。一天的旅行結束後，「我丈夫責備自己不該讓我受這樣的驚嚇」。美齡對他說，她完全不害怕，沿途的美景迷住了她。連綿重山覆蓋著冷杉，「一派聖誕綠，萬綠叢中有時透出一點紅，是烏桕火焰般的紅葉。」「美極了，跟我見到過的任何景色都不同。」

新年除夕，夫婦倆在山中散步，一棵滿樹綻開著白色花朵的臘梅讓他們停下腳來。凜冽寒冬盛開的臘梅是勇氣的象徵。蔣介石小心翼翼地折斷幾根小枝，捧回住地。那天晚間，蠟燭點燃，他們坐下來吃飯，蔣叫人把梅花用一個小巧的竹簸箕擺好端上。燭光把花枝的影子擴大投射到牆上，枝條顯得強勁有力，小小的梅花散發出縷縷幽香。蔣把簸箕遞給美齡說，這是送給她的新年禮物。美齡感動了，寫道：「我的丈夫具有士兵的勇氣，和詩人的多情善感。」

13 從史達林的掌心中救出經國

一九三〇年十月，受洗皈依基督教之後，蔣介石回到老家溪口去擴建母親的墓地。他已經為「國父」孫中山建了一座其大無比的陵園，感到該給自己的母親也造座相稱的墳墓了。當然母親的墳不會像孫的那樣宏偉，但也圈走了一整座山，可以鳥瞰遠近的山莊田園。從山腳下的入口往上爬，須經過七百米的松林。

美齡、靄齡跟他同行。出發那天，姊妹倆向蔣提起一件讓他最牽掛的心事：怎樣把兒子經國從蘇聯要回來。經國是蔣同前妻毛福梅所生，被史達林扣在蘇聯當人質已經有五年了。

經國生於一九一〇年四月二十七日，十五歲時蔣介石送他去北京念書。年輕人的夢想是學法文，然後去法國學習。可是這個夢沒實現。由於父親是國民黨中上升的新星，蘇聯人打上了經國的主意，要把他抓在手裡。蘇聯駐北京大使館很快找上門來，對他表示友好親熱。根據經國自己的、按他的意願在他去世之後發表的敘述，他們說服他到蘇聯留學。史達林把外國革命領導人的孩子接到蘇聯作為人質，同時也讓他們受教育。經國是個易受感染的年輕人，很高興能去蘇聯。當時蔣介石正裝作親蘇，沒法反對。

到北京沒幾個月，經國就被潛伏在國民黨內的共產黨員邵力子帶到莫斯科去了。邵力子是中共一九二〇年初建的創始人之一，莫斯科命令他掩蓋真實身分，做祕密中共黨員，公開身分是國民黨左翼。他兒子志剛跟經國年齡相仿，他帶著跟經國作伴一同前往莫斯科。一九二七年四月，經國在孫中山大學畢業以後，要求回國，但答覆是不准。他父親那時剛跟共產黨決裂，史達林扣下了他做人質。莫斯科宣布經國本人拒絕回國，說是父親「背叛了革命」。

十七歲的經國發現自己「被完全孤立於中國之外」。從前他還可以「在經過檢查後和親友通信，現在已被禁止」。他「無時不懷念雙親和祖國」，「熱切希望回國」，但莫斯科就是不准。有時思鄉之情壓抑不住，經國拿起筆來給父親寫長長的信，但多數信他讀幾遍以後就銷毀了。有一封他藏起來，請一位同鄉帶去中國，為此他賣掉一些財物為同鄉籌措了盤纏，可是此人在出邊境前被逮捕了。

看不到回鄉的希望，年輕的經國磨練出頑強的意志和生存的本領。他退出了學生時代屬於的托洛斯基組織，加入了蘇聯共產黨；他志願參加蘇聯紅軍，表現勇敢。結果是，蘇聯當局沒把他關進牢房，而是允許他生活在社會上。當然，他生活在哪裡，怎樣生活，都取決於莫斯科。

一九三〇年十月，經國被派去一家電機廠當工人。他每天從早上八點幹到下午五點，除了一個小時的午餐外一刻不停。他不習慣這樣的重體力勞動，雙手腫脹，背部痠痛得站不起來，只覺得渾身痛，又虛弱。食物短缺昂貴，他的工資養不活自己，每天都在半飢半飽的狀態下，「常常餓著肚子上班」。因為得找別的活幹以賺些錢補貼工資，他不到夜裡十一點不下班。筋疲力盡的經國咬緊牙關鼓勵自己說，艱苦的工作是對自己最好的鍛鍊。

在電機廠一段時間後，經國被送到莫斯科郊外一個小村莊去「勞動改造」。在那裡他犁田種地，晚上睡在一間當地農民也不肯住的窩棚裡。勞作的田野勾起對家鄉稻田的回憶，眼淚「止不住地往下流」。這還不是最糟糕的，不久他將被投入勞改營，即著名的「古拉格」（Gulag）。

*

蔣介石無時不為兒子的命運擔心，經國在史達林的掌心，隨時可能被置於死地。經國是蔣唯一的親生兒子。美齡在小產後不能懷孕，二兒子緯國是過繼的，蔣沒把他當作真正的兒子和繼承人。對中國人來說，傳宗接代是頭等要緊的事，一個最嚴重的詛咒是「叫你斷子絕孫」。對摯愛母親的蔣來說，「無後」對不起亡母，「不孝有三，無後為大」，對母親的思念與對經國的思念糾結在一起，使他痛楚萬分。蔣的思子之情，多年來在日記中有無數記載。

在美齡、靄齡一九三〇年對他提出救經國一事時，中、蘇兩國正在為「中東路」爭執不休。一年前蘇聯為此入侵中國，兩國也因此斷絕外交關係。靄齡向蔣提了個建議：或許他可以在中東路問題上做些讓步，以換回經國？蔣在十一月一日的日記中寫道：「孔姊與妻念念不忘經兒，其情至矣。」他非常感動，但是決定不接受這個建議：「吾重違其情，惟以不宜操切也。」莫斯科的條件事關中國的主權，蔣不願意讓步，再說公眾輿論也不允許。但是跟史達林做交易換回兒子這個念頭萌生了，他得好好考慮，仔細籌畫，慢慢來。

一年後，莫斯科主動提出人質交換。化名「牛蘭」（Hilaire Noulens）的共產國際遠東局負責人和他的妻子此時被捕，關押在上海。因為他們知道大量絕密訊息，莫斯科急於把他們救出來，動用包括愛因斯坦（Albert Einstein）在內的一大群「國際友人」呼籲蔣介石釋放他們。慶齡也在被動用的人物之列，就是她把莫斯科的人質交換意思帶給蔣介石。一九三一年十二月十六日的日記中，蔣寫道：「孫夫人欲釋放蘇俄共黨東方部長（牛蘭）。其罪狀已甚彰明，而強余釋放，又以經國交還相誘。」蔣介石拒絕了。審判和監禁這兩名間諜都在報上公開報導了，全國都知道，放掉他們換兒子回家，人們也會知道，這將毀了蔣的聲望，他不能做。

可是莫斯科的提議在蔣心中掀起巨大波瀾，兒子做人質這個事實被挑明了，要兒子回家，蔣非得付出沉重代價不可。他多次在日記中傾述自己的痛苦。十一月二十八日：「邇來甚念經兒。中正不孝之罪，於此增重，心甚不安。」十二月三日：「近日思母綦切，念兒亦甚。中正死後，實無顏以見雙親也。」十二月十四日：「晚間，以心甚悲傷，明日又是陰曆十一月初七先妣誕辰，夜夢昏沉，對母痛哭二次。醒後更念，不孝罪大。」十二月三十一日：「心緒紛亂，自忖對國不能盡忠，對親不能盡孝，對子不能盡慈，枉在人世間，忝余所生，能不心傷乎！」

不久，邵力子的兒子志剛在羅馬遭暗殺。志剛是當年由他父親作為經國的旅伴帶往蘇聯的。後來經國留作人質，他回國了，以後去了歐洲。邵家人和中共都稱志剛是被國民黨「藍衣社」特務所殺。

蘇聯的人質交換建議受到拒絕後，經國被送進西伯利亞的古拉格，在金礦做苦工，與嚴寒和飢餓終日為伴。跟他一塊做苦工的人有「教授、學生、貴族、工程師、富農和強盜，每人都有個莫名其妙的他們根本想像不到的罪名，讓他們被放逐至此」。睡在他左邊的是個工程師，他睡覺以前總會對經國說：「一天又過去了，我離自由和回家又近了一天。」這也是經國緊緊抓住的希望。

一九三二年十二月，蔣介石政府跟蘇聯恢復了外交關係，一個共同的敵人使他們不能不友好起來。日本在那年進攻了上海，在東北建立了滿洲國，中日大戰看起來不可避免。中國需要蘇俄。而俄國是日本在遠東的宿敵，也需要中國。史達林最不願看到的前景是日本控制中國，利用中國的人力、物力資源和中蘇之間長達七千公里長的邊境線進攻蘇聯。史達林想要中國抗擊日本，讓日本陷入廣闊中國的泥淖之中拔不出身來，無力向蘇聯開戰。在蘇聯漸漸由敵人轉為朋友之時，蔣介石更認真地計畫救兒子回家。他明白他必須給史達林一份重禮，因此想到了中共。

那時蔣正在圍剿地處中國東南部的紅區，他已經把中共及其紅軍包圍起來，要把他們消滅掉。但現在他開始設想，不消滅他們，而是把他們趕出腹心地帶，趕到西北黃土高原上的陝北一帶。那裡地貧人稀，中共不會有什麼兵源財源，不能發展。驅趕的一路上，他會大大削弱他們，但讓中共繼續存在。到了目的地，他會把他們關進「牢籠」，讓他們僅能苟延殘喘。蔣的如意算盤是：一旦中日開戰，莫斯科一定會命令中共打日本，紅軍就有可能被日本人吃掉。在那一天到來之前，他希望寵愛中共的史達林會放他兒子回家。

一九三四年秋，蔣把中共趕出了根據地，紅軍開始長征。他們穿過蔣精心構造的五道封鎖線，如入無人之境。蔣介石故意放走了中共。

長征進行了一年，走了一萬公里（比蔣設想的長得多，原因是毛澤東在長征中奪取中共領導權的陰謀*），紅軍官兵經歷了千難萬險，人員大為減少。長征結束時，蔣在日記中寫道：「匪黨已有歸降之意。」其實，迫切想要救回兒子的蔣介石，是在自己騙自己。

＊

以中共的生存換回經國這樁交易，蔣介石不能讓任何人知道，跟莫斯科打交道也只能靠心照不宣。蔣的做法是：長征中每當中共達到一個重要目標之時，他就讓莫斯科知道是他在高抬貴手，向莫斯科討要兒子。長征前夕，他首次通過外交途徑向蘇聯提出要求釋放經國，在一九三四年九月二日的日記裡記載：「經國回家事，亦正式交涉。」在紅軍成功穿過他銅牆鐵壁般的五道封鎖線後，南京政府多次向莫斯科要求釋放經國。蘇聯外交部檔案館的文獻裡有許多這樣的記載：「蔣介石要求讓他兒子回家。」然而每一次，莫斯科都裝模作樣地說，經國本人不願意離開。蔣介石在日記中感歎道：「俄寇之詐偽未已。」

長征中為中共放行，蔣還達到了另一個目標。在紅區西邊的貴州與四川，當時都保持著自己的軍隊，對南京政府不完全服從。蔣想要徹底控制他們，要辦到這一點，他必須有軍隊在那裡。他把紅軍趕進這兩個省裡，當地首腦害怕紅軍在那裡扎根，不得不讓蔣的「中央軍」進來趕走紅軍。就這樣，蔣得以把這兩個省牢牢抓在手中，特別是四川，在即將到來的對日戰爭中，這裡將成為蔣的戰時根據地，四川重慶將成為戰時首都。

蔣介石的這個目標很容易識破。蔣怕莫斯科錯過他的更重要的目標：釋放經國。在征服了這兩個省後，他繼續讓中共中央及其紅軍逃走，而且於一九三五年六月與另一支主要紅軍──第四方面軍──會師。會師完畢，靄齡的丈夫孔祥熙、當時的行政院副院長，馬上去見蘇聯大使鮑格莫洛夫（Dmitri Bogomolov），說蔣要他的兒子回家。

一九三五年十月十八日，中共中央的長征結束，在陝北落腳。當天，蔣介石本人約見鮑格莫洛夫，表示友好。他沒提經國的事，但緊接著派親密助手、「中統」創始人陳立夫去見鮑格莫洛夫，要求釋放經國**。

以中共換兒子，蔣沒有對莫斯科說破，莫斯科就裝聾作啞，扣住經國不放，對蔣的一個個使者，蘇聯人老調重彈，說經國不願回家。史達林如今知道了蔣的軟肋，要好好利用手中的人質。因為有這樣的價值，經國的待遇得到重大改善。他從古拉格釋放出來，送到烏拉山的重機器廠中做技師。他的生活還算正常，晚上上夜校，甚至升任工廠的助理廠長。工廠裡他認識了俄國

---

* 毛在長征中奪權的詳情，請見張戎、喬·哈利戴：《毛澤東：鮮為人知的故事》（香港：開放出版社，二〇〇六），第十二至十四章。

** 陳立夫與鮑格莫洛夫的會見，在俄羅斯檔案館有充分記載。此外，作者和喬·哈利戴於一九九三年二月十五日訪問陳立夫時，他說：「我給他講：『我們兩國簽訂協議，弄得很好了，你為什麼要扣住我們領袖的兒子呢？為什麼不能放他回來呢？』」

姑娘、技術員方良（Faina Vakhreva），「她最了解我的處境。我有困難，她總會給我同情和幫助。我有時因為無法回國看望雙親而情緒低落，她也百般勸慰。」愛情給這個二十五歲年輕人的黯淡生活帶來了一束光明，一九三五年，經國的人質生涯第十個年頭上，他們結婚了。十二月，第一個孩子出世，出世在人質人家。

14 「女子護衛男子」

一九三六年十月，中央紅軍、第二、第四方面軍這三支主力紅軍的數萬人馬，結束了各自的長征，在陝北新「家」會合。蔣介石再次向莫斯科要求放回兒子，美齡親自出馬，囑咐新任駐蘇大使說，在蘇聯一定要把此事當作重大問題，嚴正交涉。可是史達林還是不放經國。蔣感到不加大壓力不行了，命令駐紮西北、圍困紅軍的國民黨軍隊「剿共」。中共真到了最危險的時刻，他們所在的貧瘠的黃土高原，養活不了一支龐大的軍隊，更不用說建立根據地。

可是，圍困他們的國民黨軍隊首領，「少帥」張學良拒絕執行蔣的命令。一九三一年日本入侵東北後，少帥帶著約二十萬軍隊退入關內，被蔣介石派駐陝西，總部設在省會西安，離陝北紅區三百公里。

少帥的飛機駕駛員、美國人利奧納多（Royal Leonard）描述少帥道：「我第一眼的印象是他像個扶輪社的總裁，胖胖圓圓的，生活優裕，風度輕鬆隨便，討人喜歡。五分鐘不到我們就成了朋友。」少帥素有花花公子的名聲，他「不管自己的軍隊，只是每天坐他的私人飛機飛來飛去」。他的飛機名叫「空中宮殿」，是架豪華波音，很可能是用當年幫蔣介石出兵打贏中原大戰得到的巨額賄賂買的。少帥喜歡自己駕駛飛機玩，長袍捲到膝蓋上方，帽子歪戴著。其實，這副輕浮的外表下的真實少帥，具有勃勃的野心和豪賭的膽量。像許多各省諸侯一樣，他也看不上蔣介石的能力，認為自己處在蔣的地位能幹得更好。中共的到來，蔣派他充任中共的「典獄長」，給了他實現野心的機會。當時，任何想取代蔣介石的人，都清楚強鄰蘇聯是「造王者」，要成功必須有史達林的支持，而取悅史達林的途徑是幫助中國共產黨。少帥不失時機地跟中共建立了聯繫，為他們提供了急需的食物和衣被，並著手跟他們密謀倒蔣。莫斯科默許這些眉來眼去，為的是讓少帥不斷援助中共。毛澤東則更進一步，竭力鼓勵少帥推翻蔣介石，他用各種方式給少帥一個印象，即蔣一旦被推翻，莫斯科就會支持他出來取代蔣。在這一幻覺下，少帥制定了個政變計畫，以為政變一朝成功，莫斯科就會宣布對他的支持。

張學良對蔣介石聲稱他的部屬不肯剿共，要打回東北去抗日，請求蔣到陝西來親自說服他們。一九三六年十二月四日，蔣介石來到西安。幾天後的十二月十二日，張學良實施了政變計畫。凌晨，蔣做完每天必做的早操，正穿衣服，聽見槍聲不斷，少帥部下四百多人進攻他的住地，蔣的衛兵全力抵抗，死傷枕藉。蔣跑進後山，嚴寒中只穿著睡衣，沒有鞋襪，跟蔣一道越牆而逃的隨從被打死，他能活下來實在是很幸運。最後，在一個荊棘叢生的岩穴裡，搜山的士兵抓住了蔣。

捉蔣後，張學良立刻通電全國，宣布他的舉動是為了逼蔣抗日。他給南京發電報提要求，第一條就是「改組南京政府」。在他同中共往來的密謀中，這一條意味著莫斯科將推他坐上新政府第一把交椅，少帥躊躇滿志。

＊

時任行政院副院長的孔祥熙，在上海得知蔣被劫持的消息，他馬上去告訴美齡。對美齡，這宛如「青天霹靂」。他們一同回到孔家，跟大姊靄齡商量該怎麼辦。在場的唯一非家庭成員是孫中山從前的澳洲顧問端納，如今在為美齡服務。端納還當過張學良的顧問，幫助少帥戒掉了鴉片煙癮。他能受雇於這許多中國強人，無疑具有特殊才能，其中包括準確的判斷力，以及能對權勢者直言不諱而同時不使他們一怒之下跟他翻臉的能耐。他堅持不學中文：這對他的老闆說來是個長處，因為這意味著他不會跟周圍的人串通搞鬼。美齡讓端納火速去西安，去弄清楚到底發生了什麼事。端納看得出，這樁差事她不信任任何中國人。

美齡、靄齡、孔祥熙、端納四人一同乘夜間火車前往南京，清晨七點到達。他們正在吃早餐，軍政部部長何應欽來報告夜裡南京政府最高層緊急會議的決議。緊急會議不等政府第二號人物孔祥熙到來就召開並做決議，是因為孔在蔣的獨裁專制下完全無足輕重。決議稱：「張學良褫奪本兼各職，交軍事委員會嚴辦，所部軍隊歸軍事委員會直接指揮」，並威脅「武力討伐」。美齡聽了十分生氣，對西安開戰等於往她丈夫頭上扔炸彈。南京政府撇開孔祥熙做出這個決定，即刻宣布，讓美齡對他們的動機大起疑心。雖然她竭力控制自己的情緒，不想「讓人認為一個女人在這種情況下不可能保持理智」，但她心裡對南京政府的怒氣倒海翻江。她堅信丈夫的眾多政敵正利用這場危機要置他於死地。她要端納即刻去西安。何應欽不滿意美齡這樣地信任和使用這個澳洲人，試圖阻止端納。美齡置之不理，讓端納把她的信帶給丈夫，要蔣務必注意身體，並告知西安的情形。

十二月十四日，捉蔣兩天後，少帥明白他犯了個天大錯誤。那天莫斯科用聲色俱厲的語言譴責他，指責他是在幫助日本人，而且明確宣布支持蔣介石。這兩天中，莫斯科看到中國的民意幾乎一邊倒地支持蔣介石。這時由中央政府主持領導的綏遠抗戰正在進行，蔣顯而易見在抗日，倒蔣只會加速日本侵華。沒人認為張學良能夠替代蔣介石。

孔祥熙此時代理行政院長，他給全國要人發電報，請他們支持蔣，大多數收電人都迅速做出積極反應。最堅決拒絕合作的是慶齡，她對孔說她很高興蔣被抓起來，少帥的行動沒錯，「我要是處在他的地位也會這麼做，**不過我還會走得更遠！**」但慶齡沒有公開說這些話：莫斯科會震怒的。

孔在南京召見蘇聯代辦，對他說：「西安之事，外傳與共黨有關，如蔣公安全發生危險，則全國之憤恨，將由中共而推及蘇聯，將迫我與日本共同抗蘇。」史達林著急了，不僅指示對張學良的譴責升級，而且命令中共協助放蔣。

捉蔣後不過兩天，少帥就再清楚不過，他賭輸了，徹底沒戲了。莫斯科在聲討他，毛欺騙了他，東北軍在他與中共密謀期間，被中共大力滲透，他也沒法再統領了。他落得孤身一人，只能想法救自己。而他只有一條路可走，那就是跟著蔣介石去南京。走這條路他怕南京政府不饒他。

他不僅發動了政變，而且造成許多國軍官兵以及高級官員死亡，這些人的親友非要殺了他不可。他的唯一希望是蔣介石在被釋放後庇護他。但蔣介石是出名的固執，少帥沒把握他會同意做交易，就是同意了也沒把握蔣會不反悔，反過來要他的命。能代蔣做交易，而且能保證蔣不殺他的只有一個人，就是宋美齡。少帥覺得他能信任美齡。他們倆合得來，常常在一塊說英文。更重要的，她是個坦誠公道的人，不騙人，會信守承諾。她信奉的基督教提倡寬恕罪人，要是他懺悔的話，她很可能還會原諒他。

於是，從十二月十四日起，張學良通過端納給美齡發了一封又一封電報，懇求她來西安。他說他只是迫蔣抗日，現在已經認識到自己做錯了，不過「動機純潔」。他賭咒發誓說沒有要害她丈夫的意思——而且他準備送蔣回南京。只是在實施計畫之前，請夫人千萬來一趟。

南京政府要人認為少帥說話奇怪不可靠，拒絕同意美齡冒著生命危險去西安。他們命令張學良放人，要麼就開戰。但是美齡的直覺告訴她，少帥確實想放她丈夫，而且只有她去了才會放人。南京要員說這是個陷阱，她只會落到暴動的士兵手中，救不出丈夫也把自己害了。美齡一定要去，南京最後同意了。十二月二十二日，她飛往西安。

＊

端納從西安趕回來護送美齡飛去，快到西安時，他把機窗外的古都指給美齡看。看著由高聳的城牆四面環繞的老城，坐落在大雪蒙頂的群山下，美齡百感交集。飛機在山谷裡的跑道上降落時，她把手槍交給端納，要他發誓：「如果士兵失控抓住我，務必毫不遲疑地把我一槍打死。」

當她走進蔣的臥室時，輪到她丈夫難以抑制內心的激動了。「你走到虎穴來了！」他喊道，眼淚跟著掉下來。接著他告訴妻子，早上翻開《聖經》時，一眼看到這句話：「耶和華在地上造了一件新事，就是女子護衛男子。」這簡直就是預示妻子的到來。美齡由此想到詩人羅伯特・布朗寧（Robert Browning）的一句詩：「上帝就在天堂／人間一切完好。」她用信仰帶來的樂觀安慰丈夫。看到他「睡在那裡，受傷無助，跟從前判若兩人，我對應該為他這種境況負責的人，感到一陣無法控制的憤怒」。因為蔣「情緒激動、焦躁不安」，美齡打開《聖經》，給他讀〈詩篇〉，直到他安靜下來，漸漸睡著了。

美齡的哥哥子文先她來到西安，兄妹倆一同跟張學良談判，達成了協議。少帥堅持說他捉蔣是一時的衝動，「我們想做對國家有利的事情，可是委員長不肯跟我們討論。……我明白我做錯了事，我並不想為自己的行為辯解。」他奉承美齡，說：「您知道我從來都非常信任您，我的同事們都尊敬您。委員長被扣留之後，他們翻看他的文件，看到您給他寫的兩封信，對您更加敬仰了。」美齡的話「感動了我們」，他聲稱，然後加上他知道最能打動美齡的一句：「特別是您說，如果沒有上帝的恩典，我們還會犯更大的錯誤，您說您認為自己應當隨時祈禱上帝，求神的指引。」

美齡承諾了張學良的安全，少帥準備放他的階下囚了。可是還有一道關要過：中共要求蔣介石跟他們在西安的代表周恩來見面。後來享譽世界的外交家周恩來，此刻在城裡好些天了。蔣介石堅決拒絕見周，哪怕少帥告訴他，不見周他就離不開西安，張本人的衛隊已經跟東北軍一樣被中共的人滲透。蔣仍然拒不見周。

然而，在聖誕節那天，周恩來走進了蔣的臥室。他是帶著莫斯科的口信進去的。口信是：經國會回家的。莫斯科知道，只有這個許諾，才能讓蔣介石妥協。

蔣與周的西安會晤是簡短的，他只是簡單地要周在他回南京後「直接去談判」。但這短短的一句話改變了中共的地位。從這一刻起，中共不再是「土匪」，被圍剿的對象，而是一個合法的、重要的政黨。幾個月內談判果然開始，不久抗戰爆發後，中共更以主要在野黨的身分跟國民黨建立了「統一戰線」。抗戰中，蔣介石給了中共一系列重大讓步，使得紅軍能夠迅猛地發展，壯大到在戰後能夠挑戰蔣、推翻蔣。為了兒子，蔣介石付出了再沉重不過的代價。

一九三七年三月，人質十二年，歷盡千難萬苦的蔣經國，和家人一起離開蘇聯回國。

*

一九三六年聖誕節那天，跟周恩來會面之後，蔣介石夫婦匆忙地離開西安，張學良同機。飛機駕駛員利奧納多記載了飛機那天晚上在洛陽停留的一刻：

> 我的飛機降落在狹窄的、風沙漫天的機場上，那裡滿是學生和士兵，都朝我們跑來。他們看見蔣夫人出現在機艙門口，急忙在一陣飛舞的黃色塵土中停下來立正。當她的腳踏到地面

上時，他們向她敬禮，兩名軍官走上前來攙扶她。少帥跟著她也下了飛機，到地面時四名士兵端起槍來對準他。

一名士兵問：「要不要打死他？」

「不要！」蔣夫人高聲說。「不准碰他！」

她伸手挽住少帥，他也伸手挽住她，……夫人下命令後，他受到貴賓對待。

回南京後，張學良又去討好靄齡。他知道靄齡對蔣介石的影響有多大，早就在跟她拉關係，尊稱她為「大姊」，「坦白承認」自己對她「五體投地」；他還曾設法讓他們的孩子聯姻。如今他懇求靄齡：「請原諒我吧！」靄齡被感動了，後來說：「我真想——我真想為他幹的事好好懲罰他，可是他那樣的悔過……」

少帥受到的懲罰不過是舒適的軟禁——這對他也是保護。半個多世紀以後，蔣和兒子經國都去世了，他自由了，當然也不那麼安全了。他立刻移居美國夏威夷，在那裡於二〇〇一年以百歲高齡壽終正寢。

蔣介石經過這一番磨難，聲望如日中天。在洛陽機場，他被抬下飛機時，利奧納多看見「跑來歡迎他的人興奮得發狂，他們把帽子摘下來扔上空中，……許多人流著眼淚」。當他的汽車駛進南京時，自發的人群夾道歡迎，鞭炮聲響了一夜。中國人希望蔣領導他們抗日。從今以後，反蔣的密謀者人數和活動都明顯減少。

抗日的情緒也幫助蔣應付了同事們對他和他夫人的憤怒。南京政府要員曾威脅對蔣被囚之地西安動武，回南京後，美齡仍然對此忿忿不平。她寫了篇〈西安半月記〉，矛頭直指這些人，對抓她丈夫的少帥和中共沒有半句譴責，好像蔣的同事們是這場災難的作惡者。她影射他們不懷好意，稱他們「不可饒恕」，特別指責「主要軍事長官不健康的一心一意〔要開戰〕」。蔣安全回京的功勞屬於她——她毫不掩飾地直說，不僅把少帥對她的奉承話照本宣科（放蔣是出於對她的敬佩），而且以建房來比喻放蔣，做出這個結論：「端納先生奠下了基礎，子文建起了屋牆，而我本人，我是蓋上屋頂的人。」

蔣介石把他夫人的文章跟他自己寫的西安經歷一起發表，等於認可美齡對同事們的譴責。只此一舉，兩口子把除了宋家以外的整個蔣政權的最高層全體得罪。要員們寬恕了美齡，畢竟她是妻子，丈夫的安危要放在第一位，而且她沒有害人之心，只是心直口快。可是對蔣就不能原諒了，他是一黨一國之長，應該知道南京政府在他被劫持後只能以嚴厲的姿態對待劫持者。蔣最親近的人如陳立夫幾十年後還在生氣。對蔣最大的損失是他的「鐵哥們」戴季陶從此對他疏遠。戴跟蔣的親密程度非同一般，蔣的二兒子緯國就是領養的他的私生子。多年來，戴向蔣進了許多寶貴的直言。這次，他堅決主張嚴厲對待張學良，成了美齡發怒的主要對象。他感覺到蔣介石的疑心，從此不再開口。蔣本來就沒有幾個信得過的朋友或顧問，這次事件後他更是孤家寡人。在他周圍的忠誠本來就缺乏，現在更是稀罕。大敵當前，同事們忍了，可一旦日本的威脅不復存在，許多人將背叛他。

至於危機的最終解決者是否是美齡本人，美齡的看法是有道理的。如果她不去西安與少帥談判，張學良對去南京後的安全沒有把握，就不會放蔣。他不放蔣，南京就會對西安開戰，蔣介石幾乎可以肯定會死去：要麼被南京的炸彈炸死，要麼被少帥或中共殺掉。毛澤東在蔣被扣後的主要目標是殺蔣，少帥曾對周恩來許諾，一旦開戰斷了他的後路，他就這樣辦。據周向毛的報告：「張同意在內戰階段不可避免圍攻西安前行最後手段。」就算他不殺，周帶去西安的一組情治機構「社會部」人員也會幫助他殺。殺了蔣，中國就會大亂，對日本侵略者是一個做夢也想不到的天賜良機。可以這麼說：宋美齡救了她的丈夫，也保證了中國未來的全面抗戰。

第四部　三姊妹在戰爭中（一九三七～一九五〇）

15 勇敢與腐敗

一九三七年七月，日本占領了北京和天津。八月，中日全面戰爭在上海爆發。中國軍隊慘敗，四十萬軍隊被消滅，新興的空軍和大部分海軍軍艦也被摧毀。在這個危機關頭，蔣介石號召全國團結一心，不惜一切代價抗戰。

為了樹立榜樣，鼓舞士氣，蔣夫人和她的姊姊們到前線慰問將士，發表演說，鼓勵婦女出來當護士，照看戰時孤兒。為了爭取國際援助，她們給外國報紙寫稿，接受一個個記者採訪，用帶著感情的流暢英語對美國廣播。

靄齡特別致力於為傷兵服務的醫院建設。戰前的「麗都歌舞廳」，門庭若市，擠滿紅男綠女，如今被她用自己的錢改建為有三百個床位、設備齊全的戰地醫院。同樣用自己的錢，她購買了救護車、卡車，用來運送傷員。

第一次——或許是唯一的一次吧——慶齡把對蔣介石的仇恨放在一邊，公開支持他，說讀了「蔣委員長團結禦侮的講話，使我異常地興奮，異常地感動……感動得幾乎要下淚」。她還說：「一切過去的恩怨，往日的牙眼，自然都應該一筆勾銷。」

美齡視探望傷員為自己的職責。一天，她坐敞篷汽車同端納一起從南京去上海郊外的戰地醫院。這一行充滿危險，路被炸得坑坑窪窪，日本飛機還專挑汽車轟炸，因為乘車的都是大人物。美齡穿著襯衫和長褲，正跟端納聊天，汽車撞上了一大塊凸起的地面，車胎爆了，車衝出路去，翻了個底朝天。美齡被甩出車外，從端納的頭上飛過，落在六米外的一條溝裡，失去了知覺。醒來後，她看去氣色很不好，說胸側疼。端納問她：「你還打算往前走，去看士兵嗎？」她想了想，說：「我們走。」他們去巡視了幾個臨時醫院。事後醫生檢查，發現她斷了一根肋骨，還有輕微腦震盪。

十二月中旬，首都南京陷落，征服者在這裡進行了一場大屠殺。日軍隨後占領了中國所有的海港和鐵路線上的主要城市。他們對平民的暴行傳遍中國，人們爭先恐後地逃難，難民數量達到一千九百萬，歷史上還沒有這樣多過。蔣介石被迫把首都遷到長江上游六百公里處的武漢，後來又再往上遷，落腳在「山城」重慶。有崇山峻嶺做屏障，山下是只有小船能通行的長江，中國未淪陷地區的首都，有大自然的護衛，入侵者難以逞強。此後七年，蔣介石在這裡指揮抗戰。

從南京到重慶的大搬遷進行得有條不紊。在日本持續不斷的空中轟炸下，數十萬人——公務人員、醫生護士、教師學生——長途跋涉兩千公里來到目的地。他們帶來的還有精心打包裝箱的儀器、設備、文件。卡車很寶貴，只能裝載最必需的物品，能找到的牲口拉的車和手推車也不多，大部分「行李」只能由勞工肩挑背扛。沉重的機械設備由眾人拉到長江邊滾輪木板上，裝進輪船往長江上游運。在中央大學，最大的一座機器無法分拆，有七噸多重，沒有起重機，學生們硬是以愚公移山的辦法把這個龐然大物搬上了輪船，載往重慶。輪船需要經過著名險峻的長江三峽，那裡高聳入雲的懸崖峭壁從兩岸壓過來，把長江擠成一條狹窄的激流通道。江水翻著白沫，怒吼咆哮，繞著水底的暗礁形成一個個湍急險惡的漩渦。有的地方，輪船得靠縴夫往上游拉。縴夫是一排勞工，他們埋著頭，蹬著腿，粗重的縴繩在肩背上綳得緊緊地，每邁一步都要消耗大量的體力。為了減輕勞累，也為了互相配合，他們一聲聲吐出低沉單音的縴夫號子，讓人聽到感覺震撼。

中央大學把他們所有搬得動的東西都搬走了，藏書浩瀚的圖書館、珍貴無二的儀器，毫無損失，到四川後能夠照常上課。可容納一千多名學生教師的教室宿舍，由提前飛來重慶的教授、工程師會同一千八百多名工人，在二十八天之內、在大山裡蓋了起來。醫學院教授解剖學的二十幾具死屍搬來了，農學院的每一種畜類也選了一對上船運到，學生們開玩笑管這條船叫「諾亞方舟」。剩下的牛羊由學校職員校工循著陸路迂迴輾轉遊牧到重慶，經歷了一年的時間。路程耗時還因為這裡有好些荷蘭和美國種的高貴的「慢牛」，一天只走十幾里路，走了兩三天，必得休息一個星期，對裝著雞鴨的竹籠要牠們幫忙託運有時也發發脾氣。漫長的一路上，大的牲畜沒有死亡一頭，還添了一頭小牛。校長羅家倫記載與他們的重逢：牲畜風塵僕僕，「趕牛的王酉亭先生和三個校工，更是鬚髮蓬鬆，好像蘇武塞外歸來一樣，我的感情震動得不可言狀，就是看見牛羊亦幾乎和看見親人一樣，要向前去和牠擁抱。王酉亭在中大的職位，不過是事務員，月薪不過八十元，到這個時候有這種了不得的精神表現出來，真可以說是『時窮節乃見』。」

的確，儘管戰爭讓人們的生活天翻地覆，給他們帶來千辛萬苦，中國人咬緊牙關忍受了，支持蔣介石的抗戰決定。雖然蔣完全不清楚怎樣才能取勝，但他的意志不移。蔣知道他能堅持下去，中國地域遼闊，內陸重山連綿，無路可通，日本人不能輕易占領全國，給了他巨大的空間退卻以等待時機。激烈的民族主義情緒支撐著他，更不用說他的元配夫人、經國的母親毛福梅，在一九三九年十二月被日本飛機的炸彈炸死。

蔣是在日本學習的軍事，可是他對日本的仇恨根深柢固。早在一九二八年五月，他的北伐在山東濟南被日軍阻擋，他抗議無果，只得答應日軍的條件，其中包括他本人屈辱地道歉，然後改道北上。從這個月起，蔣每天在日記的抬頭書寫「雪恥」兩個大字，天天寫，一直寫到生命的終點。要叫蔣介石對日本低頭投降是不可能的。

蔣毫不動搖的立場為他贏得了巨大的聲望。在全國團結抗戰的精神支配下，各省交出了軍權，由蔣統一領導抗日。至此，蔣介石不僅在名義上，而且在事實上，接近統一了中國。唯一不受他調動的軍隊是紅軍，他們有自己的指揮系統，只是在名義上服從他的領導。紅軍能有這樣的待遇全靠史達林，他在中日全面戰爭一打響就跟蔣簽了條約，成為中國當時幾乎唯一的軍火供應人。因為史達林，蔣還對紅軍做出了另一個至關緊要的妥協，即他們不必在正面戰場上打日本，只需在敵後打游擊。這些額外優待對中共的生死存亡以及後來奪權起的作用，無論怎麼評價也不為過。一九四五年抗戰結束時，蔣從前的挑戰者們，一個個的軍隊都被日本人消滅殆盡，只有毛澤東例外，他的紅軍不僅完好無損，而且得到驚人的發展壯大。毛就是這樣變成了蔣介石的唯一對手。

*

一九三八年十二月，美齡同丈夫一起，從北到南視察前線兩個月後抵達重慶。作為戰時第一夫人，她日理萬機，到處奔波，疲憊不堪又興奮不已。在給美國朋友艾瑪的信裡她說：「生活太緊張了！戰爭結束後，我想我的頭髮都會變白了，可有一點我可以感到安慰：我這樣忙碌，一定不會變成一個胖胖的、悠閒柔軟的沙發靠座，或者坐出一個大屁股。」又一封信重複：「生活太緊張了！但是我們不會停止抗戰。」

住在重慶不是容易的事，這裡夏季高溫，素有「火爐」之稱。長江的蒸汽被群山罩住，升上來瀰漫全城，像一塊巨大的濕毛巾緊捂住人的口鼻。長夏的幾個月中，整個城好似一口高壓鍋。冬天也不好受，濃霧籠罩城市，濃到有時伸手不見五指，重慶由此得到另一個外號：「霧都」。在城裡出門就爬山，一爬就是數百級陡峭石板。有錢人以滑竿代步，人力車、汽車只見於市中心幾條新修的路上。城市難以承受幾百萬難民的湧入和政府的搬遷，一切供應都短缺，痢疾、瘧疾和其他傳染病氾濫。

日本在一九三九年五月濃霧消失後開始轟炸，而城裡只有原始的防空洞，不過是挖進懸崖的山洞而已。防空洞沒有通風設備，轟炸時間一長，空氣就變得污濁，叫人透不過氣來。一天晚上，一連幾個小時的轟炸完後，大批人湧出想呼吸新鮮空氣，突然警報響了，一排飛機又飛來投彈，彈片像雨點般四射。人群慌了，在狹隘的洞口前推後擠，五百多人死於踩踏之中。

美齡還有她特別的難處。她患蕁麻疹，重慶的氣候讓她奇癢難忍，坐在防空洞裡更像是受刑。她給哥哥子文寫信說：「我全身都是水泡，癢起來像是約伯*的創傷！」

但她看到周圍的犧牲是多麼慘烈。重慶城裡滿是木板房，有的在懸崖邊上由長長的木柱支起，每次空襲都會引起一片火海。有次空襲後，美齡出了防空洞，想去看看救護工作進行得怎麼樣。在給艾瑪的信裡她說：城裡好似「烈焰燃燒的地獄」，因為空地很少，人群很難逃避火焰和煙霧，有的只能盡力爬上古老的城牆，但烈焰追上了他們。數以千計的人死亡，燒焦的屍體從還在冒煙的廢墟中被拖出來，「親戚朋友都在發狂似的挖掘」，「哭喊聲，受傷、臨死的人的叫聲，整夜不斷，……惡臭越來越濃，根本不能住在附近。」

美齡自己差點死於炸彈。在防空洞裡，為了有點事做，她常常跟比利時的維茲（Weitz）神父學法文。一次在防空洞裡待了大半天，她對神父說：「我們到外邊去上課吧。」出去沒幾分鐘，警報器響了，蔣介石大聲叫他們回來。就在他們進入洞口那一瞬間，一顆炸彈落在他們剛才坐過的地方，氣浪把他們掀起來，頭朝下向前倒下去，全身蓋滿了瓦礫。美齡留在外面的法文語法書被一塊彈片削成兩半。

災難把第一夫人與老百姓連在一起，美齡開始稱中國人為「我們的人民」。冬天來了，她想

---

*《聖經》人物，以忍受創傷痛苦的折磨著名。

「這會給我們無家可歸、受傷的人民帶來怎樣深重的苦難」。她為人民的精神深深感動：「我們的人民多麼好啊！他們堅韌不屈，沒有被嚇倒。每次空襲以後，解除空襲的警報聲還餘音未了，活下來的房主就回到他們燒毀的商店、住宅，開始搶救能救出來的任何東西。不過幾天時間，簡陋的臨時住所就出現在原來房子的廢墟上。」「我們的婦女真了不起，……她們在這個時候完全可以發歇斯底里，或者精神崩潰，可是她們沒有，她們還是保持樂觀，不屈不撓……」

美齡對艾瑪說：「我們要打下去。」蔣介石在此時的崇高威望，相當程度上源自他夫人的勇敢。

*

美齡當時有個官銜：「中國航空委員會祕會長」。一九三〇年代中期，她協助建立了中國空軍。是她在一九三七年找到並聘請美國陳納德（Claire Lee Chennault）上尉來華做顧問。陳納德組建了美國志願大隊「飛虎隊」，由一百多名飛行員組成，抗戰中摧毀了成百架日本飛機。上尉本人是個出色的戰鬥機駕駛員，富有勇氣和想像力，一次空軍表演中，他特別的演出使他遠近聞名。那天，布利斯堡（Fort Bliss）軍事基地人頭攢動，都等著看飛行表演。一個身穿長衣裙的老婦人一顛一顛地走進了機場起飛坪，鮮豔的頭巾在風中飄揚。大喇叭宣布，八十歲的莫里斯（Morris）老奶奶想坐坐飛機，她的願望被滿足。人群歡呼鼓掌。老奶奶被抱進駕駛艙，飛行員站在艙外，給她扣緊安全帶，啟動了發動機。她向人群揮手致意。飛行員正要進入艙內時，飛機突然往前一衝，把他摔倒在地。人群嚇壞了，都大聲叫老奶奶跳下來。可是飛機已經在跑道上滑行，不久就歪歪扭扭地升空了，差點撞上屋頂。在空中它升起來又降下去，發狂似地翻身，隨後一頭栽了下去。人群大呼小叫。飛機與跑道擦身而過，再次升到天上，在空中轉圈打滾，最後尾巴朝上旋轉著朝地下衝來——來了個漂亮的著陸。莫里斯老奶奶從駕駛艙內跳出來，剝去假髮、頭巾，露出開懷大笑、軍服整齊的陳納德上尉。

陳納德長著一張粗獷的臉，深刻曲折的皺紋或許來自敞開的駕駛艙外的風吹雨打。據說邱吉爾見到他後喃喃地說：「上帝啊，那張臉，很高興他在我們這一邊。」陳納德鐵定是在美齡一邊的，他在日記裡寫道：

> 她將永遠是我心中的公主。蔣夫人一再冒著生命危險到轟炸的首要目標機場上來，來鼓勵中國飛行員，她覺得自己對他們負有責任。就是對男人來說，那嚴酷絕望的場景也很難面對——他們上天去，生還的機會越來越少，底下的人緊張地等待，等那些沾滿鮮血、燒得焦黑的倖存者回來。那些場景總是叫她不安，但她堅持了下來，在機場張羅給他們預備熱茶，聽他們講戰鬥經歷。

美國飛行員也佩服她，其中一位，塞比．比格斯．史密斯（Sebie Biggs Smith）回憶在一場特別險惡的空戰之後駕車到機場：

我們去那裡查看損失情況，可是還沒下汽車，我們就看見蔣夫人在機場上，走在一架嚴重受傷的飛機旁。她比我們先到。我不得不說她的確是個非常勇敢的女人，戰爭中她隨時冒著生命危險，好像她也是士兵的一員。每次空戰後她總是趕快到機場，去迎接每個生還的孩子們，她總是讓他們都有咖啡喝，盡力給這些勇敢的孩子們提供些便利。須知這些孩子們都是面對強敵，沒有後援，每個人每天早上走進機場時都明白，這一行或許就是最後一行。

在航空委員會裡，端納是美齡的助手，他們發現了一樁醜聞，即有人在政府購買飛機和航空設備時提取巨額回扣，中間人是個美國人，叫帕特森（A. L. Patterson）。美國大使納爾遜．約翰遜（Nelson T. Johnson）給華盛頓的備忘錄說：「聯隊司令馬利（Garnet Malley）有確切情報，帕特森把美國飛機以雙倍甚至三倍的價錢賣給中國政府。」有一回，價錢「是本來價格的四倍」。美齡大為震驚，下令「徹底查清」。很快結果來了，大姊靄齡牽涉在內。如大使所寫：「某位曹司令是孔祥熙夫人的代理人，負責為她收取購買飛機的回扣。」

一九三八年一月中旬，美齡飛去香港治療在翻車事故中受的傷，她也是去跟姊姊談這件事情的。靄齡長住香港，從俯瞰大海的山頭住宅裡，照料她的一系列商業利益。周圍的鄰居都是富人，擁有梯田般的花園和保養良好的網球場。她的消遣是晚上打橋牌。美齡來後住的時間比預計長了許多，她給丈夫發電報，說靄齡摔了一跤受了傷，後來她本人又生病臥床。蔣回電「請代問候大姊」，又特地叫美齡「請安心調治勿慮航會事」。可是到了二月中，他一連發了兩封電報，叫美齡快回那時的臨時首都武漢：「貴恙諒癒望速回漢。」「航會改組事重要請即回漢。」

兩姊妹同住的日子裡，靄齡說服了妹妹，她的生意對抗戰前途毫無影響，但對美齡兩口子的政治、個人生活都至關重要。搞政治，蔣介石需要大量的款項；而小妹今天以及未來的舒適，也離不開錢。特別是，如果他們有朝一日失去權力，那時怎麼生活？靄齡認為自己有責任照顧妹妹一輩子。後來，當戰爭年復一年地持續下去，美齡越來越覺得大姊說得有道理。眼下，即便她沒有被說服，也感激姊姊，聽從了姊姊的話。回到武漢時，她辭去了航空委員會祕書長的職務。她丈夫停止了對巨額回扣醜聞的調查。

*

靄齡利用抗戰斂財，這時已是名聲在外。她早就是商界的高手，人們說她「馳騁於金融領域，在十里洋場得心應手，一轉手之間獲利鉅萬，稱得上是一位生財有道的女財神」。孔祥熙掌管全國財政，她是孔背後出謀畫策之人。正如孔後來告訴紐約哥倫比亞大學口述歷史訪問學者的，中國真正的預算由兩個人決定：他本人和蔣介石，「這個祕密預算只需要我們兩人簽字。」這一地位給了孔氏夫婦獨一無二的特權和機會。一九三五年，孔主持搞幣制改革，發行國幣「法幣」。兩年後抗戰開始，他知道會有通貨膨脹，把全家的法幣都換成金子，他們的財富未受損失，而一般中國人的財產則大大縮水。抗戰期間，國家花巨款買武器，孔家大量收取回扣。政府採購的經紀部門是中央信託局，孔祥熙任命他二十剛出頭的兒子令侃為常務理事，執掌大權。因為軍需購買使用的是中國貨幣，而付款需用外匯，外幣兌換構成大筆賺錢的良機——孔令侃當仁不讓。不僅如此，這個年輕人還建立了自己的進出口公司「揚子公司」，作為西方製造商向中國出口的代理商。美國一九四一年參戰後，美援大批進入中國，孔家和他們的親朋好友壟斷了中間商的位子，大賺其錢。甚至中國的鈔票，因為需要外國公司印刷，而誰來印刷由孔祥熙決定，也給孔家帶來回扣。

美國記者約翰．岡瑟（John Gunther），一九三九年這樣描述靄齡：「她是個一流的金融家，商業運作操縱給她極大的樂趣。人們普遍認為，她的精明和金融才幹，是宋家斂聚龐大財富的根本原因。」「大家都在議論提取回扣的惡劣影響，議論清除腐敗的努力如何不明不白地被阻止。孔家對蔣委員長舉足輕重，他們明白，他也明白，……他們掌控著國家財政。」

這類描述使得靄齡非常惱火，她一向不喜歡高調，但此時也同意作家艾米莉．哈恩的要求，為自己寫傳，洗刷名聲。哈恩留心到，提到岡瑟時，「孔夫人的聲音在發抖」。靄齡對哈恩敘述了自己對抗戰的貢獻：為中國軍隊，她買了三輛救護車、三十七輛軍用卡車；為航空委員會捐獻了二十輛卡車（那時美齡是祕書長），給飛行員買了五百件皮大衣。她自己出錢把麗都歌舞廳改造為有三百張病床的戰地醫院，建立了個有一百張床位的兒童醫院。此外還有不少慈善活動。但所有這些，跟她收取的巨量回扣比起來是區區之數。孔家聚斂的財富後來達到，甚至或許超過，一億美金。

雖然孔家斂財的細節一般人可能不清楚，但人人都聽說了蔣政權核心的嚴重腐敗，知道蔣的親戚在發國難財。孔家不斷受到報紙、公眾、國民黨大員，以及美國政府的譴責，但是蔣不聞不問，繼續讓孔祥熙做他的財政總管。

孔對戰時中國的財政管理，確實做出了貢獻。那時的非淪陷地區，失去了幾乎所有的經濟支柱，金融沒有崩潰，孔祥熙功不可沒。他有理由認為自己「創造了奇蹟，讓戰爭得以進行，貨幣沒有坍臺」。在回憶錄裡，他透露出他的錦囊妙計：他「把『土地稅』從地方稅改成中央政府稅，這一收入足以填補百分之五十的支出」。把傳統上地方政府的收入囊括進中央政府的金庫，由他支配，孔祥熙此舉得罪了無數各省要人。他輕飄飄地把他們一筆勾銷：「有些省份當然不樂意，很難對付，他們不是自私，就是無知。」但許多人恨死了他和蔣介石，後來將祕密跟共產黨合作推翻蔣政權。

孔祥熙是蔣介石忠實順從的奴僕，再加替罪羊。人們對腐敗的憤怒集中在孔家頭上，任蔣保持著簡樸士兵的形象。實際上，孔家口袋裡的錢就是蔣家的。靄齡斂財，心裡頭特別想著的是妹妹美齡的福祉。第一夫人不怕死，但受不了清貧，她只願過、只能過豪華生活。抗戰頭幾年，她咬緊牙關挺過來了，但忍耐力也到了極限，一有可能就飛去香港或者紐約享受，常常一住數月。每次出行都耗資巨大。一次她在著名的紐約長老會醫院住了好幾個月，把整層樓包下來供隨行人員住。中國政府當然不可能支付所有的費用，靄齡為她付了大部分帳單。美齡一生在經濟上都完全依賴靄齡。後來，蔣介石死後她還活了近三十年，大半時間住在紐約，繼續過著總統夫人式的生活，一半的供給來自孔家。

美齡對大姊十分感恩，有人批評靄齡她總是激烈地反駁。跟她親近的端納，一次接到一所教會大學校長的電話：「總得有人跟宋家、蔣家什麼的說說，停止他們的胡作非為吧。他們的家人在外匯市場上大把大把地撈錢。上帝啊，他們難道沒有一絲正派的概念嗎？」端納決定要跟第一夫人談談。一九四〇年的一天，他輕輕挽起美齡的手臂，同她走進花園，請她管管孔家。美齡勃然大怒，兩眼冒火地瞪著他說：「端納，你可以批評政府，可以批評中國任何事情，但是有的人就是你也不能批評！」端納下決心離開，從此告別了生活工作三十七年的中國。

*

美齡跟大姊和她全家有異常密切的關係。大姊的家才是她真正的家，在這裡她比跟蔣介石在一起更自在。靄齡讓她的兩個孩子——令侃和人稱「孔二小姐」的令偉——從小就跟美齡比跟她更親近，他們倆就像是美齡自己的孩子。他們叫她「娘」，對她的每一個願望，不管大小，都不折不扣地實現。兩人都終身未婚，生活的中心是美齡。靄齡給了小妹一個家，填充了沒有孩子可能帶來的欠缺感（慶齡因為沒有孩子大半生都不滿足）。

孔二小姐是美齡的管家，家裡上上下下都叫她「總經理」。她待人粗魯，甚至「凶悍」，大家不喜歡她。講究禮貌的美齡，對鍾愛的甥女的表現視而不見。孔二小姐還有更壞的名聲。據說有次她開車到孔家的鄉間官邸去，正值夜間燈火管制，車輛只能緩行，交通警察舉手攔路，要她放慢速度，她衝著警察猛踩油門，一邊大罵：「去你媽的蛋！」警察被撞出路外，受傷出血。副官跳下車去，招呼著把警察送進醫院，而孔二小姐坐在車上滿臉若無其事。

孔二小姐是同性戀，在那個年代她不躲躲藏藏，反而挑戰式地張揚。她留男子的大背頭，穿男子的服裝，要麼西服革履，要麼軟緞大褂，翻出雪白袖口，歪戴禮帽，看上去就是男人。美齡正式訪美時帶她去做「祕書」，在美國她也照常打扮得與男子無異，羅斯福總統管她叫「我的男孩」。據人們所知，起碼有兩個不同的女人跟她同居過，不過她去見美齡時，總是把她們留在外面車裡，美齡也裝作不知道。

對令侃，人們的怒氣不限於金錢。他和弟弟令傑在整個抗戰期間都沒有上過前線——跟中國大多數有錢有勢人家的子弟一樣。美國大使有天出席一場晚宴，席間有人提議為衝鋒陷陣的「老百姓」敬酒。大使感覺當時的氣氛是：不是有口號說「戰鬥到流盡最後一滴血」嗎？這話應該改成：「戰鬥到流盡最後一滴苦力的血」，「讓宋氏家族盡情地弄錢」。他寫道：「這種狀況讓我厭惡到了極點。」在香港的外國人，遇到請他們捐款時，總是說：「為什麼不叫那些我們天天看到的在游泳池邊、電影院裡的年輕男人也去為他們的國家做點什麼事呢？」羅斯福總統的私人代表居里（Lauchlin Currie）特別向中國政府表示對孔家兒子的不滿。

令傑是英國桑德赫斯特（Sandhurst）皇家軍事學院的畢業生，英國軍隊中的上尉。英國跟納粹德國開戰後，準備派他上前線。根據孔祥熙的回憶錄，孔打電話給中國大使轉告英國政府：「我說我不是考慮兒子的安全，而是擔心他手下七百軍人的性命。他很年輕，我擔心他不能指揮好七百人。我說我希望給他換個工作，……後來，他們給了他另一項任務：在英國訓練士兵。」

在靄齡的孩子中間，人們普遍喜歡大女兒令儀。她文靜、溫柔，愛上了一個靄齡看不上的男人，那人的父親是舞廳的樂隊指揮，靄齡認為出身太低微，配不上女兒。年輕人到美國去，在那兒結了婚。靄齡認可了他們的婚姻，用飛機運去幾大箱刺繡古玩做嫁妝。飛機失事，嫁妝曝光，靄齡再次受到公眾輿論的譴責，說她在抗戰中奢侈腐化。

年復一年的備受攻擊，使靄齡產生了一個信念，即積累財富是她的使命，為的是照料她的兩個卓越的妹妹，尤其是小妹，讓她們不必為衣食操心。靄齡相信這是上帝的意旨，她在按上帝的指引辦。這個信念賦予她斂財的意義，讓她能頂住攻擊。後來，在蔣政權分崩離析的前夕，靄齡病倒了，以為自己不久於人世。她把這看作是上帝在召喚她到祂的身邊去，因為她在塵世已經無事可做。她心情寧靜，寧靜地準備迎接死亡。

16 慶齡的鬱悶

一九四一年香港淪陷之前，英國殖民地香港是那些不想待在戰時中國、又有能力離開的人的理想居住地。慶齡不願意住在蔣介石的戰時首都重慶，撤離上海後在這裡安了家。孫夫人不住在中國與她的國家分憂，而在香港尋求安全舒適，讓很多人大不以為然，他們認為手擎國父留下火炬的夫人應該帶頭承受炸彈。日本報紙嘲笑她。但慶齡滿不在乎，她真心覺得，住香港是因為她與蔣介石不共戴天，不能同住一個城市。

慶齡對蔣委員長的深惡痛絕多年過去了仍然絲毫不減。一九三七年全面抗戰開始時，出於愛國，也由於史達林下了死命令，她有一段時間對蔣還算客氣，但就是她的讚揚裡面也帶著刺：「蔣委員長停止了進一步的內戰，這是很可祝賀的。」

在香港，慶齡進行自己的救亡活動，她成立了個「保衛中國同盟」，為中共宣傳、籌款、購買運送物資去他們的根據地。「同盟」很小，只有一小組人，兩三個人領基本薪水，其他都是義工。他們起到的作用十分有限，但畢竟是慶齡自己的組織。她對一切細節都親自過問，對所有的捐款，無論數目多小，都寫信致謝。她對這個不起眼的機構很滿足，這給美國海軍助理參贊埃文斯・卡爾遜（Evans Carlson）留下了深刻印象，他說慶齡具有充分的自信心，不覺得需要顯示自己。慶齡沒有追求權力的欲望，當然她也明白自己的能力有限。

在她的組織中，慶齡營造了一種同志式的氣氛。當時的義工、後來成為慶齡終生朋友和傳記作者的愛潑斯坦描述道：「工作人員，不管地位高低，她都一視同仁，熱情民主地相待，讓所有人都感到平等自在。同盟每週在西摩道二十一號我們狹小擁擠的香港總部開會，大家都親密放鬆，辦公桌上高高堆著一摞摞文件，經常還有大批物資擺在地上等著處理。我們的國籍不同，職位不同，年紀不同。我二十三歲，是最小的。宋慶齡是我們的領導，但她從來不教訓人。」

同伴們喜歡她的幽默感。一天，英國工黨議員、不久將任邱吉爾戰時內閣成員的斯塔福德・克里普斯（Stafford Cripps）爵士到香港來，希望見她。她在家裡設宴招待。就在貴客快到的時候，消息傳來，他吃素。廚師只好重新做一席素菜。不一會消息又傳來了，他只吃生菜。慶齡聽到後，兩手一攤說：「那我們只好把他放到草坪上去吃草！」

＊

一九四〇年二月，美齡因為嚴重鼻竇炎飛到香港去做鼻竇燒灼，住在靄齡遠眺大海的住宅裡。慶齡心疼妹妹的病，也搬來了。姊妹三人同住了一月有餘，天天在一起，這是多年來沒有過的事。戰時的統一戰線使她們得以把政治分歧暫時放開，專心關愛彼此。

慶齡從前尖銳地議論過靄齡斂財的手段，對美國記者斯諾說：「靄齡很精明，她從來不賭博，她買進賣出全靠事先的信息，……靠知道政府金融政策的變化。……美國有錢，中國很窮，在中國要積累美國富人那樣多的錢，只能靠不正當的罪惡手段，靠擁有以武力支撐的政治權力。」可眼下，大姊這麼愛她，她軟了下來，不持嚴厲批判態度了。對美齡，她也說好話了。斯諾此時正好在香港，留意到慶齡對小妹的婚姻「看法有點改變了」。從前她曾對斯諾說：「婚姻雙方都是機會主義，沒有愛情可言。」如今她說：「一開始是沒有愛情，但我想現在有了。美齡是真心實意地愛蔣，他也愛她。如果沒有美齡，他的行為會更壞。」

三姊妹同住時的一天晚上，到夜生活最紅的「香港酒店」帶舞池的餐廳去用餐。這可能是她們生平第一次到這種地方來，因為這類地方不適合她們的家教與地位。三姊妹就像皇家人物，社交生活限於正式場合或私人派對。可是這天晚上，她們穿著輝煌的旗袍，坐在舞池邊的飯桌旁，背朝牆壁，一邊吃飯一邊觀看舞池中一對對香港人旋轉而過，有的高雅，有的頑皮。慶齡全身黑色，臉上表情是覺得這一切都滿有意思。她其實很喜歡跳舞，特別是華爾滋，但她的身分早就不允許她隨便走進舞池。跳舞的人不斷朝她們這邊瞄上一眼，想弄確實她們真的是那三姊妹，然後低聲耳語猜測這一頓晚餐裡到底含有什麼政治信息。

艾米莉·哈恩跟一名英國皇家空軍的軍官來到餐廳，是靄齡給她遞的信。一貫不追求高調、寧願躲在幕後的靄齡，想通過她傳遞一個信息，這就是：統一戰線堅不可摧。

這時中國團結禦敵的事業，正經歷著危機。國民黨政府的第二號人物汪精衛，逃跑到日本占領地區去了，就要建立傀儡政權，以圖取代重慶。孫中山遺囑執筆者汪精衛，老早就是蔣的競爭者。一九三五年，在國民黨一次大會的開幕式上，當要員們集中起來準備拍集體照時，汪被刺客開槍打傷，傷勢嚴重。槍手的目標其實是蔣介石，但蔣的第六感警告了他，他臨時決定不去拍照，殺手只得向第二號人物汪精衛連放數槍。人人都懷疑是蔣介石指使，否則怎麼那麼巧，他在最後一分鐘改變主意不出場？蔣竭力解釋跟他無關，同時努力破案，但人們仍然不相信他。

汪精衛對抗戰前途感到悲觀。他把失敗的責任歸結到蔣頭上，說失去上海和其他主要城市、大片國土如此之快，都是蔣「腐敗黑暗」，「個人獨裁」的結果，蔣對同事永遠充滿懷疑，對他們從來不公平。這個看法很多人都有，美國武官史迪威（Joseph Stilwell）在重慶觀察到：「蔣把他的部下都蒙在鼓裡，因為他不信任他們，……同樣地不相信人使他沒法讓他的軍隊有效率。」

汪精衛認為只有跟日本謀求「和平」才能保全中國。一九三八年底，他悄悄逃出重慶，經過越南河內逃奔上海，途中幾次躲過蔣派來刺殺他的特工（但他的槍傷最終導致他在六年後死亡）。一九四〇年三月，以汪為首的傀儡政權在日本占領下的南京成立。

汪曾是孫中山最初的接班人，而孫又曾提倡「大東亞主義」，跟日本占領軍的口號一樣。這些都有助於汪聲稱自己是孫中山的正統傳人，使蔣介石的權威受到前所未有的挑戰。為了強調自己的合法性，蔣正式明令尊孫為「國父」——儘管這邏輯有點不通，因為孫從來都是鼓勵日本對中國的野心，從來沒有抗拒過。

＊

汪精衛在南京就職的那天，慶齡臨時決定到重慶去顯示自己與蔣介石的團結，告訴世界孫中山的遺孀反對汪政權。這個建議是姊妹們提出的，慶齡不願意讓她們不愉快，三姊妹一同飛往重慶。

慶齡受到的歡迎，相當於女王、女神加上電影明星。《大公報》的標題是：「歡迎孫夫人」。《新民報》的特寫描繪說：「她莊嚴幽靜，穿著黑色旗袍，外罩黑色呢短外套，手提黑提包，灰藍色的一雙平底皮鞋，更襯托出全身雅麗的色澤。……明媚深炯的目光，……瀟灑飄逸的態度，……無限活潑的生命力，……千萬的婦女都熱望著瞻仰孫夫人的風采……。」此後的六個星期，三姊妹旋風似地出行，查看炸彈留下的廢墟，參觀抗戰工程，訪問戰爭孤兒。閒暇時她們一起回想小時候的日子，顯得十分親密。艾米莉·哈恩一路跟著她們，觀察道：「她們回憶在喬治亞州上學的往事，開著玩笑，咯咯笑著，我也忍不住動了感情。」慶齡跟靄齡一塊讚美小妹，說她過去三年做了那麼多事，居然沒有被累死，還在幹。美齡跟慶齡一道稱讚大姊的慈善事業。她們的身後，跟著一大群記者、攝影師和新聞片攝製組，記錄著這些歷史性的時刻。

很快慶齡就厭倦了這一切，感到自己在給蔣介石增光。有蔣在場的時候，她嚴格跟蔣保持距離，絕不微笑。在一張典型的照片上，她站在滿臉堆笑的蔣身邊，嘴唇繃得緊緊地，一副提防的樣子。在靄齡夫婦為她舉行的歡迎茶會上，蔣直直地站在她身旁十幾分鐘，等著她掉過頭來跟他說話，但她就是不掉頭。她對在重慶的德國好友王安娜說，自己被蔣利用了，為他「當展品」，讓攝影記者照個不停，她迫不及待地想回香港。

此時國共之間的統一戰線，搖搖晃晃隨時都可能破裂。蔣在抗戰初同意紅軍留在日軍後方打游擊，同時留在那裡的還有國民黨軍隊。任何以為這些游擊戰士可能團結起來共同對敵的願望都只是空想，他們忙著攻擊彼此，戰鬥的規模越來越大，紅軍還常常打勝。慶齡回香港幾個月後，一九四一年一月，皖南事變發生，團結禦侮的外表也不復存在。

慶齡盼望能用這個機會好好地痛罵蔣介石，出一出重慶之行積下的怨氣。但是她所能做的僅僅是發一封致蔣的公開電，要求「必須停止彈壓共產黨」。莫斯科不許她說更多的話，特別不許她點名譴責蔣介石。到十一月，慶齡感到的憋悶更加強烈。那是鄧演達去世十週年。她深愛的這個人被殺，是她對蔣恨之入骨的關鍵。但她只能在紀念鄧演達的文章中隱晦地抒發自己的感情。或許是因為這種約束，文章沒有通常的聲討，而是透著少見的兒女情。對她來說，鄧是革命的「最後的一朵美麗之花」。

*

一九四一年十二月七日，日本襲擊珍珠港，隨之空炸香港。當一排排飛機來勢洶洶地從頭上轟鳴而過時，慶齡匆忙爬上竹梯，翻過一道舊牆，到了鄰居的花園裡，那兒有個防空洞。她事後給子文寫信說：空襲「讓我緊張極了，我病了一個星期」。接著她又自嘲：「我的頭髮現在是一把一把地掉——恐怕很快就要變成禿頭了。」

宋子文同情慶齡和她的事業，曾掛名做保衛中國同盟的會長。蔣介石十分生氣，屢次去電要他退出。他找了各種理由沒有照辦，直到蔣下了最後通牒，他才退出同盟。但是他與慶齡的姊弟情誼不減。

香港被炸那天，子文正在美國做蔣介石對羅斯福總統的私人代表。他急電美齡：「港危，可黑夜派機設法使二姊出險否，盼覆。」

重慶派飛機去接慶齡，可她固執地不肯走。她寧願待在日本占領的香港，也不願去蔣介石所在的重慶。靄齡也在香港，竭力勸說無效，實在沒辦法，說既然這樣，她也不走了。慶齡這才改變主意。她沒做任何疏散的準備，此時女僕在燈火管制的黑暗中匆匆抓了幾件舊衣服，她們趕去機場。十日凌晨，日軍進占機場前不久，兩姊妹飛往重慶。

這次戰時首都對她的迎接與一年前是天壤之別，充滿敵意，讓慶齡大為吃驚。她憤慨地寫信給子文說：「《大公報》用一篇誹謗性的社論來歡迎我們，指責我們攜帶大批箱籠，七隻喝牛奶的洋狗和一群僕人，」而事實上，「我甚至沒辦法帶走我的文件和其他寶貴的文章，更不用說我的小狗們和衣服。……對一個每天寫東西的人來說，我現在連一枝筆也沒有。」

其實，排山倒海的抨擊沒提慶齡的名字，火力全都集中在靄齡身上，外加根本沒在飛機上的丈夫孔祥熙。好幾個城市的學生舉行遊行示威（這在戰時少見），標語口號包括：「香港危險時，政府派飛機去救黨國要人，帶轉來的是孔祥熙夫人及七隻洋狗、四十二只箱子！」「打倒以飛機運洋狗的孔祥熙！」「槍斃孔祥熙！」

慶齡很清楚這些指控不屬實，也知道靄齡為此傷心，但她沒有開口幫大姊說句公道話。如果出面幫靄齡，她在學生中享有的聖女形象就要受損。慶齡選擇了一聲不吭。

到重慶後慶齡先住在靄齡家，一棟有著高大的紅色柱子的樓房，隔著大玻璃窗可以俯瞰江水。流言立即四起，說她被她邪惡的大姊關起來了，失去了自由，一切消息被封鎖。中共駐重慶的代表周恩來對在延安的毛澤東報告：「孫夫人住孔家，不僅不能見客，連其住屋內都藉口房子不夠，有人同住監視。」事實上，孔家的整個一層樓歸慶齡使用，她要見誰就見誰。她給子文的信裡說：「姊姊妹妹對我都太好了。」但對公眾，她默許了謠言。

靄齡沒有給妹妹施加任何壓力要她說明真相。相反，她為妹妹著想，告訴慶齡自己「不在乎謠言，不必糾正」。

*

不久慶齡搬去自己的房子。她有時與姊妹們見面，但盡量避開蔣介石出席的場合。比起香港來，生活是艱苦的。她的僕人在市場上買菜，像蔥、糖甚至鹽這樣最基本的食物都經常短缺，有的話價格也高昂。商店裡買不到鞋襪，一件普通的旗袍，戰前在上海賣八塊錢，如今這裡要一千塊。有時幾個月她喝不到喜愛的咖啡。一場重要招待會後，她念念不忘的是在那裡吃到的馬鈴薯沙拉和西瓜。朋友們有時贈送的一罐沙丁魚，幾個蘋果，或長筒絲襪，就是最珍貴的禮物了。夏天天熱得受不了，她坐在盛滿涼水的澡盆裡度日。

她日常的圈子照常，是一小群中外左傾激進的年輕人。因為這個圈子很小，她給人以神祕感，是個「旅遊景點」。任何有點身分的人來訪重慶，總要設法見見她，而她大多數時候都拒絕要求。

她的保衛中國同盟仍在工作，現在的主要努力是為中共爭取美國援助。為了這個目標，她跟合得來的美國官員、記者交朋友，從不錯過任何機會譴責蔣介石。她告訴他們，蔣「只是個獨裁者而已」，甚至聲稱「傀儡政權的官員跟〔重慶〕政府有密切聯繫」。美國人注意到她「對蔣委員長毫不留情的批評」和「刻骨怨恨」。但她又怕傳出去，要朋友對她的話保密，這使她分外憋氣。

史迪威將軍那時是中國戰區最高統帥（蔣介石）的參謀長。他一九二〇年代就在中國服務，了解這塊土地和這裡的人民。從他寫的描述在中國旅行的一篇短文裡，能看出他和老百姓的關係。在一個鄉下小吃攤上，他看見廚子「用一塊好像車庫垃圾桶撿出來的黑黢黢的東西，抹了抹一個顧客剛吃過的碗，把麵條盛進碗裡。筷子他隨手在褲子上擦了擦，插進麵條，然後遞給夥計，小夥計煞有介事地呈上給下一個客人」。史迪威沒有像許多西方人一樣感到噁心，他用獨特的方式清潔自己的碗筷。他要了一碗開水，端起碗來，裝作要朝廚子的頭上倒下去。在場的當地人都笑了起來，這個玩笑不僅清潔了他的碗，而且拉近了他和大家的距離，人人都讚賞他「很棒，會開玩笑」。這一招之後，不管他再做什麼人們都不介意了，哪怕是拿隨身攜帶的小刀把筷子刮乾淨再用。

史迪威不喜歡蔣的政權，在日記裡寫道：「孫夫人是三姊妹中最給人好感的，可能也是思想最深刻的。她反應靈敏，討人喜歡，安靜沉穩，但任何事都逃不過她的眼睛。」在被羅斯福總統召回美國的時候，他去向慶齡道別，慶齡「哭了，哭得很傷心。……她迫不及待地要去美國告訴羅斯福〔關於蔣的〕事實，……要我告訴羅斯福真實的蔣介石。『他是個紙老虎。』……『為什麼美國不教訓教訓他呢？』」。

有的美國人對慶齡的看法不同。外交官約翰・梅爾比（John Melby）跟她見面後在日記裡寫道：「她著名的魅力都在那兒，但我看她基本上是個冷血、硬心腸、無情的女人，她知道自己想要什麼，也知道怎樣可以得到想要的東西。」

多數美國人更傾向喜歡美齡。此外，慶齡還無法跟身為戰時第一夫人的小妹比身分、比鋒頭。一九四三年，美齡對美國進行了一場讓她聲名大噪的訪問，引起慶齡不可避免的嫉妒。在給朋友的信中，她忍不住有些尖酸，雖然努力顯得公正：

> 美齡好像換了個人，去了一趟美國，回來好有「第五街」的派頭，好像「四百人」榜上的人物*。……不管怎麼說，她為中國的事業做了盡可能廣泛的宣傳，就像她本人對崇拜的人群宣稱的：「我讓美國人看到，中國人不都是苦力和洗衣工！」看來中國人得對她感激不盡啦。……她的機組人員說她帶回來非常多箱子，還有罐頭，等等。可我到現在還沒看到一罐烤豆、一雙鞋。……據說她的地方不夠，所以我的鞋得等「下一次飛機」帶來。萬歲！……那是在戰後吧，我想。

美齡給她的禮物是一面小塑料鏡子，在重慶買不到的。可是慶齡想要尼龍絲襪。一天晚上，她在會客時一巴掌打死了腳踝骨上的蚊子，轉臉笑著對客人說：「你看，沒穿襪子，我違反新生活運動的規矩了。但是我沒法從美國買到尼龍絲襪，不能跟我的皇后妹妹比。」

一九四四年，靄齡、美齡去巴西，慶齡到機場為她們送行。兩姊妹包租的飛機讓她欣羨：「我從來沒見過這麼大的飛機，像個空中鉑爾曼〔Pullman，最豪華的臥車〕。」對美國朋友，她說她的姊妹們「拋棄了」戰鬥的中國，她自己不會做這樣的事。

這類冷言冷語，慶齡嚴格地限於私下裡說。公開場合，她對姊妹們總是保持著親熱的外表。好友王安娜說：「她對『宋氏王朝』扮演的角色沒有錯覺，憎恨蔣介石的專制，了解孔夫人的金融投機和蔣夫人的奢華胃口。跟親密的朋友，她會做些尖刻的評論，但她多年來學會的驚人的政治技巧和自制能力，讓她從不過早地宣布她的看法。」的確，慶齡在等待，鬱悶而耐心地等待，等待對日抗戰結束，等待中共對蔣的戰爭重啟，等待蔣王朝的徹底覆滅，哪怕這對她的姊妹們以及全家是滅頂之災。

＊ 第五街，為紐約最豪華的購物大街。四百人，美國十九世紀晚期社交界名人榜。

17 美齡的輝煌與悲傷

一九四二年十月，溫德爾．威爾基（Wendell Willkie），美國一九四〇年大選時共和黨競選人，作為羅斯福總統的私人代表，來重慶訪問。他是迄今為止戰時首都接待的最重要的客人，參觀的旅程包括前線。他對所見所聞印象很深，特別為美齡的魅力著迷。對美齡他說了許多讚美的話，並邀請她訪問美國。他說美齡「有頭腦，有說服力，有道德力量，……還有機智和感染力，有慷慨大度、善解人意的內心，有優雅美麗的風度外表和熾熱的信念，……夫人會是中國十全十美的使節」。離開重慶的前夕，威爾基要美齡「第二天」跟他同機飛去華盛頓（有人說他們之間有婚外情，沒有證據表明這是事實）。

威爾基的熱情，跟他接近白宮的身分，使美齡下決心訪美。訪美的主意早在抗戰初期就提出了，那時她遲疑不決，不是怕沒人歡迎，而是怕美國人給她太熱烈的歡迎。在給艾瑪的信中她說：「我能想像到那場景。我所有的朋友，成千上萬寫過信、捐過款的人民，數十萬好奇的人們，更不用說數千要見我，或者我要見的報社記者和重要人物，都會在我到達的幾個小時內把我包圍起來。」她擔心自己不能應付，因為她開戰後太忙碌，「耗盡了精力」，會讓美國人民失望，也對不起她的祖國。她在信裡寫道：她「怕美國人的同情和美意」，如果艾瑪認為她對美國人的熱情太誇張的話，那麼，「艾瑪，你不了解你的人民。」

訪美成行時，歡迎的熱烈程度遠遠超出美齡的預料。她給艾瑪的信是一九三九年寫的，那時珍珠港事件還沒有發生。珍珠港事件後，美國人對中國的熱情到了沸騰的程度。美國人睜眼看到，貧窮而神祕的中國，在過去四年半的時間裡，竟然一直獨自抵抗著日本這個邪惡可怖的敵人。而美齡是這個英雄民族的代表。她又是個美麗的女人——還可說是個美國女人，除了她那張中國臉，美麗的臉，有著「象牙絲綢般皮膚」的臉。對她的歡迎可說是萬人空巷。當她於一九四三年二月到達華盛頓開始正式訪問時，羅斯福夫人埃莉諾（Eleanor）在火車站迎接她，挽著她的手臂帶她去見在車站外、白宮的汽車裡等候的總統本人。在紐約，一萬七千人在麥迪遜廣場花園（Madison Square Garden）聽她演講；在洛杉磯的「好萊塢碗」（Hollywood Bowl），聽眾有三萬人。所到之處，歡迎的人群都發狂似地激動。二月十八日，美齡在國會演講，這是少見的榮譽。那天，她穿著旗袍，嬌小玲瓏，在莊嚴輝煌的大堂上，四周擠滿注目恭聽的高大男人，那場景令人肅然起敬。她用完美的美式英文所做的演講，讓要人們感動得落淚。演講完畢的起立鼓掌持續了四分鐘。

所有這些成功都來之不易。美齡是個完美主義者，對講稿總是一改再改。在所有場合，她都盡最大努力，有時累得精疲力竭，幾乎暈過去。她丈夫在新聞簡報上看到她在紐約唐人街演說，「體力容態皆甚疲弱，未曾復元」，感到十分擔心。旅行前她身體不佳，高血壓，懷疑得了胃癌

（查明不是）。為了在正式訪問前查實、醫治這些病——當然也為了讓自己享受享受，她提前三個月來到美國，住進享有盛譽的紐約長老會醫院。一番調養後，她以最佳狀態出現在美國公眾面前，贏得了他們的好感，爭取到美國政府的加倍援助。

對她這一行也有不少批評，有的來自白宮服務人員。她帶來自己的絲綢床單，每天換一次，如果睡了午覺還要再換一次。其實，這在很大程度上是因為她患的蕁麻疹，發作起來奇癢難忍，睡在新鮮床單上覺得舒服些。她帶上甥兒孔令侃、甥女孔二小姐做隨從，這兩人的粗魯也讓打交道的美國人不快。艾瑪描述令侃「粗野」，孔二小姐「怪異」；白宮人員說他們專橫跋扈；特工們對他們不時提出的無理要求感到生氣。但是他們對姨母的照顧無微不至，美齡靠這兩人讓日子過得稱心如意。

對甥兒甥女，美齡以愛報愛，給他們本來不必給的榮耀。在華盛頓車站下火車時，令侃就站在美齡旁邊。不少報紙的照片裡他都赫然在目，儘管他並非政府官員。他個子粗胖、其貌不揚，也難以給姨母臉上增光。可是，美齡把他介紹給美國人，說他是自己的祕書。給如像加拿大總督這樣的要人發電報感謝款待，也由他代為簽發。自己不簽這類公文而讓甥兒代簽，不合外交慣例，很失禮，中國外交官們十分惱火。但美齡對他們的微詞不屑一顧。她溺愛甥兒甥女，同時也是報答靄齡，她覺得自己虧欠大姊。這一行，特別是在紐約長老會醫院住了數月，耗資巨大，大姊付了相當的費用。這時靄齡在重慶飽受腐敗的聲討，令侃也遭到譴責。通過給令侃顯要的地位，美齡在聲援大姊一家。

美國之行對中國是個重大成功，美齡本人也在她最屬意的國家過了一段快樂的日子。她住了整整八個月，直到一九四三年七月才回重慶，無視丈夫「望早日回國」的不斷懇求。

*

美齡走的那天，蔣在日記裡寫道：「別後黯然銷魂，更感悲戚。」他們的結婚紀念日，蔣「往孔宅大姊處舉葡萄酒恭祝余妻康健」。元旦前夕：「惟以妻在美不能共同團圓為念。」快過農曆年了：「今日為舊曆除夕，孤身獨影，蕭條寂寞極矣。」美齡回重慶那天，蔣回家看見妻子半躺在床上，「孫、孔二夫人與經、緯兩兒皆聚集一室，深覺難得。親戚辭去後，夫妻二人晤談別後經過，妻又報告留美經過要務，殊感欣慰。」

重逢的愉悅很快就蒙上了陰影，流言傳到第一夫人的耳朵裡。她在美國時，據說蔣介石經常見現在重慶居住的前夫人陳潔如，陳在陸軍大學的游泳池游泳，蔣坐在池邊看著她。美齡盛怒之下，搬到大姊家去了，過了好幾個月才回到蔣身邊，勉強接受了蔣賭咒發誓的保證，說流言蜚語都不是事實。但蔣確實受到性欲不能滿足的煎熬，日記中說自己「性欲時有發現」，「性欲漸起，舊念重生」，等等。

美齡的怨氣繼續發酵，不斷生病，從痢疾到虹膜炎，又痛又怕光。蕁麻疹在重慶的濕霧中更厲害了，臉上、身上到處是猩紅的斑塊。蔣的日記中有許多這類記載，她「痛癢難熬，終夜不得安息」，「其狀甚苦，至深夜二時方熟睡」。

在這樣的狀況下，美齡陪伴丈夫到開羅去同羅斯福總統、邱吉爾首相會談。開羅會議於一九四三年十一月二十二至二十六日召開，它不僅為亞洲戰場與戰後做一系列決策，還把蔣介石放在與美國、英國平起平坐的地位上。美齡為丈夫做翻譯、搞應酬，還代表他談判。在去開羅的飛機上，據蔣的日記：她「夜間在機上，其皮膚病復發，且甚劇，面目浮腫，其狀甚危，幾乎終夜未能安眠，……心甚憂慮」。半靠運氣半靠意志力，飛機著陸前，她的臉不那麼腫了，只是醫生不得不點藥散開了她的瞳孔。後來美齡給艾瑪的信裡說，開羅會議時，她的「日子特別不好過」。

開羅會議上，在全是高層男人的世界裡，只有美齡一個女人，自然吸引了眾人的注意力。艾倫．布魯克（Alan Brooke）將軍，在他有名的「不檢點、刻薄而真實」的日記裡這樣描寫她：「不漂亮，大扁蒙古型臉，高顴骨，扁平上翹的鼻子，上面兩個長黑洞，一直通到她腦子裡。」但是將軍也說她具有「十足的魅力和優雅的風度，每一個細小的動作都賞心悅目」。從會議照片裡可以看到，美齡身著深色旗袍、白色短外套和點綴著花結的矮高跟鞋，微笑自如地跟羅斯福總統、邱吉爾首相聊天，看上去非常輕鬆，一點沒有身體不適的跡象。蕁麻疹的奇癢，只迫使她在長時間的會議上把腳的位置換來換去。這個動作露出她勻稱的雙腿，有人說這是她故意幹的，為的是把男人的注意力都吸引到她那裡去，讓他們觀察不到她丈夫的拙劣表現。布魯克寫道：她的改換腿的姿勢「在開會的人中引起了一陣陣騷動，我甚至想我聽到一群年輕與會者那邊傳來壓低的呻吟」！

未來的英國首相安東尼．艾登（Anthony Eden）在開羅做邱吉爾的副手，對美齡印象良好：

「蔣夫人讓我吃驚。她很友善，或許有一丁點王后派頭，……但做翻譯是非常盡職的，不像我以前聽人講的那樣太活躍或過分敏感。」艾登覺得蔣介石不簡單：「不好說他到底屬於哪一類人，看上去也不像個武士。他臉上老掛著笑容，但是眼睛不那麼容易笑，而是盯著你不動，像是要看穿你，……他像刀鋒一樣銳利。……我喜歡他們兩人，特別是蔣，想跟他們更熟悉。」

蔣夫婦在會議上收穫匪淺，開羅聲明被稱為「蔣介石的一大成功」。它明確宣布「所有日本從中國偷去的領土，包括滿洲、福摩薩（臺灣）、澎湖列島，都必須歸還中華民國」。這是蔣介石的要求，美齡訪美時他曾叫她帶給羅斯福總統，如今他如願以償。

一天，邱吉爾到訪，蔣看見他和美齡談笑不斷一個小時，問她說了些什麼。據蔣介石日記：邱吉爾問美齡：「你平時必想我邱某是一個最壞的老頭兒乎？」（如果此話屬實，應該是針對邱吉爾對蔣要求歸還香港的回答：「〔拿香港，〕你得從我的屍體上邁過去。」）美齡答道：「要請問你自己是否為壞人。」邱吉爾說：「我非惡人。」美齡說：「如此就好了。」蔣介石認為他的夫人叫邱吉爾大大受窘（「其言多為余妻所窘。」）不管蔣的記載是否準確，他總之認定美齡為他爭足了面子。他為妻子驕傲。

開羅會議的最後一天，蔣在日記裡帶著對妻子的欽佩寫道：「今日吾妻自上午十一時往訪羅斯福商談經濟回來，直至晚間霍浦金（Harry Hopkins，羅斯福總統身邊要員）辭去，在此十小時之間，幾乎無一息暇隙，所談皆全精會神，未有一語鬆弛，故至晚十時，見其疲乏不堪，彼目疾未癒，皮膚病又癢痛，而能如此，誠非常人所能勝任也。」

開羅歸來，興奮的蔣介石帶著美齡在冬天的大山裡野餐。一九四三年除夕的日記寫道：「今日但覺心神怡瀹，俯仰無愧，人生之真樂也。」

*

美齡不像他那麼開心。她的蕁麻疹越來越厲害。在開羅，她曾諮詢邱吉爾的醫生莫蘭大夫（Dr Moran），大夫說這不是病，「只要你的生活不再緊張、完全放鬆，就能好起來」。可她回重慶後，壓力更大。最緊迫嚴重的問題，是蔣介石跟身邊最重要的美國人史迪威將軍無法搞好關係。史迪威把中國打敗仗歸咎蔣介石，給華盛頓的報告說：「中國士兵是傑出的材料，被他們愚蠢的領導浪費了、背叛了。」史迪威脾氣暴躁*，有尖酸的名聲，跟蔣介石吵了多次架，還公開拒絕執行蔣的指揮。

美齡跟大姊一道，千方百計為他們倆說合，但無濟於事。史迪威對蔣政權有根深柢固的反感，勸說沒用，再說他本來對這兩姊妹就沒什麼好感，她們再努力也是徒勞。

一九四四年四月，蔣介石與美國人的關係到了危機關頭。那時日本發動「一號作戰」，旨在把占領的北方和南方連成一氣。蔣介石的軍隊不堪一擊，兵敗如山倒。美國人再次對蔣「拿不出任何計畫，顯示不出任何能力來阻止日軍」大為失望，對他的反感又深了一層。羅斯福總統感到「中國的情況糟透了，必須立即採取激進而認真的措施」，他於七月六日寫信給蔣，直言不諱地叫蔣把軍事指揮權交給史迪威，讓史迪威全權「指揮所有中國和美國軍隊」。蔣介石對此要求堅決不從，決心不惜與美國斷絕關係。

美齡無計可施。她晚上老做噩夢，滿是大廈將傾的預兆。她想離開，以治病為由向蔣要求出國。知道的人有的說這是「逃跑」，蔣介石拒絕讓她走。美齡絕望之餘，在美國副總統華萊士（Henry Wallace）訪華時去見他使團的一位成員，求他請華萊士在蔣介石面前提一提她的健康問題。她甚至把長筒絲襪捲下來，給那個成員看她腿上紅腫的蕁麻疹斑塊。

最後，蔣介石放她走了，她在七月初跟靄齡、令侃、孔二小姐一道飛往巴西的里約熱內盧。走前深夜，她流著眼淚對蔣說，她擔心再也見不到他了。蔣記述當時情景：「彼……甚以此去恐不能復見為慮。彼云：須君牢記世界上有如我愛汝時刻不忘之一人乃可自慰。又云：君上有天父之依託，而下有汝妻為汝竭誠之愛護，惟此乃可自慰也。余心神悲戚更重，不能發一言以慰之。」

蔣為美齡舉行送別茶會，會上他做了個奇怪的講話。對著出席的七十來名中外要人、記者，他宣布自己絕對沒有「和任何女人有不正當關係」。這樣當眾為自己辯白是丟人的，但蔣夫婦認為有必要。關於蔣介石婚外情的傳言早已滿城風雨，是霧都眾人茶餘飯後的談資，美齡本人也收到很多信講這件事。她在這時離去，沒有回程的日期，給人印象真的是被蔣的婚外情氣走了。美

---

* 史迪威曾講了個針對自己的笑話。一天一個中國商人對他鞠躬打招呼：「早上好，傳教士。」「為什麼你叫我傳教士？」史迪威皺著眉頭問。「因為您樣子像——您的表情平和又友善。」那人答道。

齡受不了，要蔣介石公開「闢謠」。蔣講完後她也講了話，說完全相信蔣，不相信「惡意的誹謗」。

美齡這一行的目的地引起了人們的好奇。好意的人猜蔣夫人去里約是為了治皮膚病，說那裡有位神醫；更多的人，包括未來的美國總統杜魯門，相信宋家偷了美國大量美援，投資在巴西房地產。迄今兩種猜測都未見證據，很可能宋氏姊妹去里約，不過是因為那裡是著名的旅行勝地。去美國不明智：美齡在那裡的形象今不如昔。一年前訪美時報紙對她極盡讚美之詞，可現在渲染的是「她的無價貂皮大衣和價值連城的皮毛手筒上鑲嵌的鑽石、玉石」。

美齡在里約住了兩個月後到了紐約，住進孔家的豪宅，在那裡保持低調。她對艾瑪說，內心的煎熬好像是個等待執行的死刑犯。時間一天天過去，她漸漸快樂起來，開始享受生活。有天晚飯後她和艾瑪駕車到百老匯去看電影，兩個特工人員保駕，從出口悄悄進去。又一天，她們去參觀布朗克斯（Bronx）動物園，去看美齡為了感謝美國對中國抗戰的支持而贈送給紐約的大熊貓。遊玩的時候，美齡大吃冰淇淋，說她饞冰淇淋好久了。她還得到一輛別克轎車，很可能是靄齡給她買的，特工教她駕駛。在紐約市裡轉來轉去學開車，給了她莫大的樂趣。

中國第一夫人離開她戰爭中的祖國一年多了。蔣介石對她忠實不渝，不斷打電報給她，問候她的健康，可憐巴巴地說自己對她如何「想念之切」——無論在她的生日還是在他們的結婚紀念日，無論聖誕還是新年，以及別的數不清的日子，包括她離家飛里約的週年——盼她「早日康復回國團聚」。美齡報以老一套的理由：病還沒好。

蔣依賴美齡並非因為他需要妻子跟美國人搞好關係。美齡一年多不在重慶，蔣跟美國的關係反而變好了。羅斯福總統於一九四四年十月召回了史迪威，繼任者魏德邁（Albert C. Wedemeyer）將軍和美國新大使赫爾利（Patrick J. Hurley）跟蔣的關係都不錯，對蔣持支持態度。

一九四五年四月十二日，羅斯福總統因腦溢血去世。美齡駕車到他在紐約州海德公園鎮的家中去探望他的遺孀。接任的總統杜魯門繼續支持蔣介石，送他一架私人飛機，銀色的C-47，外形美觀，裝潢雅致。蔣為飛機取名「美齡號」，只是它沒有載回妻子。

*

一九四四年年中，孔祥熙以行政院副院長、財政部長的身分造訪美國，結束後以需要在美國治病為由，留了下來。一九四五年春，重慶「美金公債券」醜聞曝光，發現一千餘萬美元被孔祥熙及同夥貪污，其中三百多萬落入孔的腰包。國民黨從上到下人人切齒痛恨，蔣介石被迫追究。他給孔接二連三地發電報，一封比一封嚴厲，要他回來回答問題。孔被迫在七月返回重慶。他不得不退還一部分贓款，被蔣撤了職。

蔣派大舅子宋子文接任行政院長，這徹底毀掉了宋子文與孔家的關係。從此以後，孔祥熙不放過任何一個貶低宋子文的機會，而靄齡要到近二十年後才跟弟弟做了某種程度的和解。

靄齡認為蔣對不起她丈夫，間接的也是在侮辱她本人，在家裡關上門，情緒激動地對小妹訴苦。艾瑪到她家去，感覺到那裡的氣氛異常。她跟大多數與中國有關的美國人同感，就是不喜歡孔家。她在日記裡寫道：美齡「太受孔夫人影響。我真希望她身邊是任何別的人」。美齡完全站在姊姊一邊，對蔣的電報現在回也不回，對艾瑪也絕口不提蔣。

一九四五年八月六日和九日，美國在日本廣島、長崎投下兩顆原子彈。八日，蘇聯對日宣戰。十日，日本宣布投降的意圖，歡呼聲響遍全世界。美齡在紐約，她沒有趕回重慶與丈夫分享勝利的時刻。她駕車到時代廣場，在那裡馬上陷入狂歡的人群中。她注視著人群唱啊，跳啊，揮舞著美國國旗。這是她認同的地方，她不想回中國。要是可能選擇的話，她要住在紐約，跟大姊一家生活在一起。

18 蔣王朝的覆滅

蔣介石得知日本投降的意圖，渠道頗不尋常。日本是通過無線電用英文宣布的，因為美齡不在，蔣身邊沒有說英文的人收聽無線電並隨時了解時局發展，所以他不知道（蔣的隔絕狀況，由此可見一斑）。據他一九四五年八月十日的日記，那天晚上「默禱將完時，正八時許，忽聞求精中學美軍總部一陣歡呼聲，繼之以爆竹聲」。蔣派他身邊的人、也是親戚的蔣孝鎮去探聽「如此嘈雜究何事」，勝利的消息就是這樣才到了中國戰區最高統帥的耳朵裡。

蔣的反應不是欣喜若狂，而是高度緊張。抗戰勝利了，跟毛澤東決一雌雄，爭奪中國的統治權的時刻到了。史達林剛派了一百五十萬軍隊進入中國北部，拉開的戰線達四千六百多公里，占領的土地比他們在整個中歐、東歐占領的土地總和還大。這些地方史達林都可能交給中共——如果蔣不馬上行動起來的話。在抗戰前微不足道的中共軍隊，現在已壯大為一百多萬，是蔣軍的三分之一。蔣急著要調兵遣將。可那天晚上，他約好了請墨西哥大使吃晚飯，大使一個勁兒地跟他說話，讓他覺得「墨使不識體統，糾纏漫談不休，殊不知抗戰最大事要在此時決定也」。大使一走，蔣便緊急「對前方各戰區」發布命令搶占地盤。

美國希望中國和平，給蔣施加壓力邀請毛澤東來重慶舉行和談。毛不想踏進蔣的老窩，他知道蔣的暗殺史。但史達林一定要毛玩談判的遊戲，因為他不能肯定毛在戰場上能打得贏。在史達林一連三封電報之後，毛於八月二十八日滿心不情願地離開根據地延安，搭乘美國飛機到重慶。美國人擔保毛這一行的安全，美國大使赫爾利專門坐飛機到延安去接毛。毛來了，蔣很得意，說「毛澤東果應召來渝」，還說這是他本人的「德威所致」，儘管也是「上帝所賜」。他似乎滿有把握能控制毛。

蔣派飛機去紐約接美齡。美齡對艾瑪說：「我不想去，艾瑪。但是我的丈夫在就要到來的對付共產黨的危機中需要我。我希望而且祈禱，中國能避免戰火，國家團結統一。我會想念你，或許會永遠見不到你了，共產黨可能把我『捉了去』。」第一夫人這時似乎已經在預料失敗。她九月五日到重慶，蔣去機場接她，日記中對久別十四個月的重逢，沒有任何帶感情的話，跟從前別後再見大不相同。

占據在蔣腦子的頭等大事是跟毛澤東的會見。在重慶，毛表面上到處喊「蔣委員長萬歲」，但心裡在盤算如何奪取蔣的政權。離開延安的前夕，他剛部署了一場對國民黨軍隊的進攻戰，在他重慶之行期間進行。這場戰鬥發生在山西上黨，是國共內戰的前奏。蔣打定主意寸土不讓，一邊把對毛的滿腹痛恨傾吐在日記裡。毛在重慶住了一個半月，他一次也沒邀請毛跟美齡見面。顯然，他不想讓毛做他夫人著名魅力的受惠者。

毛來重慶近一個月的時候，蔣實在受不了他的客人了，帶著美齡去了僻遠的喜馬拉雅山脈東線的四川西昌。他曾計畫如果日本威脅重慶，就退到海拔六千英尺的這裡，把西昌作為下一步的戰時首都。為此做準備，這裡建了座機場，造了些房屋。

蔣突然離去，毛嚇了一跳，懷疑這是殺手上門的前奏（宋教仁被刺就是在孫中山去日本之後）。他派周恩來到蘇聯大使館去請求讓他住進去，大使館拒絕了，他很生氣。毛的擔心不是沒道理，蔣周圍的人的確敦促蔣殺毛，蔣下不了決心，害怕失去美國的支持。

美齡和丈夫在西昌住了一週。這裡的美，壯觀而怪異，經常發生的地震把崇山峻嶺撕裂開來，中間的峽谷好似巨人在齜牙咧嘴。這些野性勃勃的山嶺，環繞著純淨安寧的邛海。蔣夫婦每天在明鏡般的湖上盪舟，躺在船上，享受頭頂上水晶一樣清澈的藍天、明媚的陽光和乾燥的新鮮空氣，跟灰暗潮濕的重慶是兩個天地。在這七天中，蔣介石完全放鬆，鬍子也不刮，這在他是少見的。回重慶後，十月十日，他跟毛簽了個協定。兩人都絲毫沒有遵守協定的意思，兩人都在加緊備戰。

一九四五年十月十一日，毛一回延安，就下作戰命令。他的軍隊不僅比蔣介石的小，而且欠缺蔣軍跟日本人打仗的經歷。中共軍隊的確打過、贏過國民黨軍隊，但那是地方軍，現在他們面對的是蔣介石打過硬仗的、美國訓練的精銳之師。很快，毛就意識到他的軍隊的作戰能力遠遠趕不上他的指望。他最擔心的事情發生了：暗中支持他的史達林，看到中共軍隊取勝無望，著手調整策略，不打算跟蔣把關係搞得太僵。一連串打擊之下，毛身心交瘁，十一月病倒了。好些天，他一刻不眠，躺在床上渾身出冷汗，發抖，手腳痙攣。

＊

在毛臥床不起時，蔣介石正以勝利者的姿態周遊全國。當他進入北京、上海、南京等大城市時，目擊者稱：「好像凱撒大帝凱旋而歸進羅馬。」他的飛機駕駛員衣復恩描述：「幾乎每一個機場迎接的人潮千千萬萬，萬頭攢動，民氣旺盛，整個場面狂熱沸騰。人民痛苦了八年，終於苦盡甘來，大家對他的愛戴與擁護，是出自於內心的。……我目睹且參與了這種盛況，感染了這股熱力，內心也雀躍莫名。那真是近代中國最有希望的日子……。」蔣介石陶醉了，他「意氣風發，……在人群裡握手、揮手，顧盼自雄，宛如天神一般」。蔣真以為是自己打敗了日本。知情的人明白這是幻覺，但無人對他挑明。

自覺是個偉大的勝利者，蔣介石覺得該享受享受、排場排場了，給自己買了架新的總統座機，最先進的C-54。靄齡一年前曾租了一架載她和小妹去巴西，見到的人莫不覺得開了眼界。蔣現在買它來犒勞自己，儘管他已有專機，C-47，是杜魯門總統送的，用了還不到一年。新飛機他命名「中美號」，內部裝潢，據蔣的駕駛員講，也「極考究，……廚房裡還擺著精緻的銀器和其他餐具等，……可見承辦人員用心之良苦。後來那副全套銀器，奉蔣夫人指示，送官邸備用」。蔣授意要中國航空公司「奉獻」這架專機，但這是家與美國合資的公司，「在董事會上，贈機事被美方所否決；只好由宋子文先生決定，由財政部付全部造價一百八十萬美金。」知情人感到這樣的奢侈太過分，但沒人敢反對。

有領袖做榜樣，到淪陷地區去接收的國民黨大小官員也盡興大撈一把。他們受了多年的苦，如今什麼都搶：房子、汽車、貴重物品。任何人不幸擁有他們垂涎的東西，都可能被冠以「漢奸」的罪名，眼看著財產被沒收。以勝利者自居的國民黨官員還往往蔑視淪陷區的人民，把他們叫作「亡國奴」——理由沒有別的，就因為他們不幸住在淪陷區。這樣一來，中國大部分地區的人民，幾天前還把國民黨當作解放者來歡迎，幾天後就開始管他們叫「強盜」、「蝗蟲」。轉瞬之間，對蔣介石及其政權的擁戴熱情便煙消雲散，代之以強烈的憤恨。「勝利的災難」是《大公報》對接收的描述。以得人心的程度來說，蔣介石在光輝的頂峰只站立了一刻，馬上就直線下跌。

＊

在戰場上，他成功的時間相對地長。有一年多工夫，他的軍隊到處打勝仗。最關鍵的戰區是與蘇聯接壤的東北，如果中共占據了這裡，就能得到至關緊要的蘇聯的軍火供應和作戰訓練。一九四六年六月，蔣軍差一點就把中共軍隊趕出東北了，但在這時，蔣犯了個致命的錯誤。他頂不住前來中國調停內戰的美國馬歇爾（George Marshall）將軍的壓力，同意停火，而且時間長達四個月。停火使毛的軍隊得以建立並鞏固一塊面積比德國還大的、與蘇聯及其衛星國北朝鮮、外蒙古*

---

* 一九四六年一月，蔣介石承認了外蒙「獨立」，一廂情願地以為史達林會因此把東北和其他蘇軍占領的土地交給他，而不是交給毛。

接壤的根據地，得以全面利用史達林給予的一切援助。其中關鍵的一項是修復鐵路，使得重武器和大批軍隊能夠快速運輸到前方。蔣的這項災難性的決定是國共內戰的轉折點。到一九四七年春，中共勝利的前景已經在望。

蔣介石還犯了別的致命錯誤，原因之一是他沒有一個班子做他的左膀右臂，幫他決策。毛有兩個能幹的助手：戰略家劉少奇，和一流的管理人才兼外交家周恩來。可蔣呢，他始終是獨自一人，這時就連靄齡，因為蔣撤了孔祥熙的職，也不給他當參謀了。

蔣從來不跟他的行政院長宋子文討論軍事，只讓他管經濟。雖然宋子文在美國哈佛、哥倫比亞大學學過經濟學，雖然他也是個傑出的外交家，但在他管轄下，中國經濟一團糟。凶猛的內戰正席捲全國，他也沒法搞好經濟。他個人的弱點更讓他不能勝任這副重擔：在中國，宋子文是個外國人。他一生的大多數時間生活在國外，或在與真正中國隔絕的特權環境中，不接觸一般老百姓。雖然他效忠他的國家，可他對這個國家非常隔膜。他的經濟政策表面看來不錯，可沒法實行。

宋子文不但不努力彌補自己的弱點，反而張揚任性和傲慢，這從一個故事中可見一斑。日本投降的時候，中國駐英大使顧維鈞在倫敦舉行招待會慶祝，參加的客人有英國首相艾德禮（Clement Attlee）和當時在倫敦開會的主要國家外長，包括美國國務卿和蘇聯外長莫洛托夫（Vyacheslav Molotov）。各國使節都來了。可中國的行政院長宋子文，人就在大使館內，卻拒不出席。顧維鈞和中國外長千方百計想說服他下樓，他就是不下，也不給個理由。顧大使是個老派的紳士、外交家，聽到日本投降消息時曾欣喜若狂，立即叫人把中國國旗在使館外高高升起。他在日記裡寫道：「我夢寐以求的這一刻，我為之工作奮鬥的這一刻終於來到了。」他想不通為什麼宋子文有這番表現，在回憶錄裡忍不住發洩了自己的惱怒：「在場的人一定對宋博士不出席感到尷尬。」另外一名不那麼拘謹的外交官諷刺道：院長想必是操勞過度累了。

宋子文在內戰開始後一年左右就對蔣介石失去了信心。一九四六年十二月二十九日，他嚴肅而又激動地對美國顧問約翰·比爾（John Beal）說：「我們現在走在絕路上，……這裡不是美國，在美國你可以說：『那好，就讓共和黨執政一段時間吧。』這裡唯一的他選是共產主義。如果中國崩潰，共產黨就要上臺。」他開始考慮一個沒有蔣介石的、「自由派聯盟」政府的可能性，試探了比爾的口氣，結果是不可能。於是，當一九四七年初公眾輿論呼籲他下臺時，他毫不猶豫地辭去了行政院長的職務*。蔣介石派他去廣東任省主席，在那裡他祕密聯繫了鄰省國民黨中的倒蔣人士。但他最終沒有加入他們的行列，原因是他們要跟中共配合。宋子文說：「我們不能跟共產黨合作。」

*

國共內戰剛開始，靄齡就對前途感到悲觀。她對蔣介石知之甚深，對他能成功不抱太大希

---

* 人們常指責宋子文大規模貪污腐敗，但跟對孔祥熙的指控比較起來，對他的指控缺乏細節，而且一般不出自財經界人士。據他本人的統計，一九四三年他的資產計五百餘萬美金，這當然跟他的特權地位分不開。

望。到了一九四七年春天，她徹底絕望，以至於感到自己本身的日子也不多了。她懷疑自己得了癌症，雖然醫生說一切正常，沒有癌症的跡象，她也擺脫不了行將就木的感覺。六月十五日，她從紐約給抗戰勝利後搬回上海的慶齡寫了封遺書一樣的信，告訴妹妹自己「臥床不起」，並說：「原諒我告訴你這些可能只是一種沒有根據的猜測。如果我有什麼不測的話，請記住我非常愛你。」她還寫道：「美齡的飛行員明天將去上海。我會叫羅莎蒙德〔孔令儀〕交給他一個包裹讓他帶給你。我希望能多送一些洗頭膏給你，但它們實在太重了，我有些猶豫不想讓他多帶。我希望在下一次帶東西給你之前，各種物品能使你夠用了。我希望你在任何時候都能享用到它們。每天晚上我躺在床上總在想，你是否擁有對於你安逸和幸福的生活來說所應該有的一切。」她不斷託人給慶齡帶東西：衣服、首飾、手提包、「生髮水和眉筆」之類的化妝品，還告訴慶齡：「如果你需要錢的話，請告訴瑪米。」「我已經幾次給她寫信要她照顧你。」靄齡相信呵護她的兩個妹妹，給她們提供生活所需，是上帝給她的使命。隨著國民黨的大勢已去，為慶齡提供所需的日子屈指可數，她對慶齡說：「如果我在這裡不能再為上帝做什麼了，那麼我對祂的所有要求就是讓我安靜地死去。作為妹妹，你一直是那麼和藹和可愛，我想要你知道現在我比從前更加喜歡你了。」

在大姊的影響下，美齡很早也對蔣介石心灰意懶。當蔣還在以勝利者的姿態周遊全國時，她就不像丈夫那樣興高采烈，而是覺得疲勞厭倦。她對艾瑪說：「過去幾個月我一直在旅行、旅行、旅行，還有更多的旅行。我已經是第二次去東北了。奇怪的是，旅行了這麼多年，我還在暈機。」

內戰中的她跟抗戰中完全不一樣。從前，她跑來跑去看望官兵，安撫傷員，發表演說，是蔣出色的代言人。美國顧問比爾議論道：「她對國會演講，用她的魅力征服了見到的每一個人。她說一口流利的英語，在社交時同參議員、眾議員們討論戰爭與戰後的實質性問題。」如今，比爾注意到，她什麼也不想幹。一九四六年七月一日，比爾對美齡提起蔣政府「在報紙上淨是些糟得不能再糟的負面報導」，她同意這個看法，但馬上說：「我知道你想要我做什麼，你要我出面給他做翻譯。抗戰時我已經做過了，我做煩了，不想再做了。」比爾在日記中寫道：「我很吃驚她沒等我說完就急著這樣說，特別是我本來並沒有要她扮演這個角色的意思，當然她如果真的出面那倒不錯。」

美齡滿腦子想的是「親愛的老紐約」，想的是她的美國朋友。給艾瑪的信裡滿是對美國的思念：「想想看，差不多一年前，我就在紐約，我們一起玩得好開心。」她盼望艾瑪的信：「你在做什麼呢？這一向怎麼樣？給我來信吧，告訴我所有的新聞。」「這封短信是要你多給我寫信，雖然，上天知道，我對不起你，沒有多給你回信。」身處血腥的中國大內戰，她在忙著張羅給大洋彼岸的朋友們準備禮物：「我給你〔艾瑪〕寄了件和服，還有些是給別的朋友的。這裡有一張單子，是她們的姓名。請你加上她們的地址，寄或送給她們好嗎？……我又在利用你的好性格給你添麻煩了，但你總是對我這樣好，毫無怨言地幫我做這樣那樣的事情，我知道這次你不會介意。」「這裡寄上一張一百元美金的支票，是給校友基金會和同學會基金的。請幫我照你認為合適的比例分開寄去。」

蔣夫人倒也心甘情願地幫丈夫做了件事。一九四七年底，她邀請二姊慶齡去遊杭州西湖。兩姊妹在西湖邊上散步時，她坦率地問慶齡：要停止內戰，共產黨的底線是什麼？這個直截了當的問題讓慶齡措手不及，因為她跟家人從來避免討論政見。慶齡一邊在竭盡全力幫助毛澤東打垮蔣介石，一邊又在給蔣夫人送諸如新鮮湖蝦這類美味（對此美齡回贈薑汁甜餅和奶酪餅乾）。大姊靄齡得了眼病，她建議試試她的俄國大夫的處方；弟弟子良的女兒在美國，她也惦記著航空寄去書籍——她做著這一切，就好像四下裡你死我活的戰爭與她們無關。這次美齡的問題捅破了那層窗戶紙。慶齡一向以獨立的中共同情者而非共產黨一員的面貌出現，美齡的直率提問等於是對她說，宋家兄弟姊妹都明白她是在做戲，她是那個他們視為邪惡組織的核心成員，而那個組織要消滅他們全家。慶齡匆匆地重複一向的老生常談：她跟共產黨沒有關係，她怎麼會知道他們的底線是什麼？隨後她倉促離開美齡，乘車回上海。一到上海，她馬上去找中共，報告了與美齡的談話。她不希望黨懷疑她背著他們跟自己的親人做交易。

*

派他的夫人去詢問中共的底線，暴露出蔣明白他的江山風雨飄搖。在一九四七年至一九四八年中，他的軍隊遭受了一系列摧毀性的打擊。美軍總顧問大衛・巴爾（David G. Barr）將軍把責任端端地放在蔣委員長頭上。他在一九四八年十一月十八日給華盛頓的報告中說：「沒有任何一場戰鬥的失利是因為缺少子彈或裝備。據我看來，他們的崩潰都可以歸罪於世界上最糟糕的領導，和其他許多摧毀士氣的因素，它們使軍隊完全喪失了戰鬥的意志。」最摧毀士氣的莫過於在關鍵戰場上中共軍隊奇蹟般的勝利，如像在東北和毛的大本營延安。在這些地方，獲取了蔣介石信任、手握軍權的中共代理人，把蔣的軍隊分期分批送給中共去一個個殲滅。蔣介石一生不信任人，一旦信任起來卻常常找錯對象。他的判斷力就是這樣成問題。

一九四八年夏，蔣開始準備「搬家」，搬去面積三萬六千公里、人口六百萬的臺灣島。他計畫把全中國能拿到手的金、銀、外幣都拿到手，統統帶去臺灣。怎麼拿呢？蔣發行紙幣「金圓券」，下令全國人民把所有的金銀、外幣，限期兌換為金圓券。在各省，中小官員挨家挨戶以死刑要脅老百姓，要他們交出一生的積蓄。同時蔣派兒子經國到硬通貨最集中的地方——上海去搜括。在上海，經國把物價飛漲、乃至整個經濟危機，都怪到「奸商」頭上，在上海實行「物資總登記」，限令各工廠及商家登記他們的財產，之後以各種名目沒收，美其名曰「打老虎」。經國拿出他學到的列寧主義的一套，組織上萬年輕人「協助政府肅清上海的奸商」。這批年輕人宣誓「絕對擁護政府，服從領袖，……為人民服務」。有錢的人人受威脅，不少人被逮捕，有的被槍決。當時美國人就反對說，此舉在「思想」上「全為俄共產主義」，而行動上是「打倒大小資本家」。

為了嚇唬生意人，蔣經國把一批頭面人物作為「老虎」扣押起來，其中包括上海幫會大老杜月笙的兒子。看到兒子被捕的照片赫然刊登在《中央日報》頭版，杜月笙一連幾天臥床不起。他以為自己是蔣委員長的朋友，想不到受到這樣的待遇，在床上他思考著反擊的辦法。不久，辦法有了：報紙上出現報導，稱靄齡兒子孔令侃的「揚子公司」囤積大量進口物資。警察局驚動了，查封了公司的倉庫。令侃面臨巨額罰款，甚至蹲監獄。事實上，因為令侃有內部消息和他母親的深謀遠慮，早就登記了這批在他的龐大財富中微不足道的少許西藥、呢絨、汽車以及汽車零件。他致函蔣經國，說明貨物早已登記，他沒有犯任何法。但是眾怒沸騰，報紙一致譴責「豪門資本家」，就連國民黨的《中央日報》也稱豪門為「人民公敵」，用的字眼通常只會在共產黨宣傳中看到。經國感覺四周的空氣「可怕」，要繼續從人民口袋中攫取金銀外匯，不整治表弟令侃不行，他決定即使令侃在這件事情上沒犯法，也要拿他開刀。

令侃向姨母美齡求救。美齡怒火中燒，把人在前線的蔣介石召來上海，她的言詞，她的聲調，都讓蔣感到他非得即刻飛來不可。美齡給蔣下了最後通牒：如果他要犧牲令侃，自己會站在大姊全家一邊跟他對著幹。令侃威脅要對新聞界「把一切都掀出來」。蔣介石只好叫經國停止對令侃下手。經國離開上海，「打虎」告終。蔣經國的「打虎」，今天還被人們稱頌為蔣家父子「反腐敗」，事實上這是蔣介石離開大陸前的大搜括。由於美齡決心保護甥兒，大搜括進行不下去了，中產階級才保住了部分財產（當然是暫時的，毛上臺不久便一掃而光）。

但蔣已經攫取了不少，這些金銀外幣，連同運過海峽的政府黃金儲蓄，幫助國民黨度過了在臺灣的最初日子。

這是後話了。在當時，一般民眾看到的是，反腐敗運動因宋美齡包庇甥兒而夭折，人們的憤怒指向了她。蔣介石十一月的日記裡多處稱，對她和孔家，「全體黨員皆起疑竇」；「社會對孔、宋豪門資本之攻訐，幾乎成為全國一致之目標」。蔣也提到對他父子的「攻訐」，但跟著就說「此全為孔令侃父子所累」——怪孔家連累自己。

蔣政權即將到來的分崩離析本來就讓美齡身心交瘁，她家成為眾矢之的更讓她百口莫辯而深受刺激。最令她寒心的是，她丈夫準備拿她家當替罪羊，把形同兒子的令侃送進監獄。這實在是超越了她所能忍受的極限。據蔣日記，她痛哭不止，質問蔣「國家為何陷入今日之悲境」。她「受環境刺激非常，……幾乎不能自制」。「昨夜神經反常」，過了許久才慢慢安靜下來。蔣從未見過妻子精神失常，感到自己也「生不如死」。

美齡一心想離開丈夫，躲開那一片譴責她和她家的聲浪，避開那一敗塗地的殘局。一九四八年十一月二十八日，她飛離中國去紐約，這次比以往任何時候都希望一去不復返。

在美國，她得知杜魯門總統對她家和她本人鄙視已極。總統對作家梅勒・米勒（Merle Miller）說：「我們支援中國的所有的錢……一大部分吧，都落進了蔣兩口子、宋家、孔家的口袋裡。他們都是賊，該死的他們每個人都是賊。」

美齡深信蔣王朝的覆滅不是她家的過錯。她執著地想：「時間和上帝會為我們洗清名譽。」

*

一九四九年一月二十一日，蔣介石被迫辭去總統職位，由李宗仁代理，自己「下野」還鄉到了溪口，住在為母親修建的、占據一整座山的陵墓旁邊。四月二十三日，中共占領南京，結束了為時二十二年的國民黨統治。五月十九日，蔣到了臺灣。在大陸的最後半年多，美齡不在他的身旁。蔣再三打電報要她回來，她要麼置之不理，要麼答以通常的「生病」，要麼說自己正「繼續與各方聯絡」。經國也寫了若干信，說：「局勢之發展甚為嚴重，望大人能速返國，共商決策。」「公私各事皆為憂慮萬分，不知大人何時得能返國？」美齡回答：自己也「歸心似箭，但現時歸亦無補時艱，而稍留此間，於黨於國定有裨益……」。

在這段時間，年近四十的經國，每天陪伴父親，在大難當頭時相依為命，父子之間的關係變得親密至極。有次美齡冒失地寫信要他「來美面談一切」，經國回答道：「父親一人居鄉，為父之安全見，實不忍遠行。」蔣對兒子情意的加深，取代了他對美齡的感情依賴。

蔣給美齡的電報變得明顯地稀疏和公文式。美齡能感到丈夫的冷淡，同時也為自己在危急時刻沒與他共患難而內疚，不尋常地開始「討好」丈夫，這在以前從來沒有過。她反覆表示為蔣的安全擔心，十分委婉地勸蔣「出國一行，親自考察軍事科學，以備將來改進軍隊……」。蔣拒絕了，只問美齡：「何日起飛赴臺？」

靄齡勸小妹不要去臺灣，每次美齡想走她都堅決阻止。她認為，局勢如此，是蔣介石的無能；就憑著蔣要拿她們家做替罪羊一件事，他就不配美齡的忠誠。但更重要的，那時中共志在奪取臺灣，有史達林的軍事支援，再加上臺灣島上的國民黨內有身居要職的內線響應，他們滿有把握成功。蔣介石誓與臺灣共存亡，美齡去了只會是死路一條。靄齡愛她的小妹，不願讓她去送死。可是，她很明白，一個妻子在危機時拋棄丈夫為人不齒。她也不會想不到，如果美齡這時離開蔣，蔣絕不會原諒她，蔣對他不饒恕的人的處置辦法也可能用於美齡。靄齡一向做事決斷，可是此時她想來想去，不知道怎麼辦才好。

美齡更是心亂如麻。她恨自己在這個時刻腦子裡甚至轉過離開丈夫的念頭，她也深知那會是給共產黨拱手送上的大禮。如果她真的這時離開了丈夫，她將永遠不會原諒自己。一九四九年十二月一日，蔣來電說「憾無法同慶結婚二十三年紀念日」。提到他們的婚姻似乎打開了美齡記憶洪流的閘門，與蔣共同生活的往事一幕幕湧上心來。她記起：「我曾陪著丈夫去到戰地，我們睡在茅草屋裡、火車站上、火車車廂裡，我們穿越過大西北火熱的岩石山地，住過原始的兵營，睡過帳篷，……我創辦過學校、孤兒院、醫院、禁鴉片煙所，……我甚至還進了軍隊，當過空軍祕書長。」她豐富充實的生活沒有跟蔣介石的結合是不可能的。她問自己：「我怎麼可能讓他面對一生最大的挫折而不在他身邊呢？」

她輾轉難眠，坐立不安。靄齡叫她「祈禱，祈禱，耐心地祈禱，我相信上帝一定會為你引路」。美齡已經祈禱了好多個月了，感到「我的禱告已經變得重複呆板」。儘管如此，她堅持下去。她後來寫道：「一天黎明時分，不知道是醒著還是睡著，我聽到一個聲音——一個超凡入聖的聲音，清晰地說：『一切完好。』」

布朗寧的詩「上帝就在天堂／人間一切完好」，曾經在美齡腦子裡浮現過。那是一九三六年十二月西安事變時，蔣介石被扣，她飛去西安與丈夫共命運。如今聽到上帝開口，她感到上帝要她像在一九三六年一樣，飛到丈夫身邊去。

美齡寫道：「這句話讓我完全醒來。我立即起身，走進姊姊的房間。她從床上抬起頭來，對我這麼早來並不感到驚訝，因為在那些焦慮不安的日子裡，我常常失眠，不管白天黑夜都去打擾她。」靄齡看到美齡的臉上「放光」，馬上就明白了。「我告訴她我聽到上帝對我說話，……一有飛機我就馬上回家。她幫助我收拾行裝。她不再反對我走。」

美齡於一九五〇年一月十三日抵達臺灣。在那天的日記裡，蔣平淡地說「迎夫人到桃園機場」，然後公事公辦地記載他如何「聽取」美齡的「報告」，講在美國的工作「與今後之布置等」。

可是，很快，蔣介石就醒悟到美齡歸來的重要性。臺灣正處在岌岌可危的局勢中：兩百萬軍隊和平民跟隨蔣到了臺灣，這個六百萬居民的海島一下子擁擠不堪；重大經濟危機迫在眉睫；而美國已準備和蔣劃清界線，島上沒有美國大使，只有個二等祕書；共產黨宣布即將「解放臺灣」。人人都認為臺灣的陷落指日可待，人人都驚惶失措，稍有辦法逃離的人都在逃離。可是美齡反向而行，飛來臺灣。這對國民黨的士氣是極大的鼓舞。當她到來的消息傳出去時，人群蜂擁去機場看她。蔣介石深受感動，對妻子充滿敬佩，寫道：「在此大陸淪陷、革命絕望、國家危亡不保之際，有勢有錢者唯恐出國逃避之無方，而夫人竟在此危急之秋，居然返國來共患難……。」他把美齡比作歷史上在生死存亡的關頭赴難解救的英雄。

第五部　三姊妹的後半生（一九四九～二〇〇三）

19 戰勝了「溫情主義」的國家副主席

一九四九年五月中共占領上海前夕，人在紐約的美齡給姊姊慶齡寫了封情意深長的信：「最近，我們都經常想起你，考慮到目前的局勢，我們知道你在中國的生活一定很艱苦，希望你能平安、順利。如果我們在這兒能為你做些什麼的話——只要我們能辦到，請告訴我們。我們倆都希望能盡我們所能地幫助你，但常感到相距太遠了，幫不上忙。請寫信告訴我們你的近況。」

寫這封信的時候，美齡跟她丈夫一道在共產黨的「戰犯」名單上。為慶齡著想，她沒有用自己一個人的名字寫這封信，而是加上了弟弟子良，借用子良的女兒收到慶齡寄書致謝的機會。

慶齡沒有回信。靄齡給她寫的信，她也一封都沒回。在共產黨即將掌權的日子裡，她兩個流亡海外的姊妹不斷表示她們如何愛她、想念她，她沒有給她們寄去一個字的問候。她不為姊妹們的愛意所動——或者甚至感到生氣，因為她們似乎認定她選擇的未來充滿「艱苦」，需要「幫助」。自從選擇了共產主義，慶齡早已狠下心來，預備有朝一日跟姊妹們一刀兩斷。她表示好意的種種姿態，與其說是與她們感情深厚的表現，毋寧說是保護自己不受蔣介石危害的手段。慶齡早就想好了，未來的生活與她出生的家庭無關。

她選擇的家是同志和朋友，她與他們一起迎接共產黨接管上海。朋友們一個個去看望她，他們緊緊握手說：「我們的期望終於盼到了！」對一個來訪者，慶齡激動地微笑著把一朵小紅玫瑰花插在他的西裝衣領上。

毛澤東選擇北京做首都，寫信邀請慶齡來北京參加他的政府。毛的措詞十分客氣：「至祈先生命駕北來，……並對於如何建設新中國予以指導，至祈。」

慶齡再三感謝毛，但是她說：「非常抱歉，由於有炎症及高血壓，正在診治中，不克即時成行。」新政府總理周恩來和一些老朋友輪番勸說，她依然禮貌地謝絕赴京。

慶齡並非擺架子。她喜歡住在上海，但更重要的是，她明智地決定離權力中心遠一點，否則她興許被捲進黨內鬥爭。慶齡對她選擇的制度的殘酷不抱幻想，她親歷了史達林的血腥權鬥和毛的清洗（周恩來也未能幸免，還得卑躬屈膝地一再自我譴責）。有時候，未來似乎讓她害怕，她曾短暫地考慮過「到蘇聯療病，並在國外工作一時期」。她真正希望的，還是跟她的小圈子裡的好朋友們一塊在故鄉上海，安安靜靜地經營她那個小小的組織，如今改名「中國福利會」。但中共勸了又勸，最後毛澤東派熟悉慶齡的周恩來夫人鄧穎超專程去上海「勸駕」。再推辭未免太不給面子，慶齡終於接受了鄧穎超帶來的邀請。

周恩來以他特有的細心周到為慶齡安排在紅色首都的衣食住行，致信他的夫人轉慶齡：「房子已準備好，我方去看過，較重慶、上海我常去的兩個地方都大，樓房，有上下兩層，在北京為稀有者。一切內部陳設責成〔熟悉慶齡的人〕負責指導。最好上海能帶一可靠廚子來。女祕書是否為……。」周還妥善解決了慶齡發的幾個牢騷，指示：「孫中山故屋中一個老僕人曾被我拘留，如尚未釋放，望市委速開釋，並查明理由。如係錯在我方，應正式向其認錯道歉，並對老僕人的損失予以賠償。如係錯在彼方，而錯並不大，應予以釋放，勿使孫夫人為此介懷。」慶齡的幼弟子安，在上海有棟房子，跟宋家其他人的房子一樣被沒收了。慶齡認為他應當與其他兄弟姊妹「加以區別」。周恩來同意：「請你們查清該號房產如屬宋子安，可交與孫夫人代管……。」

八月下旬，慶齡啟程北上。在兩天的旅途中，她從車窗內凝望經過的大地，和由南到北變化不斷的田園村莊，她想著「怎樣讓我們的家鄉變得繁榮。我們一切條件都有，……我們的資源豐富，……我們一定能取得成功。」

毛到火車站來迎接她。按照蘇聯的方式，一個少年向她獻上鮮花。比毛大十一個月、現年五十六歲的慶齡，當上了毛政府的副主席。一九四九年十月一日，毛澤東登上天安門城樓，宣布中華人民共和國成立，緊跟著走在毛身後的，就是慶齡。她的姊妹們流亡海外，而慶齡在她事業的巔峰。

＊

她的特權獨一無二。以住地來說，她在北京、上海兩處都有令人欣羨的宅院。上海的那座是沒收的著名銀行家的房產，歐式洋樓，帶一個草坪寬闊、花木蔚然的大花園。北京的房屋就更壯觀了，最後住的地方是滿清的王府，末代皇帝溥儀就出生在那裡。當年皇家喜愛的珍品中有一株一百四十多年的老石榴樹，每年還能結出五六個小石榴。因為孫中山被尊為無私的領袖，追求的是推翻皇室後天下為公，現在他的遺孀搬進王公府第，這讓不少理想主義者或對革命持懷疑態度的人頗感諷刺。慶齡本人也不安心，在給朋友的信中說了幾句帶歉意的話：「我受到的真是皇家待遇，雖然我並不開心，因為別的**更有資格**住進來的人住在簡陋的小屋子裡。」為她服務的員工不少，僕人們仍按共產黨掌權前的習慣稱她為「太太」。

慶齡的共產黨身分獨特而微妙。一九三〇年代，她加入了直接受莫斯科指揮的共產國際，但是莫斯科不久就決定讓她把這個身分掩蓋起來。共產國際一九四三年解散後，慶齡繼續把中共跟蘇聯共產黨都視為自己的「組織」，儘管名義上她不是組織成員。在共產黨中國，她不參與制定政策——她也毫不介意。她沒有權力欲，也明白自己能力的局限，有「中福會」這麼一個小攤子，她心滿意足，別無奢望。中福會現在設在宋家的老屋，她把老屋，連同其他房產，一併捐獻給政府了。屬於中福會的，有為婦女兒童服務的醫院、幼兒園、蘇聯式的「少年宮」，還有一所兒童劇院。但從前做的一項工作停止了：賑濟饑荒，共產黨領導下的中國沒有饑荒這回事，連災荒也沒有。「美國之音」一次報導她在「進行救災」，她得知後馬上寫信給周恩來，罵廣播是「可恥的捏造事實」，要求自己出面「就有關中國災情方面……說明一下，以正視聽」。

她還出版英文刊物《中國建設》，當然每期都得經黨的審查人員過目。黨派了新人進入中福會，對以前的職工嚴格審查。有些親密朋友忍受不了這些改變，離開了。但慶齡接受了管束，迅速適應了新環境。

適應包括身後跟著一群從前是中共士兵的警衛員，他們很多出身貧苦農民，對慶齡的生活方式不以為然，有時直截了當地提出看法，跟她一向的僕人大不一樣。共產黨人講究要與服務人員「平等」，把這算作他們的「民主」。一九五一年的一天，慶齡到東德使館去出席招待會。會後有警衛員對招待會上女人穿拖地長裙大發議論，說那些上等絲綢和布料都拖在地上，太浪費了！慶齡竭力解釋：「時尚和服式在人們的生活中是很重要的。有一天，我國婦女也會脫下現在的制服，穿上更為女性化的服裝。」她不知道這番話是否說服了警衛戰士。

聖誕前夜的聚會不再是天經地義的事情。慶齡請王安娜和幾個朋友來吃飯時，專門囑咐：「不要對任何人提起此事。因為有些幹部還不明白在這一時間舉行歡慶的意義，會對我們這個小小的聚會產生誤解。」後來，她用新年除夕聚會來代替，儘管放上一棵聖誕樹。

她學會了對從前不經意的事情小心翼翼。美國老朋友斯諾寫信給毛請她轉，她專門致信毛，聲明她對斯諾「最近思想之是否正確一時無法偵知，因久未閱其著作……」。給朋友寫信，她也常常著重交代：「馬上把此信銷毀。」

一九五一年至一九五二年，毛發動反貪污、反浪費、反官僚主義的「三反」運動，主要針對管錢的官員。中福會的人員被要求交代自己的歷史，「坦白」，還要互相揭發。對慶齡也不例外，她得知「中福會內部也傳播著有關我的流言蜚語，這令我震驚」。其中之一說她「總是收受承包人老羅的貴重禮物」。老羅多年為宋家和親戚朋友建造和維修房屋，包括慶齡捐給政府、現做中福會辦公處的宋家老屋。國民黨離開上海之前，有謠傳說他們準備綁架慶齡去臺灣，老羅住進慶齡家，好似她的保鑣。慶齡感激他，有時跟他交換些禮物。如今這成了問題，被說成是老羅在賄賂她。堂堂孫夫人，要為芝麻蒜皮的小事反覆聲辯：「多年來我們逢年過節經常互贈吃的東西，也就是些粽子、月餅、餅乾之類，從沒有什麼貴重的東西。上次他送我兩瓶葡萄酒，我知道這兩瓶葡萄酒很貴，就馬上退還了給他。每個節日我總是回贈他價值相等，或是略多一些的東西。我的警衛員可以為我作證……。上次他老父親病了，我把家裡的高麗參都送給了他。那一斤高麗參論價錢比他送來的東西貴十倍還多……。」聲辯之餘，還說：「我要求對他進行全面審查」，如果發現老羅行賄，要讓他「受到應有的懲罰」。

朋友們一個個「出了問題」，慶齡不無感傷地在信中寫道：自己對人向來「不懷疑他會做什麼壞事。但我想，這就是在評價一個人時人們所認為的『右傾思想』吧。」

儘管如此，在最初幾年中，還沒有慶齡不能接受的政治運動，她的心態基本是平和的。她照樣在小範圍內請朋友聚會，他們跳舞，欣賞留聲機放出的老唱片，日子還是很愜意。跟她打交道的是風度翩翩的周恩來，其他高級幹部，特別是在上海的、從前做地下工作的老朋友，在她周圍形成了一個安適的保護層。毛政權給她無數榮譽，讓蘇聯頒發給她大肆宣揚的史達林和平獎。兩位著名的作家——蘇聯的愛倫堡（Ilya Ehrenburg）和智利的聶魯達（Pablo Neruda）——專程飛來北京為她頒獎。生活中的樂趣也比從前多了不少：她作為新中國尊貴優雅的代表，旅行到許多國家，到處是國賓對待。生活對慶齡來說實在是不錯，她也滿足了。

*

一九五六年，慶齡跟黨發生了第一次——很可能也是最後一次——對抗。那年，黨要中國福利會改組執行委員會，由毛在上海的親信、上海第一書記柯慶施主持。雖然慶齡仍然是「主席」，但顯然這只是個榮譽頭銜，中福會從此不再是她的了。慶齡十分氣惱，在私信裡發牢騷，把共產黨中央稱為「他們」，說：「他們在任何事情上從來不徵求我的意見，……他們做的決定我一丁點也不知道。」

十一月是孫中山誕辰九十週年。慶齡為中共機關報《人民日報》寫文章，文中她把孫中山比作中國的列寧，說「中國共產黨擔起了他的使命」，「列寧和孫中山要在俄國和中國實現的事業由其他人接過手來」。像以往一樣，慶齡把文稿送去北京過目。通常，她是跟周恩來聯繫，她也尊重周的意見。但這一次，周恩來為一件更緊急的事忙得不可開交。共產黨世界那時正經歷暴風驟雨：匈牙利事件爆發，緊接著是波蘭的抗議浪潮。毛為之緊張，同時又認為這是個機會，他可能藉危機取代赫魯雪夫（Nikita Khrushchev）做共產主義世界的領袖（史達林於一九五三年去世）。怎樣駕馭這個局勢，消耗了毛和助手們所有的精力，整天整夜，他們都在開會。

周恩來沒有時間讀慶齡的文稿，這件事就交給了低一級的審查官員。他們沒有周的技巧，直接要求慶齡強調中共在孫中山事業中的「指導作用」：「孫博士的反帝工作，在他與（中共早期領導）李大釗、瞿秋白見面後發展起來。」慶齡大怒，十一月八日給朋友寫信：這些工作「孫博士早就在做了，……在他跟中共見面以前」。「我並不是貶低他們的貢獻，不過我們要尊重事實，我們必須實事求是，儘管事實跟有些人喜歡看到的不一樣。」按照已經養成的習慣，她要收信人「請一定銷毀這張紙條」。

慶齡堅持自己的原稿，審查官沒有權威否決她，她的文章沒經刪改就發表了。看到她的話，黨的領導不痛快了，覺得該教訓教訓她。十一月十一日，有一千六百多人參加的孫中山誕辰九十週年紀念大會在北京召開，毛和整個中共領導全體出席，可孫中山的遺孀不見蹤影。

與此同時，一個流言傳得沸沸揚揚，說慶齡跟他的警衛祕書發生了「不正常關係」，已經不再是孫夫人了。她的表弟聽到傳言，委婉地寫信告訴她。慶齡氣得發抖，回信說：「如果再有人這麼跟你說，你可以把他扭送到派出所去！」表弟問她為何不參加孫中山的紀念活動，慶齡只能說：「怕控制不住自己的感情，可能會失態，作為領導人，這是不合適的。」事實是，她沒有收到邀請，就連開慶祝會這件事也沒通知她。

慶齡的確特別喜愛她的警衛幹事隋學芳，也沒有掩飾她的喜愛。隋學芳一表人才，一手好槍法，會駕車，會攝影，多才多藝，常陪慶齡下跳棋、打康樂球、偶爾跳舞。大事小事，慶齡都愛叫他去做。慶齡對身邊工作人員一向和善體貼，對隋尤其鍾愛，或許是因為他就像自己沒能養育的孩子。其實，對隋的同事、衛士長靳三旺，她也是「特別偏愛」，「當成她的孩子一樣關愛著」（靳的話），還因他的嗓門大而送他暱稱「大炮」。她教靳跳舞、彈鋼琴，甚至讓他代表她非正式地講話。這兩個年輕人競爭她的寵愛，有時弄到耍脾氣賭氣的地步。而慶齡也表現得像個年輕女孩子：「大炮」聲音太大，她會「連忙偏過腦袋急用雙手捂耳朵」；有時會「笑得伏在餐桌上，好一會兒，她才直起腰，指點著靳三旺笑道……」。有了他們，她的家真的像個家，有歡樂，有笑聲，當然也有「小孩子氣」，「拂袖而去」，「不肯吃早飯，還說氣都氣飽了」。

流言蜚語是免不了的。這次，最不尋常的是流言傳到了公眾耳裡。國家領導人的私生活通常是嚴格保密，別的領導哪怕有若干外遇，消息也出不了嚴密把守的黨政「大院」，唯有慶齡是全國上下都在議論。

這個謠言——更不用說被排斥在孫中山紀念大會之外——讓慶齡驚悚不安，她意識到，她可能被輕而易舉地剝奪「孫夫人」的稱號，這個對她的生存至關緊要的稱號。從前在蔣介石統治下也曾有過這類謠言，但那時，她可以闢謠，有報紙會刊登她的話，不能刊登也可以印成傳單從上海的高樓頂上撒下去。現在，儘管她是國家副主席，她沒有可以發聲的通道。在公眾面前，她無法捍衛自己，一切由黨說了算。如果黨說她不再是孫夫人，她就不再是孫夫人，哪怕她一直是孫忠實的遺孀。

醒悟到這個可怕的現實，倔強的慶齡低下了她不輕易低下的頭。她找到個辦法來表示自己的服從。一九五七年四月，毛的副手劉少奇在上海，攜帶夫人王光美前來拜訪。聰慧大方的王光美，父親是民初北京政府的商學及法學家，曾任工商部主事。王本人畢業於北京輔仁大學物理專業，她和丈夫跟慶齡關係不錯。慶齡把劉少奇夫婦的來訪看作是黨有意與她和解的信號，抓住這個機會，在會面時對劉說：「我希望參加共產黨。」王光美注意到她提出申請時的「懇切」。她丈夫「非常高興，但慎重地表示：『這是一件大事情，我將轉報黨中央和毛主席。』」不久劉回來了，還帶來了周恩來。他對慶齡說：「你暫時留在黨外對革命所起的作用更大些。你雖然沒有入黨，我們黨的一切大事，我們都隨時告訴你，你都可以參與。」據王光美記載：「慶齡同志點了點頭表示理解。但我注意到她的心情很不平靜，眼中含著淚花，……當時的情景和她的淚花一直非常清晰地印在我的心裡。」

毛和中共領導並不希望跟慶齡把關係搞僵。毛本人跟她私人關係很好，叫她「親愛的大姊」，寫信的口氣輕鬆帶點玩笑：「我仍如舊，十分能吃，七分能睡。最近幾年大概還不至於要見上帝……。」政治上，慶齡是無價之寶。中國周邊的非共產黨國家害怕紅色中國，慶齡能幫助中共爭取他們。毛特別想爭取的印尼總統蘇卡諾，很為美麗嫻雅的孫夫人傾倒，稱她「最最好的姊姊」，並當眾演唱他自己寫的祝福慶齡的歌曲。毛本人曾專門當面感謝慶齡對蘇卡諾施加的影響。

在北京奪取臺灣的計畫中，慶齡更是寶貴。蔣介石剛撤退到那裡時，一開始美國總統杜魯門不想幫他，但在毛支持北朝鮮於一九五〇年侵略南韓、引發韓戰之後改變了政策，派美國第七艦隊到臺灣海峽去保衛臺灣。毛因此沒法靠武力占領臺灣，只能引誘臺灣投降。而勸降最佳人選莫過於孫中山夫人。慶齡奉命連連給住在紐約的靄齡寫信，要她來大陸探望自己，說：「如果你不馬上回來的話，我們都將變得太老了。」靄齡之前曾給慶齡寫過好幾封信，但從沒收到回信，現在她很明白這是中共的「統戰」，回信說自己「身體一直不好，特別是眼睛」，「在我手術後，恢復了視力，我將盡快回來看你。」「我心裡時刻都在牽掛著你，並且希望有朝一日我們還能像以前那樣在一起。」她託人帶給慶齡「一件黑色開司米的毛衣、一副黑手套和一條開司米圍巾，送給你以表達我的心意」。但是靄齡至死也沒有重返大陸。

毛澤東採取了若干姿態對慶齡表示善意，以彌補不讓她出席孫中山紀念會的屈辱。一九五七年十一月，為慶祝十月革命四十週年，毛訪問莫斯科，他帶上慶齡做代表團副團長。慶齡投桃報李，連忙按照中共對孫中山的說法重新描述孫，在十月寫文章說：「正是在這間會客室裡，孫逸仙第一次會見了中國共產黨的代表，從而使他對中國革命問題採取了新的、唯一正確的看法。」

這期間，隋學芳跟一個工廠女工結婚了。慶齡請新婚夫婦吃飯以表慶賀。兩人沒有分配房子，慶齡就讓他們住在她上海住宅內的工作人員樓裡。

慶齡與中共的衝突就這樣由雙方精明巧妙地化解了。只是，關於她「與警衛祕書不正當關係」的謠言持續了下去。成長在一九六〇、七〇年代的中國，我本人就經常聽到這個謠言，有的說他們已經結婚了，宋慶齡早就不是「孫夫人」了，黨為了顧全她的面子才讓她保留這個稱號。大家都相信這種說法，許多人至今還相信。

*

「孫夫人」資格被取消，和別人一樣被輕易清洗，還要蒙羞受辱——這是慶齡最害怕的事。她放棄了任何獨立行動的想法，純粹成為黨的裝飾品，代表黨出國訪問、接待外國來賓，為黨做宣傳。她不再發出哪怕微弱的不同聲音，黨說什麼她就說什麼。一九五七年，毛澤東發起反右運動，把數十萬響應他的號召提出批評意見的知識分子打成右派，毀了他們的一生。毛的號召本身就是「引蛇出洞」，誘出潛在的批評者。右派中有許多是慶齡的老朋友、老熟人，過去曾跟她一起抨擊蔣介石。如今他們丟了職位，改做髒累的粗活，有的進了勞改營，有的被逼自殺。反右運動遠遠超過蔣介石的任何惡行，可是慶齡一聲不吭（當然她也自身難保）。看到朋友們的遭遇，她感到痛苦，但是她讓自己硬下心腸。在一篇文章中，她引用黨的教導告誡讀者和自己：「我們必須克服溫情主義，徹底粉碎資產階級右派。」

一九五八年，毛發動「大躍進」，旨在超高速地建設整套軍事工業。因為需要鋼鐵，對經濟一竅不通的毛，命令全國人民煉鋼。土法小高爐在中國大地上到處豎起，慶齡也跟她的祕書、花匠、廚師等一道在花園砌起一座「煉鋼爐」。《人民日報》專門報導：「她還親自掌鉗，讓年輕人掄錘鍛打通紅的鋼塊。」為了給醜陋的大爐子騰地方，一片美麗的古樹只能砍去。慶齡並不開心，可是她沒有抗爭。

大躍進導致了持續四年的全國大饑荒（一九五八至一九六一）*，四千萬左右的中國人餓死。就連在特權頂峰的慶齡官邸，人們也在餓肚子。一次慶齡下令殺掉養做寵物的小山羊，給工作人

* 主要原因是毛出口中國人民賴以生存的糧食和其他食品到蘇聯、東歐，償付他進口的軍工體系。詳情見張戎、喬・哈利戴：《毛澤東：鮮為人知的故事》，第四十章。

員略補營養。面對規模如此之大的暴政，以國防部長彭德懷為首的一批老共產黨員起來反抗了。彭德懷在一九五九年七月的廬山會議上被批判，後來死於監禁。廬山會議對慶齡的震動非同小可，她寫信給多年的助手李雲說：「我很緊張，夜裡做噩夢。」信末她囑咐李雲：「看後燒毀。」

在批判彭德懷的隨後幾天中，慶齡可能產生過以治病為由離開中國的念頭。她患有關節炎等疾病，在中國享受最好的醫療待遇。可她在一九五九年七月二十七日給王安娜寫信（毛首次批彭是二十三日）說：「有人告訴我，我如去外國，能得到精心治療和護理。」這似乎是暗示安娜找個跟治病有關的理由弄她出去。但即使是給朋友寫信，流露出這麼點微弱的念頭，好像也讓慶齡緊張得要命，似乎怕人在看她寫些什麼，怕念頭被人識破帶來滅頂之災，立刻又加上一句：「可是腿痛使我旅行困難，這個問題不好解決。」離開中國，只是想想而已。

愛寫信的慶齡，為了寫信擔驚受怕，除了怕別人看，還怕被扣留，總是焦急地詢問收信人是否收到。牢騷只是偶爾發發。大躍進、饑荒年間安裝的大喇叭「連續不斷的噪音和從早晨一直響到夜裡九點鐘的廣播似乎真的歡天喜地。但是它們卻使我心煩意亂」。「現在沒有社交生活，至少沒有我們過去知道的那種。當然，官場上的活動是有的，但……這些活動我是設法避免的。」「從三月份到八月份，這裡將沒有布匹配給。我們在年初時配給了二英尺半，但那只夠補舊衣服。那些準備結婚的人處境窘迫，不知從那裡去弄床單等。實際上我把自己所有的舊床單和舊衣服都送人了。」「做母親的個個感到羞愧，因為她們總是向別人討舊床單。」她緊急需要安娜從德國給她寄衣料、襪子、可以放在桌上的鏡子，內褲上用的鬆緊帶，什麼都行，「叫花子不挑食」。

海外反共的人們，期望孫中山的遺孀對毛政權能有所抗爭，聲稱她多次給中共中央寫信抗議。沒有任何史料證明她寫過這類信。所有的跡象都顯示，她與黨保持一致，沒有提出過任何不同意見。

＊

大饑荒時，慶齡生活中發生了一件事，使她能夠閉上眼睛不看現實，也不想現實。在一九五〇年代與一九六〇年代交替之際，她非正式地領養了兩個女兒。這兩個女兒占據了她的全部身心。

她們是隋學芳的女兒。一九五七年底，隋的大女兒永清出生，隋抱她去見慶齡。因為慶齡喜歡孩子，哪家嬰兒出世，常抱來給她看看，讓她開心。當慶齡把襁褓中的永清抱在懷裡膝上時，跟別的孩子不同，永清一點不認生，她不哭不鬧，還對著慶齡笑，眼睛看著慶齡的眼睛。然後，永清撒尿了，尿在孫夫人熨燙整齊的衣裝上。身邊人都知道慶齡特別愛乾淨，幾雙手同時伸過來要把嬰兒抱走，但慶齡阻止了他們，連聲說：「別動！讓孩子尿完，不然會坐下病的。」溫熱的尿喚醒了慶齡心中從未經歷過，而又長期渴望的一種難以形容的強烈感覺：做母親的感覺。從這時起，政治開始從她生活中淡去，六十多歲的慶齡全神貫注地做起了母親。

20「我不後悔」

尿在慶齡身上的嬰兒長成了可愛的小丫頭。慶齡給永清起了個英文名字：尤蘭達（Yolanda），叫她「小寶貝」。這個時候慶齡已經接近七十了，人們教孩子稱她「奶奶」，或「太太」，但慶齡想孩子叫她「媽媽」。乖巧伶俐的小孩似乎感覺到了慶齡腦子裡的想法，一天衝口而出叫「媽媽太太」。慶齡很喜歡，說：「這個稱呼太可愛了！以後就這麼叫我！別的小孩子也一起叫吧。」關起門來跟永清單獨相處時，她把「太太」二字去掉，只稱自己為「媽媽」，讓永清也叫她「媽媽」。

一九六一年的一天，三歲的永清跳舞給媽媽太太看，慶齡興奮地向朋友誇獎永清：「非常可愛，天生是個舞蹈家，只有三歲半就能自己跳舞，還挺有魅力。我們都被她迷住了。」那年慶祝「六一」兒童節的晚會上，永清穿著漂亮的朝鮮服裝跳舞，慶齡坐在電視機前看。電視機當時罕見，享有特權的人才能擁有。慶齡越看越覺得永清像個小仙女，而且，最不可思議的，模樣還很像自己（周圍有人也這樣想）。

永清的妹妹永潔於一九五九年出生後，也成了慶齡非正式的養女。她五個月的時候照了張相，慶齡說「誰看了都會喜歡」，建議《中國婦女》雜誌社「在六一兒童節時，作為《中國婦女》的封面或插圖刊登」。這個願望沒有實現。

兩個小女孩跟慶齡越來越親近。她們自己的家是工作人員宿舍，狹小而簡陋。除了永清、永潔之外，隋學芳夫婦還生了兩個孩子，一男一女。警衛幹事和工廠女工組成的家庭，收入少，孩子多，生活困難，尤其在大饑荒的年代。家裡的氣氛也不愉快，兩口子經常吵架，吵起來大呼小叫，摔盆砸碗。一次吵架時隋的妻子趕到慶齡的辦公室，衝到隋面前破口大罵，還用粗話罵慶齡。慶齡氣得發抖，下令馬上給隋家找房子搬家。他們很快搬走了。

一九六三年，隋學芳中風，半身癱瘓。在給一位老朋友的信中，慶齡說：「這消息讓我非常傷心，到現在我還沒能鼓起勇氣去探望他。我怕我的感情會讓他傷心，讓他的病情惡化。我把他的兩個孩子送到幼兒園去了，那兒的氣氛比他家好。兩個孩子都聰明絕頂，我回來後到幼兒園去看她們，見她們很適應那裡新的環境和日常生活。」她經常接孩子們到自己家裡去住。

雖然這種安排讓她們的母親生氣，但她承認為女兒著想這是最好的安排，接受了現實。兩個女孩繼續跟父母保持聯繫，可是大多數時間都待在慶齡處。這裡有別處吃不到的美味，穿不上的漂亮衣裳，包括小羊羔的皮毛做的大衣，她們「喜歡得不得了」。慶齡打扮她們，早上起床幫她們梳頭，在頭上繫上漂亮的蝴蝶結。在花園的草坪畔，她坐在長椅上，看著兩個女孩跑著玩兒，又一頭扎進她的懷抱裡。兩隻作為寵物飼養的大鵝，會搖搖擺擺地走過來，由女孩們餵食。媽媽太太教她們見大人物的禮節，也把她們介紹給來訪的貴賓。在一張照片上，滿面笑容的總理周恩來，一手牽永清，一手牽永潔，在慶齡的花園散步。

永清、永潔占據了慶齡的全部身心。永清說：「我後來才明白，那麼多年，她一直在努力地奔走，努力地工作，其實在某種程度上，那是在排遣她自己內心的一份空虛。」不能做母親的空虛如今有了填補，同時也轉移了她的注意力，使她能對高牆之外的現實漠然處之。

＊

一九六六年文革開始，慶齡再也不能無視現實。在這場毛的最大清洗中，國家主席劉少奇是頭號靶子，他曾在一九六二年對毛搞「突然襲擊」，終止了毛的軍事工業大躍進，也中止了由此產生的大饑荒*。毛痛恨劉，讓劉在文革中悲慘地死於囚禁。劉夫人王光美被冠以無稽之談的罪名——「美國中央情報局和國民黨特務」——關進牢房，九死一生。數以千萬計的所謂的劉少奇追隨者在全國各地受到殘酷迫害，罪名花花綠綠，有「走資派」、「牛鬼蛇神」，等等，怪誕而致命。周恩來只是靠他對毛的奴才般的服務才勉強得以生存。

多虧「孫夫人」的身分，慶齡沒有受太大的罪。在一張經毛特別批准的受保護者名單上，她名列第一。在上海，她父母的墳墓被紅衛兵搗毀了，但當她把照片送給周恩來看了以後，墳墓修復了，只是兄弟姊妹的名字被從墓碑上鑿掉。新派給她的警衛祕書讓她不悅：「那人不好，挑撥是非，鼓動服務人員造反。」她向周恩來夫人鄧穎超抱怨，隨後此人被撤換。這個文革激進分子被撤換的經過頗具戲劇性。他正洋洋得意地哼著毛語錄歌走向辦公室，一名警衛上前向他敬禮，說有要事向他彙報。剛踏進門，從門後閃出兩個人，不等他反應過來，兩條胳膊已經被抓住，腰間的手槍也被拔掉。這兩人是他的下級，此時向他宣布：「奉上級命令，對你採取非常措施。」接著把發著抖低下頭的他押出慶齡的大院。他灰溜溜地騎上自行車走了。

毛要讓每個人都領教一下害怕的滋味，對孫夫人也不例外。慶齡被命令住在北京，不得回上海。在她住宅的紅牆之外，紅衛兵獲准安營紮寨，安上大喇叭，對著牆內呼喊殺氣騰騰的口號。他們開批鬥會時，批鬥對象受折磨的聲音和痛苦叫喊牆內也能聽到。慶齡從頭到腳全身發冷，史達林的清洗、蔣介石的白色恐怖，甚至毛本人從前的整人運動，都沒有這樣讓她膽戰心驚。她怕紅衛兵衝進家來，看到她的漂亮的手提包、皮鞋和衣料，給她安上「資產階級」的罪名，打她鬥她，慌亂中把這些東西「都送進火爐了」，據她後來告訴朋友。一天她看到報紙上譴責餵養寵物，包括鴿子、金魚。她馬上放下報紙，叫服務人員把養的鴿子都殺掉。這些鴿子活下來了，是因為有人報告了周恩來，周下令放過牠們。還有一次，她一時激動，在給美國左派記者安娜・路易絲・斯特朗（Anna Louise Strong）寫信時，講到自己的恐懼。信一寄出，更大的恐懼抓緊了她，她馬上又給斯特朗寫了張條子，叫她務必把剛才那封信銷毀掉。斯特朗回信寬慰她：「收到第二張條子那天，我親手把第一封信撕成碎片，沖下馬桶。……那封信的一絲痕跡都沒有了。」

壞消息接二連三：哪位朋友、哪個親戚又被殘酷批鬥了，關進監獄了，打死了，或者自殺

* 細節請見張戎、喬・哈利戴：《毛澤東：鮮為人知的故事》，第四十四章。

了。親密朋友金仲華，文革前是上海市副市長，現在被扣上「三反分子」、「美國特務」、「祕密國民黨員」等帽子遭到批鬥、抄家。慶齡寫給他的八十多封信被抄走。慶齡曾一再要他銷毀這些信，但他珍視她的友誼，沒捨得照她說的辦。雖然這些信裡沒有對毛政權任何不敬的話，金仲華還是緊張得不行，不知道哪句話以什麼理由被認定「有問題」而給慶齡帶來災難。精神上的壓力重到他不能承受，一九六八年四月三日夜裡，他把一根白紗繩套到書房窗戶的銅梗上，上吊自盡。

幾乎所有慶齡的親屬，因為跟宋家沾了邊，受到非人的待遇。有位舅舅的女兒叫倪吉貞，慶齡很喜歡這個表妹，曾想邀她來給自己做祕書。現在表妹在上海被紅衛兵趕出家門，受到毒打、踐踏，以致吐血。她寫信向慶齡求救。在一九六六年十一月十四日的信中，她詳細講述了受到的種種折磨後，說：「你如果看見我，也不認識了。」「不知道還要苦到、嚇到什麼地步？」「我將打起勇氣做人（聽說尋死是要成為反革命的），我沒有犯什麼法，我不死。……請收到此信千萬千萬能不能給幾個字？使我們知道你收到了信，我精神上要安慰些……。」在署名之後，表妹又加了兩句：「甘家娘娘的媳婦已自盡，用的是煤氣。我認識的已有八個了。」

慶齡此時仍遵命住在北京，她收到了這些上海來信，內心非常震撼，僅在這一封信上，就用筆做了十一處記號，信封上還用英文、紅筆寫道「保留！」「吉貞來信」。她沒有回信，只是請在上海的老部下送去一點錢，說：「除了生在資產階級家庭，我的表親從未參加政治或做過壞事。一直是很老老實實的。」那位老部下跟著就被關起來了。一九六七年底慶齡給另一位朋友寫信說：「不知什麼緣故她被關起來。我日夜不安，不知是否因為她代我交一些錢給我表妹的緣故？」一九六八年五月，吉貞實在不堪凌辱，走投無路，又一次來到慶齡在上海的住宅，按響了門鈴，門衛告訴她慶齡不在。吉貞穿過馬路走進對面的八層高樓，從樓頂上一躍而下，結束了生命。

表妹的死讓慶齡痛心入骨，特別是在她住宅對面跳樓好像是對她沒有伸手救援的無言責備。將近三年後，慶齡給老朋友廖夢醒寫信提起表妹：「她的死，我是有一部分責任的。……我本應該打電報回家，讓她住到我家裡去，或者送她來這裡。……可憐的吉貞就這樣離開了人世，我常夢見她。」這封信對文革的描述是：「火與死」，「這些日子我聽到的淨是壞消息」，「不斷傳來的壞消息使我老做噩夢」。慶齡沒有叫收信者銷毀她的信，看來，她的忍耐到了極限。

文革中，慶齡還不得不停止跟兩個養女見面。關於她跟她們父親「不正當關係」的謠言又在滿天飛，這一次更加具體也更官方，以致慶齡不得不寫信向當局澄清自己同隋學芳的關係：「造反派造了許多謠言，說他房裡的東西都是我送給他的！……他的衣服是幾次跟我出國時公家給做的，我沒給他做過一件衣服，那架照相機是我送給他的……」

跟從前一樣，當局認為最好還是留著孫夫人這尊偶像，解放臺灣還需要她幫忙。此信上呈後不久，一九七〇年年初，慶齡在分別數年後又見到了養女。她忍不住心裡的激動，對朋友說：「永清已經比我高了，穿著男人尺碼的鞋子。她的腳真見長，嚇了我一跳！」她感到比從前任何時候都更愛她們，讓她們乾脆搬來同住。永清、永潔就定居在慶齡家了。

兩個女孩子都沒受什麼教育，文革中學校停了課，學生到學校去，除了批鬥老師，就是互相打紅衛兵派仗，要不就是無所事事閒逛。一九六〇年代底，毛澤東決定解散紅衛兵，讓他們「上山下鄉」去當農民。對全國城市裡絕大多數年輕人來說，這是唯一的前途。但慶齡不想讓她的女兒們當農民，透過關係送她們進了軍隊，這在當時是最佳出路。永清在文工團學芭蕾舞，永潔在軍隊醫院。

*

一九七一年九月，一個里程碑似的事件發生了：毛的副手林彪元帥，跟毛鬧翻了，逃離中國時在蒙古機毀人亡。文革中為毛管理中國的是林彪執掌的軍隊，如今毛信不過他們了，只好重新起用被清洗的官員，其中最重要的是鄧小平。文革初期，毛曾打算叫鄧給自己當副手，鄧謝絕了，因此受到毛的整肅。他的出山讓整個中國氣氛明顯緩和輕鬆，人們敢說「大逆不道」的話了。在上層，大家把文革稱為「浩劫」。慶齡在一九七二年六月給親戚的信中寫道：「真高興昨天晚上我能對你敞開說了點心裡話。革命不可避免地讓一些壞分子浮上表面，但同時，**多少美好的**生命被犧牲了！**有才能的幹部！**」她畫的著重線表示了她感情的強度。

慶齡的許多朋友被釋放出監，其中有老朋友愛潑斯坦和妻子，他們在無端的罪名下在監獄裡度過了漫長的五年。消息傳來時，慶齡既高興，又餘悸未消，寫信問廖夢醒：「因為你在北京，黨內同志會向你做解釋。請你告訴我，我是否應該像愛潑斯坦夫婦入獄之前那樣看待他們？」

大難不死的朋友們，又開始聚在她的餐桌上愉快地交談。每次宴客前她都精心化妝，薄薄地施點脂粉，用浸濕的美術筆蘸著紙燒成的灰畫眉毛。不盡如人意的事也不少。一次她請長期搞情報的祕密黨員、老朋友陳翰笙吃飯，得知他因病不能來，而陳翰笙卻得到通知，說慶齡因病不能見他。憤慨的慶齡給他寫信：「絕不可以這樣對待一名老黨員和一個一直對黨忠誠的人。……我對所發生的這些神祕事情實在感到厭惡。」就連請保姆這樣的事也要逾越政治難關：「現在找一個好保姆很困難，因為公安部門要求的條件很難達到。他們甚至給我派來了一個『三寸金蓮』，謝頂的山東大娘！但他們說她成分好。難道一個人還得為她的祖先負責！」

一九七六年一月，周恩來在七十七歲時死於癌症。慶齡很傷心。周在只能活幾個月的時候，還在盡力幫她解決生活中的問題，讓她過得舒暢。有次永清被人打了，理由是她借錢不還。慶齡馬上提筆寫信向「組織」告狀：「永清挨了打。……那人到永清房間打，錢不是向他借的，是他妻子給永清代買東西的，永清失掉了錢，還被男人打耳光，太吃虧了。」在周恩來的干預下，打永清的人被拘留一週，被迫寫檢查和道歉信。周死前不久，慶齡跌倒受傷，他還一再打電話問候。

九月九日，毛澤東死了。慶齡那時在上海，北京打來長途電話，警衛祕書報告了她。據祕書描述，八十三歲的慶齡「頓時渾身顫抖，淚流滿面」。但是她什麼也沒說，沒跟任何人議論這一事件。她似乎只是擔心那天前後朋友寄給她的信被扣：陳翰笙在毛死的前一天給她寫了封信，她一個月後才收到，回信對陳說：「是我們的郵政系統有問題，還僅僅是郵遞員的疏忽大意？」

毛死後不到一個月，以他的夫人江青為首的「四人幫」被抓了起來。文革正式結束，其間一切罪行統統算到四人幫帳上。慶齡很滿意這一決定，她痛恨文革，但不願責怪毛澤東。對她來說，一旦涉及毛的責任，會逼她反思整個制度，得出自己一生都走錯了路這個結論。慶齡心理上難以承受。她對身邊親近的人——也對自己——說：「我做了自己的選擇，我不後悔。」她本來就不喜歡毛夫人江青，如今由江青來做文革的罪魁禍首，對慶齡的心理平衡再方便不過，她安心了。

事實上，江青沒制定任何政策，她執行毛的意志。她這樣形容自己：「我是主席的一條狗，主席叫我咬誰，我就咬誰。」一九三〇年代她曾是上海的演員，跟一群左傾藝術家一道去了毛的大本營延安。在那裡毛看上了她，一九三八年跟她結婚，拋棄了第三任妻子賀子珍。日後的歲月裡，毛看出江青是個心狠手辣的人，有次對家裡人說：「江青這個人很毒，比蠍子還毒。」說著毛伸出小指頭勾了一勾，做出蠍子尾巴的樣子。文革中毛用江青打頭陣，把別人不願做的骯髒事交給她做。毛知道大家都恨她。毛生命的最後一兩年，患了不治之症，眼睛因白內障而失明，自覺虛弱。而周圍掌握軍隊的人又幾乎全在文革中被他狠狠整過，他害怕這些人對他搞政變，把妻子拋出去換取自己的平安。三番五次，毛對軍隊將帥講「周勃安劉」的故事：漢代劉邦手下的軍事長官周勃等，在劉邦死後剷除了官吏們普遍痛恨的呂后及其一黨。聽毛講這個故事的人都知道江青以呂后自詡，明白毛的意思，即你們也可以像周勃一樣，搞掉江青等人——不過得等我死了以後。今天的中共政權，公開宣布粉碎四人幫是毛生前的安排。確乎如此。

江青被捕後，慶齡十分開心。有次她信中提到江青在監獄內的生活，說：「她最近提出要求把每餐的伙食費從現在的一元提高到五元，你說好笑不好笑？黨對這個妖精真是過於仁慈了！另外，她提出要回她的假髮，說是因為天氣冷得受不了！」慶齡還從來沒用過「妖精」（slut）這樣的詞。

有了江青這隻替罪羊，慶齡又開始歌頌毛澤東了。在給好友陳翰笙寫信時說：「他是我有幸遇到過的最明智的人——他的清晰的思想和教誨引導我們從勝利走向勝利⋯⋯。」在這番官樣文章之後慶齡加了個括弧：「（我感到困惑的是，他**為什麼**不一舉斷絕他和江青的關係，以防止她製造麻煩？）」慶齡似乎真的相信中國的文革浩劫是那個不討人喜歡的女人一手幹出來的。這或許是因為怕陳的來往信件受到監看，但更可能的是，慶齡心理上寧願毛繼續高居神壇。一九八〇年審判四人幫時，她給王安娜寫信說：「江幹盡了壞事，她幹的最大壞事就是玷污了她丈夫的名譽，一個多麼可怕的女人！」

新時代開始了。鄧小平掌權，中國進入改革開放，慶齡有一種新生的感覺。對鄧的規定：共產黨、毛澤東的權威不容質疑，她全心全意地擁護。據養女永清觀察，「人生最後幾年，她過得很開心」，「生活很充實」，「整個人很放鬆」。

*

在最後的幾年中，永清、永潔給她生活帶來陽光。慶齡八十多歲了，身體多病。跟美齡一樣，她也不斷受到蕁麻疹的折磨，有時發展到全身皮膚併發出像紅櫻桃一樣的串串水泡。她說：「如果我是一個不那麼堅強的病人，也許我早就自殺了。」兩個養女像是她的「開心果」，給她帶來歡笑。慶齡愛她們，把最上層的人才享有的特權，盡可能都給了她們。

文革後期，少數外國人獲准進入這個與世隔絕的國度。為了給他們提供服務，北京有專門的「友誼商店」，出售外邊買不到的物品。那時中國人的穿著是制服般的藍色衣褲，臃腫不合體。永清、永潔迷上了友誼商店裡令人眼花撩亂的商品，常常拗著慶齡叫她的外國朋友替她們買。今天是尼龍長筒絲襪（她們看見有朋友穿），明天是捲髮器（那時女人都不許做頭髮或者化妝），再過一天又是別的什麼。她們如飢似渴地要到商店去自己挑選。慶齡知道讓她們去商店是出格的事，但理解她們的渴望，幾次讓她們坐自己的專車去買東西，讓目睹者忿忿不平。永清十五歲生日，想要手錶做生日禮物。手錶在當時是難得的奢侈品，永清這樣小小年紀就戴手錶更會讓人妒恨，慶齡只得請香港朋友給她買塊「普通工人手錶」，「結實，不花哨」。顯然永清對這塊錶的式樣不滿意，兩年後，她因為摔傷不能跳芭蕾舞了，改做電影演員，慶齡又請朋友再給她買了塊更「適合」的錶。

那個年代的永清愛虛榮，愛炫耀，北京上層圈子裡滿是對她的指責。為慶齡寫傳的愛潑斯坦，在傳記中提到永清時貶意十足，稱她和妹妹是兩個「不懂分寸、糾纏不休的女孩」。有位女士甚至當面要慶齡管教永清，慶齡只好說自己「管不了永清的高傲派頭」。異口同聲的非難增強了永清的逆反心理，她表現得更加倨傲。有時慶齡實在拿她沒辦法，叫她走，「不要再回來」。

但永清總是回來——回到「媽媽太太」的懷抱裡。

還不滿十八歲，永清有了男朋友，慶齡叫她謹慎，但永清不聽，慶齡也就算了。永清的戀愛引起許多不堪入耳的流言蜚語，慶齡聽到了，心疼女兒，對朋友說：「我最近為永清的敵人瘋狂地攻擊她的惡毒的流言而感到非常氣憤。……我愛永清，我知道她是清白無辜的，雖然她有缺點。」

毛澤東死後，中國人漸漸蛻去綁在身上的清教徒式的緊身衣。北京有了時髦的飯館和酒店，給灰暗單調的城市添加了生動亮麗的色彩。二十來歲的永清接到不少國外來客的邀請，沒日沒夜地在外面玩。她或許是中國最早的「享樂女孩」（good-time girl）。《紐約時報》首任駐紅色中國記者福克斯・巴托費爾德（Fox Butterfield）一九八〇年在「北京飯店」遇見她後寫道：「尤蘭達穿著緊臀的羊毛超短裙、棕色皮長靴和鮮橙色的上衣，苗條身材，在中國人中算高個子，差不多五呎八。她塗抹著大量眼影膏和口紅，不漂亮，但是高傲，引人注目，性感。她看去像個臺灣或香港的電影明星。」

在那年中國電影頒獎典禮上，「尤蘭達穿著鮮紅的絲綢上衣和繡花紅色長裙，在一片單調枯燥的藍色森林似的人群中特別耀眼。她還吸菸，那時根本見不到年輕女人在公共場合這樣做。當一個加拿大電視攝影組發現她時，她從手袋裡抽出一盒敷面粉，打開來對著鏡子照照。提包裡我看見有一盒『萬寶路』香菸。外國菸在一般中國商店是買不到的」。

慶齡對這一切都寬容了。別人對永清熱衷西方生活方式皺眉頭，批評她「被美國生活多麼好的論調弄昏了頭」，慶齡卻完全不在乎。她甚至跟永清一道談「愛情」：這在當時是諱莫如深的字眼。一天，慶齡拿著張孫中山年輕時的照片，仔細端詳著。永清打趣說：「哇！孫先生年輕時候這麼帥，換我也去追了。」慶齡一臉自豪地說：「那你晚了，已經被我追上了。這個男人是我的，你可追不到嘍！」永清注意到，每每提到孫中山，慶齡「七八十歲老太太一副小女人姿態」。當上了母親，內心的創傷彌合了，對丈夫的愛情似乎也死灰復燃。

永清的追求者眾多。跟真正的母親一樣，慶齡總是擔心。她看到永清穿的毛衣太緊，把飽滿的胸脯繃得太明顯，叫她脫下來。永清不脫，她也就算了，還給她買了件類似的。慶齡對朋友歎氣道：「我真希望哪個合適的男孩趕快來把她從我手裡拿走，我就用不著總像隻老母雞盯小雞一樣盯著她了！沒完沒了的來來往往的電話叫我們大家都頭疼。說不定是她讓我老發蕁麻疹。」

永清最終找了個比她大十四歲的帥氣電影演員做丈夫。慶齡看中另外的人，不贊成這樁婚事，可是她沒有干預，相反的像母親嫁女兒一樣裡外忙乎。結婚的頭天晚上，她對永清說：「有一件事你一刻也不能容忍：如果他打你，哪怕打一巴掌，馬上跟他離婚，回家來。」為了慶祝婚禮，慶齡舉辦茶會，紅色的請柬上印著燙金的大字。茶會上，永清穿著白色旗袍，戴著面紗，非常漂亮，慶齡心中交織著複雜的感情，突然忍不住眼淚匆匆離開房間。永清追出去時，她轉身一把抓住永清的胳膊，淚水奪眶而出。

永清嫁人後慶齡一直感到身體不舒服，到醫院檢查說沒什麼病，她對好友王安娜說：「也許心理原因要大於身體原因。」她繼續為永清操心，幫新婚夫婦弄到一套兩居室的單元房，在一九八〇年代初蓋的樓房裡。十多年來，整整一代人長大成人，結婚生子，可沒什麼新房子供他們居住，所以這些單元房非常珍貴，大家都在搶。為了應急，這些樓蓋得匆匆忙忙，房間小，水泥地，沒有地板——這叫在特權中生活慣了的慶齡吃了一驚。電梯晚上九點鐘就停運了，新婚夫婦住在十八層樓，「每天上晚班到凌晨三點鐘，在勞累一天之後，還得爬樓梯到十八層！」剛剛搬進去，慶齡就在找好點、大點的地方讓他們搬出來，而且「搬到離我近一點的地方」。

媽媽太太對她的另一個養女也同樣疼愛，把永潔送進了軍隊醫院。但她發現永潔並沒有機會學醫，只派去做文書工作，很生氣，對朋友說：「她已經浪費了兩年時間，做些對她沒有任何益處的抄寫工作。她不僅從抄寫工作中學不到任何東西，而且還損傷了她的眼睛。」慶齡相信分配這工作是對永潔的懲罰，「居心叵測的敵人散布的流言蜚語」在傷害她的兩個養女。她對朋友說：「我愛她們，我準備設法不讓那些妒忌的因素毀了她們的前途。」慶齡託人幫忙，讓永潔進了北京外國語學院學習英文。一九七九年，永潔拿到獎學金去美國留學。慶齡花了好些錢為她添置行裝，甚至賣掉母親留下的皮草大衣，和從父親那裡繼承的好酒。永潔剛走，她就開始惦念，千方百計要讓女兒在暑假時回北京一趟：「我最最擔心的是我的永潔的身體。她很孤單，每天要學習十八個小時。……我要試著找些朋友幫她弄張下個暑假回家的機票。」經過一番努力，她找到了辦法。「即將見到親愛的永潔我真是非常的高興，她是個有責任心的學生，而且她很想家！請不要跟任何人提起這件事，因為還只是在計畫中，我不想有人毀了我的計畫！」

伊羅生，一九三〇年代初期跟慶齡工作過的年輕激進者，一九八〇年到北京見到慶齡。他寫道：「我有好多事希望問她，但她顯然只想談論她感興趣的事，那就是在她身旁矮桌上準備好的一小包照片。」照片上是永清、永潔。伊羅生很吃驚，這位當年的「中國的聖女貞德」，跟多年不見的他交談，竟完全是一個母親的家常話：「我想告訴你我的家庭。」她講起永清如何結婚，永潔如何從美國回來一趟，幫助料理一切。提起前者，「她帶著母親失去女兒的傷心」，而後者「帶著母愛的自豪」。最後她請伊羅生帶給那時在康乃狄克州三一（Trinity）學院留學的永潔一包雜誌。

幾個月後，一九八一年五月，永清正在福建拍戲，收到慶齡祕書發來的電報：「見報速回。」她立即回到北京，在病榻前對著昏迷的慶齡大聲喊：「媽媽太太！」慶齡猛地睜開眼，用手找永清，撫摸著永清的臉頰，聲音微弱地說：「我的孩子，我的小寶貝，你可回來了。」永潔也從美國飛回。

*

五月十五日深夜，在接到慶齡病危的報告後，中國共產黨決定讓她正式地、公開地做一名共產黨員。這時慶齡並沒有申請，但無關緊要，她在一九五七年曾經向劉少奇申請過。劉文革時死在毛的囚禁中，但他的夫人王光美當年在場，如今剛從毛的監獄裡出來。她被派到慶齡的床前，對慶齡說：「記得你曾提出要求入黨，不知是否現在還是這樣想法？」慶齡點點頭。王光美接連重複了三遍，慶齡都點頭肯定。王光美隨即電話報告當時的中共中央總書記胡耀邦，胡說：「我這就處理此事。」那天下午，鄧小平主持政治局緊急會議，「會上一致決定接受宋慶齡為中共正式黨員」。

第二天，五月十六日，慶齡被授予「中華人民共和國名譽主席」稱號。

慶齡命在旦夕之際，共產黨邀請她的親戚來北京探視。最重要的人是妹妹美齡（靄齡此時已去世）。抗戰中美國飛虎隊長陳納德的夫人陳香梅，受託帶信到紐約，敦促美齡來看望垂危的姊姊。美齡不予答覆。

慶齡於一九八一年五月二十九日去世，高齡八十八歲。北京又邀請任何她「家」裡的人來京參加葬禮，提出承擔旅行食宿一切費用。宋家、孔家、蔣家對這些姿態一律置之不理。最後，從新聞照片上可見，從她遺體旁走過的最近的親屬，是孫中山第一次婚姻所生的孫輩。

永清、永潔在照片上影子也沒有。伊羅生和妻子一年前見過慶齡，知道她把她們視為最親的家人，感到「非常驚愕，這兩個女孩沒有出現在葬禮上任何一張家庭、親友的照片中。……我只能猜想，這會使她們多麼悲傷痛苦。在我們見到〔慶齡〕的時候，她再明顯不過地告訴我們，世界上她最關心的是這兩個年輕姑娘。」永清、永潔向媽媽太太的遺體告別，是在長長的一隊工作人員後面，兩人哭得非常傷心。告別完，就被帶著離開了。此後幾十年，她們的身分諱莫如深。永清繼續在北京演戲；永潔在葬禮後返回美國，據說再沒有回過中國。

官方不願提及這兩個養女，只有一小部分原因是沒有正式辦過過繼手續，更主要的是，她們的存在與黨的需要不合拍。黨需要的是慶齡的直系親屬，為爭取臺灣服務，這兩個姑娘不幸跟宋家沒有血緣關係。

慶齡在晚年對生育自己的家庭感情深了許多，她把母親的肖像掛在牆上顯著的地方，領著客人來向母親致意。她死前留下話要埋在父母的墳前，告訴永清她要不斷向母親道歉：「我對不起她，我對她有歉疚。」

她還為過去對姊妹們做出的尖刻批評感到不安。一九三〇年代中，她曾用反感的口吻對斯諾講過靄齡在金錢交易上的手腕，斯諾把她的話寫在書中。一九七五年，她給朋友寫信否認她說過那些「對我大姊的冒犯之詞」，一再要斯諾的遺孀把那些話從書中刪掉。

儘管有這些感情，慶齡還是跟宋家斷了關係，建立了自己的家。這個家，除了有養女，有她稱為「我的兄弟姊妹」的親密朋友，還有跟隨她五十多年、她稱「李姊」的管家李燕娥。燕娥的一輩子都獻給了女主人，慶齡也把她當作親人。燕娥得了癌症，劇痛難忍，慶齡也為之痛苦萬分，她為燕娥提供了最好、最昂貴的治療。燕娥比她早幾個月去世，慶齡安排把她埋葬在自己未來的墳墓旁邊，在宋氏家族的墓地中。慶齡從來沒有願望進入顯赫的中山陵。

她也不認為自己全部屬於黨。雖然一生都跟共產黨連在一起，慶齡依然自認有個獨立的、個人的身分。她仔細地寫下遺囑，把自認不屬於國家的私人財產，都一一留給註明的人。在當時的共產黨人中，沒人做這樣的事。他們要是留了遺囑，那一定是把一切都留給「組織上」。給身邊工作人員，慶齡贈送了錢；有份特別遺囑，是給香港朋友鄧廣殷的。多年來，鄧廣殷從香港為慶齡買了不少大陸買不到的東西，包括給永清的兩塊手錶。雖然她反覆道謝，並且贈送給他寶貴的禮品，包括父親收藏的白蘭地、威士忌酒，但她總覺得對他報答不夠。一九七五年，她專門立了份「我的遺囑」，把自己的藏書餽贈給他。這份遺囑她寄給鄧廣殷，附上一封信解釋說，這些書不屬於國家，是她從學生時代就開始的收藏，他可以把它們裝在木箱裡運回家，但她叫他暫時勿將遺囑之事告訴他人。慶齡怕出問題，但她死後果然出了問題。鄧廣殷在北京參加葬禮後準備回香港，但「廖承志讓我不要走，在北京飯店再多住些日子，也沒有說明原因！我在北京飯店沒事天天躺在床上看天花板……」。終於，在壓力下鄧寫了份「捐贈報告」，聲明慶齡「所贈書籍，不接收，交公處理」。

永清、永潔是慶齡遺囑的主要受惠人。慶齡留給她們家具、國畫、油畫、衣服和首飾——還有當時堪稱巨額的金錢：永清五千元，永潔一萬元。「組織上」告訴她們，錢可以給，另外可以給點衣服做紀念，但別的都不能指望。

雖然慶齡的遺囑沒有實現，她還是死得很安心。她的腦子裡，沒有失去信仰的煎熬；身體上，有一大群忠實的僕人和醫護人員悉心照顧。而且，她還有兩個愛女在身邊。

21 臺灣的日子

在慶齡做國家副主席的這些年中，靄齡、美齡跟宋氏一家人，都隨著蔣介石政權流亡在大陸之外。一九五〇年初，美齡飛赴臺灣。

到達後她馬上「環島勞軍」，從北到南，探視傷病員，給軍隊官兵打氣，安定人心。她建立了個「中華婦女反共聯合會」，主持籌建軍眷住宅，為戰士縫製軍服。

閒下來，她問自己：「為什麼共產黨能打勝？」「我個人有什麼地方出了差錯嗎？我應該還能做些什麼？」對這些問題，她的答案是：「我沒能直接為上帝工作，沒能在上帝指導下、跟上帝一道工作。」她成立了個祈禱小組，一開始由六個虔誠的基督徒組成，她希望最終全國能一起祈禱，所有的問題就都解決了。

六月二十五日，在史達林和毛澤東的支持下，金日成領導的北朝鮮軍隊侵略了南部，朝鮮戰爭爆發。兩天後，杜魯門總統改變了對臺灣的「不干預」政策，決定保衛臺灣。美援到來，臺灣度過了危機。美齡感到無比振奮。雖然她不喜歡島上的天氣（「惡劣極了、悶熱得嚇人」），雖然皮膚病又來折磨她（「我身上又發出一大串奇癢的濕熱疹子」），她依然快樂：「許多想法在我腦子裡轉，怎樣擴大工作範圍、開展新項目。」「我相信，（一九五一年）年底以前，我們就能打回大陸去。」

帶著這種樂觀的情緒，美齡學習畫國畫。她這時五十多歲了，遠遠超過了一般認為繪畫入門的年齡，可她覺得水墨畫出奇的容易：「繪畫對我絲毫不費力。」她迷上了這個新愛好：「繪畫是我的經歷中最令我全神貫注的，畫畫時世上的一切我都能忘記，真希望我能把所有時間都花在畫畫上，別的什麼也不做。」五個月後，她寫信對艾瑪吹牛：「所有的中國國畫畫家和鑑賞家都說我可能成為一個偉大的畫家，有的還說或許是活著的畫家中最偉大的。」把阿諛奉承當真，美齡還說：「看起來我的畫法的確異乎尋常，……我自己也相信國畫專家們說的那些話是真的。」

她把作品的照片寄到紐約去，徵求那裡專家的意見。三位專家的反應給她潑了點冷水，他們說她的畫「顯示了真正的才能，可惜都是臨摹名畫」，他們建議「藝術家做些自己的創作」。

在寧靜的畫室和祈禱廳的牆外，臺灣正籠罩在「白色恐怖」之中。蔣介石和他敗退的軍隊、行政機構以及家眷，一共兩百來萬人，來到一個不歡迎他們的島上。兩年前，國民黨在日本人走後接管臺灣，剛開始大多數臺灣人是興奮的。但很快，熱情變成憤怒，大陸發生過的「勝利的災難」在這裡重演。貪污腐敗、治理無能（尤其是跟日本人的高效率管理比起來），以及外來者對當地人毫不掩飾的輕蔑——所有這些，以及其他許許多多伴隨國民黨接管的弊病，引發了臺灣島上的一九四七年「二二八」事件。一場大屠殺導致數千人死亡。

蔣介石的麻煩還不局限於臺灣民眾的痛恨，他有理由相信，大批紅色代理人混入來臺的人潮到了島上，潛伏下來做特洛伊木馬，等待中共攻臺的一天。為了鞏固基地，他實行戒嚴法，派兒子經國執掌安全部門，對真正的或猜疑的敵人實行毫不留情的鎮壓。人們生活在恐懼之中。

臺灣島被控制得像個堡壘，一千五百公里的海岸線封得嚴嚴實實，一般人不能接近，想在海邊遊玩只能望洋興歎。爬山走路逛風景也只是奢望，山被封了，怕成為游擊隊的藏身之地。

蔣介石採取措施制止腐敗。跟在大陸時不同，他在臺灣搞土地改革，包括減租。在這裡搞容易多了，因為土改對象是當地人，施行者沒有利益在其中。但根本上，蔣對臺灣的經濟發展提不起興趣，在他統治下人民生活水平基本沒有提高。

蔣在島上製造他的個人崇拜，遠比在大陸時規模大。他的塑像到處都是，跟仍被稱為「國父」的孫中山媲美。蔣被宣傳為國民楷模，學校老師想叫男孩子把頭剃光（可能是為了防治蝨子），就對他們說，這是剃「中正頭」。蔣的頭髮稀疏，被認為是光頭。從孫子那裡聽到「中正頭」這一說法時，蔣大為不快。

＊

臺灣安全了，美齡急著想離開。一九五二年夏，她飛回紐約。跟蔣之間的電報往來又開始了，都是老生常談：他懇求她回家，她稱病不歸。離開丈夫八個月，要不是臺灣又有了危機，她還不會回去。臺灣省主席吳國楨因為忍受不了島上的白色恐怖，於一九五三年遞上辭呈，但蔣不放他走。吳是個自由派人士，美國輿論喜歡他，他的離職會影響美國對蔣的看法，甚至援助。

美齡也很著急要把吳留在職位上，回到臺灣想說服他。當吳來看她、解釋自己為何辭職時，她挽起吳的手臂走到走廊的盡頭，說：「讓我們在這裡談，其他地方都有錄音設備。」蔣想知道來訪者都在說些什麼。吳國楨告訴美齡，他十分不滿經國管理下的情治部門，特別舉出個例子，某位生意人被指控為共產黨間諜而判處死刑，吳認為指控沒有根據。美齡聽了怒不可遏。當時吳和妻子受邀同蔣夫婦一起午餐，蔣介石走進餐廳時，美齡怒氣沖沖地對他說：「瞧！你兒子幹了些什麼？」接著她一手拉吳，一手拉吳太太，說：「我們走！」三人就走了，把蔣留在身後。

蔣介石沒有對美齡屈服，吳國楨去意已決。復活節那天，他和妻子離開家到日月潭別墅去。從臺北到日月潭乘車要四五個小時，前邊大都是平地，後面五分之四是丘陵，山不高但路很崎嶇，沿著懸崖的彎子也很急。進山地之前，他們停下來去餐館吃午飯，而不像平時那樣在車裡吃三明治。乘他們吃飯，司機檢查了汽車，因為他駕駛時感覺有點不對勁。檢查發現，汽車兩個前輪的安全帽都不見了，這意味著螺絲帽在慢慢鬆動，在顛簸的山路上遲早會脫掉，一場致命車禍必不可免。汽車頭天晚上才檢查保修過，顯然，有人拿掉了這兩個至關緊要的安全帽。吳國楨懷疑是蔣介石下的命令，用幾種方式檢驗蔣是否捲入其中，結果吳相信，蔣起碼事先知道。

吳決定對任何人都不提自己的疑心，一旦洩漏風聲，他就出不了臺灣了。但他走的意志更堅決。正好他的母校美國格林內爾（Grinnell）大學要授予他榮譽博士學位，邀請他出席典禮；美國還有些別的機構也請他去演講。他以此為理由為自己、妻子和十三歲的兒子申請護照，以便離開臺灣。沒有回覆。吳給美齡寫信，請她幫忙，並說如果不給他護照，他將不得不給美國朋友寫信，告訴他們當局拒絕發給他護照。蔣終於答應給他和他妻子發護照，但不給他兒子。蔣扣下了十三歲的孩子做人質。

到美國後，吳不斷寫信要求給兒子護照。為了讓兒子能夠離開臺灣，他沒有公開自己與蔣介石的矛盾，當然也沒有提那場未遂的「車禍」。

吳給美齡寫了三封信請求幫助，美齡答覆了，但說自己無能為力。在這期間，她對艾瑪說，她每天「畫畫，畫畫，畫畫」，說「你知道我多麼討厭政治」。

為了預防吳在美國發聲，蔣先下手製造了一場謠言攻勢，說吳捲款五十萬美金潛逃。吳被逼得向美國媒體講述了他與蔣的分歧，說出了許多細節，儘管對「車禍」還是隻字不提。他的聲明刊登在《紐約時報》頭版，美國媒體追蹤報導，他住的飯店房間擠滿了新聞記者，電話鈴響個不停。在這樣的情況下，吳給蔣寫了封最後通牒，要求在三十天內給兒子發護照，「如您在三十天後仍堅持拒發，我將被迫採取其他行動。」威脅奏效了，三十天到期時，一位官員來到兒子寄居的姨母家，把護照交給了他。蔣放走了吳國楨的兒子。

在做人質的一年中，吳的兒子放學後常常被帶到「三民主義青年團」團部，要他公開譴責父親。這是二十年前蔣經國在蘇聯當人質時受到的待遇，如今這個辦法傳給了他的部下。

當吳開始揭露蔣時，竭力為國民黨政權遊說的美國院外援華集團（China Lobby）關鍵人物找上門來，第一要他保持緘默，第二要他發表聲明，重申對蔣全力支持。他們的第二個目的沒達到，但第一個達到了。吳沒繼續講他所知道的蔣介石。他遷居喬治亞州，在那裡的大學教書，淡出了公眾視野，只是在許多年後才打破沉默。

當年曾努力解救人質經國的美齡，這次也為吳的兒子想盡辦法。孩子一被釋放，她立即離開臺灣，飛回紐約，不顧即將來臨的一九五四年五月二十日的總統就職典禮。在蔣被「選舉」為總統之前，她曾帶著諷刺的口氣給艾瑪寫信：「毫無問題我的丈夫會被選上；他已經指定了陳誠做他的副總統。昨天是〔國大〕開幕式，我不得不跟他一起出席，還得做樣子，這讓我疲憊不堪。」

＊

九月三日，毛澤東命令對離大陸只有幾公里的國軍占據的金門島開炮。毛的目的祕而不宣*，但人們普遍認為毛在準備打臺灣，因為金門島可被用作進攻臺灣的跳板。美齡在十月飛回臺灣去，與丈夫共患難。

毛咄咄逼人的動作，促使華盛頓跟臺灣簽訂了「共同防禦條約」，正式承認蔣介石政權是代表全中國的唯一合法政府，並占據聯合國內的「中國」席位。蔣介石把「反攻大陸」作為基本國策。這是他要保持聯合國席位必須做出的姿態，也是他的夢想。這也給百萬國軍官兵和家屬，以

---

* 有關這次和一九五八年毛炮轟金門的真正目的，請見張戎、喬・哈利戴：《毛澤東：鮮為人知的故事》，第三十七與三十八章。

及其他背井離鄉跟蔣逃來臺灣的人以希望，有一天他們會重歸故土，與留在大陸的親人團聚。

毛澤東的炮打金門讓美齡痛感「共產主義侵略的威脅」。從大陸傳來的關於國民黨人和他們的家屬如何慘遭迫害，被掃地出門、被清算鬥爭、被逮捕槍決，等等，早已叫她恐懼憎惡。一天晚上，她從夢中哭醒，蔣問她怎麼回事，她說夢見慶齡跟她道別，她害怕姊姊已經被殺害了。

美齡開始把丈夫看作臺灣的捍衛者，開始同情他為此而使用鐵腕，哪怕是帶血的鐵腕。夫婦二人又重新親近了。蔣寫作他的重要著作《蘇俄在中國》，美齡跟他合作編輯英文版。在「作者的話」裡，蔣介石寫道：「今天，一九五六年十二月一日，我的妻子跟我靜靜地慶祝我們的結婚紀念日。」以蔣一貫的母親崇拜的風格，他把這本書莊重地「獻給我們神聖的、最親愛的母親——已故的蔣王夫人和已故的宋倪夫人。獻給她們這本書，象徵著我和我的妻子決心再次把我們奉獻給上帝交給我們的最大使命〔即『反共抗俄』〕。我們為此將竭盡全力，不辜負母親對我們的培養」。

在蔣身邊的美齡，對蔣的嚴酷鎮壓起了柔化作用。她聘請了美國南方浸信會神學院博士周聯華做蔣家的專任牧師，並派他到監獄去傳教。一位在「綠島」被囚十年的政治犯後來寫道：每天在綠島上的生活是苦役勞動、精神虐待、人格侮辱；每分鐘都被政治化，朝夕必結隊高喊「蔣公是民族救星！」「殺朱〔朱德〕拔毛！」；朝夕必唱「反攻、反攻、反攻大陸去！」周牧師的到來，營造了一種非政治的氣氛，給他們「帶來了空間和時間上的短暫解放與寧靜」。他讓囚犯感覺自己是個「人」。當周牧師開口稱他們「女士們、先生們——」時，囚犯們「當時剎那間的感受，直如天籟，『自我』從毛孔裡神聖起來」。讀《聖經》時，「藉由上帝的口，傳布了若干的人間信息；點點滴滴，豈止聊勝於無；荒漠甘泉，瓊漿玉液啊！」情治人員不喜歡牧師，但有美齡撐腰，他們拿他沒辦法。

一九五八年，美齡再度赴美，這次在美國各地旅行，演說共產主義的威脅。就好像是在為她的演說提供實例，毛澤東在八月再次炮打金門，朝小島發射了數萬枚炮彈。美國人對美齡的演講報以激情的反應，對臺灣的支持率上升，這鼓舞了國民黨的士氣。毛的舉動再次幫助鞏固了蔣介石的統治。

經國發電報給美齡，告訴她，父親以及他本人是多麼高興。在母子關係中，這一年是個轉折點。過去他們彼此客氣而正式，經國稱她為「蔣夫人」，或者就不稱呼。現在他叫她「母親大人」，而美齡給他寫信時署名「母」。美齡很愉快。聖誕節期間的一天晚上，她跟一些老朋友在電視機前看音樂片《四十二街》（*42nd Street*）。艾瑪在日記裡寫道：「兩三次美齡撩起她的旗袍下襬，繞著房間快樂地跳舞，學著電影裡的舞步，加上幾個她即興創作的扭腰踢腿。……她這樣開心，真是太好了。」

不用丈夫來信懇求，美齡在一九五九年六月回到臺灣。蔣介石像往常一樣到機場來接她，但這次，夫婦倆的開懷笑容前所未有。在燦爛的陽光中，美齡伸長手臂跟歡迎的人群握手，戴著墨鏡和遮陽帽、穿著中山服的蔣介石，笑著托起妻子的胳膊。場面喜悅而親熱。當蔣再次於一九六〇年被「一致選舉」為總統時，美齡的反應跟六年前迥然不同。那時她離開臺灣，不出席蔣的就任典禮，這次她「忙著跟總統就職有關的數不清的活動」，給艾瑪寫信說：「我有好多儀式要出席，好多賓客要會見。」提到丈夫時稱他為「總統」，這似乎還是第一次。夫妻間的和諧關係持續下去，一九六二年她給哥哥子文寫信說，夫妻倆「剛非常愉快地慶祝了結婚三十五週年」。

＊

美齡在臺灣住下來了。在她與丈夫的家裡，有不少小孩跑進跑出，除了經國的孩子們，還有子安的兩個兒子。美齡給從舊金山來度假的甥兒請了家庭教師教中文，她疼愛這兩個孩子，說他們「乖得不得了，有禮貌，又聽話，啊，太可愛了」。她給他們做飯，跟他們一起跳舞，家裡笑聲不斷，就連蔣介石也經常放聲大笑。

臺灣的第一夫人盡了她的職責。聽到小兒麻痺症在島上流行時，她組建了個「振興復健醫學中心」專門收容患童。她為死去將士的子弟成立了「華興」學校，並常去視察，據教師說「關愛之情令人動容」。她的攝影師兩次跟她去看望痲瘋病人，後來回憶道：「她下車後，立即把手上戴的白手套脫掉，跟病患一一握手慰問。……夫人為了不讓病患感到自卑，自動把手套拿掉。我在一旁拍照，目睹了她對病患的憐憫、關懷與尊重，是完全出自肺腑，沒有半點造作。」

大多數時間，蔣夫婦的日子是閒適的。美齡早上一般十一點才起床，之後畫畫、下棋，跟幾位女士朋友聊天，帶著一大群狗蹓躂（其中一隻很不得人心，因為牠咬過幾位侍從）。在總統官邸「士林」的花園裡，她添了個玫瑰園。蔣介石的一天是讀報、翻閱幾份公文，或是聽別人讀給他聽。剛來臺灣時，他每週開會，會上教訓大家一番，聽眾常常大打瞌睡。隨著歲月流逝，他把這套所謂「聽訓」取消了，每天除了看報和公文，就是打打盹、散散步、看點老電影。雖然宣稱立志「反攻大陸」，他沒有臥薪嘗膽，準備工作也出奇的少，最多不過制定幾個幻想般的「計畫」。蔣很務實，清楚一切取決於美國，實現這個夢的希望渺茫。

這時的蔣不再一身戎裝，他顯得很悠閒，長衫飄飄，一根楞杖，好似閒散的擺設。他的背現在有點駝，眼睛瞇縫著，嘴角向下垂。在臺灣，漸漸地他老了。

和美齡一道，他遊遍臺灣的青山綠水。逃離大陸前，他預料到了臺灣的山地森林不通汽車，專門帶來兩乘轎子，連同轎夫。由於他在島上實行封山禁海，結果海邊山裡的美麗景點基本上只供他夫婦賞心悅目。他有三十來所行館，有的古雅小巧，有的高大巍峨，有的日式，有的仿中國宮廷。最後的一所於一九六八年開工，坐落在鬱鬱蔥蔥的陽明山中，離臺北只有一個小時路程，對年過八十的蔣介石最為方便。這所行宮龐大而難看，名字冠冕堂皇而名不副實：「中興賓館」，雖然與中興無關。蔣本人親自參加設計，當年的建築設計圖上，有他用紅藍鉛筆多處修改的痕跡。據身邊人講，他「幾乎一個禮拜有五天到中興賓館視察工程進度」。就是人在外地的行館，心還惦記著這裡。一次「人在日月潭，特地打電話給武官說賓館外觀要漆上防護色的油漆（墨綠色）」。又一次，「在日月潭遊憩時，突然打電話回來指示，要在後花園栽種梅樹。」美齡也參與意見：窗簾要什麼顏色，澡盆又要什麼顏色（粉紅色），等等。有次兩口子還吵起來了，為的是一扇窗戶該朝哪裡開。他們的一致意見是：必須有個禮拜堂。這是蔣夫婦常去行館的必備。

蔣的行館都有讓人讚歎不已的風景，或是連綿無際的群山，或是一望無涯的大海。眼睛看得到的地方，一個外人也不見，壯觀的大自然歸他們獨家享用。湖泊有點不一樣，不能因為怕共產黨侵略就把它們也都封起來，所以老百姓還是能涉足。可是，只要是蔣總統喜歡的湖，如臺灣瑰寶日月潭，一大片湖區被圈了起來歸他專用。「普天之下，莫非王土」還是蔣的信奉，他在日月潭中心的島上造了座寶塔紀念母親，幸好寶塔跟四周景色倒還協調。

蔣到現在還被許多人認為「生活簡樸」，實際上，他喜愛揮霍。來臺灣後，波音七二〇剛出產，他便要買一架。他從前的駕駛員衣復恩反對，「原因是臺島幅員狹小，而元首飛國外的機會甚微，實在不必花巨額公帑去買一架不會常用的飛機，……而環顧世界各國，除美國有總統專機外，很少國家擁有總統專機，他們出訪多租用民航客機。」但最後還是買了，管它常用不常用。蔣還買了一架水陸兩用機，「備總統出巡日月潭」。但試飛失事，兩名試飛員僥倖保住性命，蔣無奈只好放棄這樁享受。

有了毛澤東的戰爭威脅和美國的保護，蔣夫婦在臺灣神仙也似地過了二十年。雖然他失去了大陸，可他在這裡更像個至高無上的君主。臺灣的日子遠比在大陸時安定愜意，與美齡也有更多的時間朝夕相處。就是臺灣的天氣也遠勝於他在大陸的首都南京、重慶，這裡雖然熱，但山裡有不少涼爽可人的避暑勝地，連電風扇也用不著。蔣還喜歡讓他的隨從從背後給他搧扇子，對用什麼扇子也挺考究，專門派人到香港去買大陸產的蒲葉扇。美齡倒沒有養成這一特殊嗜好。

臺灣民主以後，蔣氏夫婦的生活方式公諸於眾，可在臺灣人中並沒有引起太大的公憤。蔣介石保護了臺灣，使臺灣沒有陷入毛的統治，人們心存感激。至於美齡，與對岸的毛夫人江青比較起來，沒人可以否認，臺灣有她做第一夫人，實在是很幸運。一般人承認，她盡了自己的職守，她對蔣介石的影響是良性的——她是一個有善心的人。

＊

一九七一年，蔣介石八十四歲，美齡七十三，他們的神仙生活被無情地打碎。美國總統尼克森（Richard Nixon）尋求跟大陸和解，宣布他將在第二年訪問北京。當他的國家安全顧問季辛吉（Henry Kissinger）在北京為他的到來鋪路時，十月，聯合國通過決議，把「中國」席位交給北京，逼臺灣不得不退出聯合國。一時間，西方政要紛紛對毛澤東登門求見。美齡痛苦萬分，從信仰中尋求安慰，一再背誦《聖經》裡的話：「我們四面受敵，卻不被困住；心裡遭難，卻不致失望；遇逼迫，卻不被丟棄；被打倒，卻不致死亡。」她寫信給艾瑪說：「我存著希望，理智和正直的鐘擺終將擺回來。……重要的不是發生了什麼事，而是我們怎樣應對。」

她丈夫對尼克森恨之入骨，叫他「尼丑」，認定尼克森走此一步是因為他當年沒有給尼克森提供選舉資金，尼因此報復。蔣在日記裡寫道：「尼丑未當選之前，來臺北相訪，彼滿懷我協助其選舉資本，應〔因〕未先提，而我亦未提也。」「尼丑昔年在慈湖晤談時，視其為可厭之政客，以輕薄待之，並未允其助選。」「尼丑對我之加害，乃是為私怨。」

除了尼克森，蔣的怒火還集中在長住美國、有時代表蔣與美國政要打交道的孔令侃身上，也遷怒於美齡：「此次尼丑對華政策之惡化，其咎當在令侃，而夫人仍信其言。」「此乃吾妻專聽令侃一面之詞所致。今國患至此，令侃之罪不小也。」

隨從成為出氣筒，蔣發起脾氣來用手杖打他們。出手多重成了他身體好壞的一個標尺。一次老副官對醫生說：「姜大夫啊，我告訴你，總統身體好多了，他今天打起來滿有力氣的！」（蔣對醫生很客氣，也不打女人。）

蔣的身體越來越糟。一天他說話不大清楚，醫生診斷是中風。不久在「中興賓館」正散步，突然心肌梗塞發作，在步道上整個人癱了下去。他的病嚴格保密，但蔣著手準備交權給兒子經國。一九七一年底，他任命經國為行政院長兼三軍總司令，自己仍做總統。任命將在次年春的橡皮圖章「國大」上正式認可。

蔣的健康危機和向經國交權，讓美齡感到一種全新的、純粹個人的焦慮：她的總統夫人的生活方式將受到威脅。她習慣於帝王般的堂皇，有成群的僕人服侍，在美國時，那架豪華 C-54「中美號」專機，會調去供她使用。一旦丈夫不在了，經國還會為她提供同樣的奢侈嗎？她想居住的地方是紐約，在那裡誰為她支付大批隨從的開支？她一刻不能缺的全方位保安？年老後二十四小時的醫療護理？誰為她支付她打算從臺灣帶去的跟她多年的忠心僕人的工資、生活費，更不用說美國的天價醫療費？就是孔家積累的財富或許也不夠用。臺灣政府得為她付大部分帳單。但她沒有把握經國會繼續如此辦理。經國和他的一家是出名的「清廉自持」，生活過得「非常簡單」，甚至「相當拮据」。他會不會認為她太奢侈，即使對她友善也不滿足她的要求？經國不姓「宋」，跟她不是一家人，這一點對美齡很重要。有一次，經國的孩子們和弟弟子安的兒子都跟她同住，她塞了些禮物給甥兒，半開玩笑地悄悄說，不要告訴經國的孩子，「你們是我的親骨肉」。

美齡一心要讓宋家人掌管臺灣的財政，竭力勸說蔣在明春召開國大後組織新內閣時，任命孔令侃做財政部長，說這個五十六歲的甥兒為國民黨做了大量貢獻而從未得到承認。

蔣煩躁不堪。令侃和整個孔家早就被一般國民黨員認定是讓他們失去大陸的罪魁禍首，來臺灣後令侃從來沒在這裡工作過，連住也沒住過，任命他根本不可能。更何況這時蔣本來就把尼克森與大陸和解怪罪在令侃頭上，如今尼克森就要去北京了，蔣怎麼可能在這個時刻給令侃財政大權？美齡好像是昏了頭，在最不合適的時候提出這個要求。可是她有她的苦衷。自從有了國民黨政府，沒有哪個時期錢櫃子的鑰匙不是捏在自己家人手中（蔣介石算自己家人，但經國不算）。她家人就要不管國家的錢了——這一前景讓美齡惶恐不安。她迫不及待地纏著蔣介石任命令侃，因為她等不及了：蔣的心臟病隨時可能發作，他隨時可能死亡。

蔣厭煩之至，不想理她。他只願意跟兒子經國在一起，每天晚飯要等經國處理完一天的工作之後來一起吃。經國有事耽擱了，他會說：「那再等等。」看到經國，他是說不出的喜愛，跟兒子有說不完的話。晚飯後，父子倆一同乘車出門兜風，「晚與經兒車遊市區，父子閒談最樂。」蔣日記裡這類話很多。（蔣對二兒子緯國完全沒興趣，每次他來，還沒坐穩當，蔣就說：「好啦，沒事了，你下去吧！」）經國不在身邊的時候，蔣常常讀兒子的日記，想念兒子，安慰自己：「日間看經兒去年日記，精神為之一振。」有次經國到金門島去視察，蔣心疼他，叫他在那裡住幾天休息休息，但蔣一直心緒不寧，直等經國回來才安定下來。

一九七二年三月，蔣再次被「選為」總統，就要組閣。美齡加緊了勸說攻勢，把令侃招來，讓他討好丈夫，這適得其反。蔣在日記裡寫道：「晚見令侃，心神厭惡，國家生命幾乎為他所送。妻既愛我，為何要加重我精神負擔？」他在日記裡反覆提到孔子的話：「惟女子與小人為難養也。」「近之則不遜，遠之則怨。女之更為難養，切勿近之。」「女子」是妻子，「小人」則是令侃。蔣寫道：「恥辱仇憤，沒有一時能忘。我的病源起於令侃，我的國恥亦發於令侃……。」

七月二十日，蔣與美齡乘車兜了一圈風，回來時非常生氣，寫道：「心緒煩悶。大丈夫能屈能伸。」顯然美齡又在向他兜售令侃，他勸自己忍耐。第二天，二十一日，他的日記記載：「與經兒車遊山下一匝。」然後便是擬定的「行政院人事」。部長的行列中沒有令侃。

這是蔣介石的最後一則日記。次日，二十二日，他心臟病發作，昏迷過去。他昏迷了整整半年。

*

一九七三年初，蔣介石從好似熟睡的昏迷中醒來。他拖著病體在這個世界上又活了兩年，於一九七五年四月五日、八十七歲時去世。他早已選定埋葬自己的地方：宏大的南京中山陵園內。因為南京在共產黨中國，蔣下令棺槨不落土，停放在臺北郊外的慈湖，要等到中共垮臺後搬到大陸去。

在最後的日子裡，他與美齡的關係是安寧的。美齡的要求沒達到，也就接受了現實，對垂死的丈夫十分溫柔。她會長時間地坐在他身旁，跟他聊天作伴。他死前不久，美齡得了乳腺癌。對這個她一生中患過的最嚴重、最致命的病，她對丈夫一個字也沒提——跟從前不斷述說病痛完全不同。住醫院開刀時，她專門交代不要讓蔣介石知道，只說她患了感冒，不方便來看他。從心底裡，美齡疼她的丈夫，她知道丈夫也疼她。

蔣死後，美齡在私下裡放聲大哭，但在公眾場合，一滴眼淚也沒流，鎮定果斷地主持各種複雜的安排，出殯時帶著尊嚴的哀傷站得筆直。與她相反，經國號啕大哭，要人扶著才站住腳，以致美齡對醫生說：「你們哪一個給他打一針，讓他鎮定一下。」（結果沒打。）這樣失去控制的悲哀太罕見了。須知經國早在蘇聯做人質時，就磨練出超乎常人的控制感情的能力。可如今，他似乎完全沒有辦法掌控自己。看當時的照片，他用手撫摸著蔣的臉龐，哀哀欲絕。他對父親的哀悼，不僅強烈，而且長期不絕。蔣死後很長時間，他給美齡的信上還常有這樣的話：

> 中秋日兒獨坐士林父親臥室，靜思沉念。當晚在慈湖全家聚餐，以陪父靈，傷感至深……
>
> 現當菊花盛放之際，回憶每年與父親參觀秋菊展覽，不勝感慨……
>
> 兒與媳婦自慈湖拜謁父靈歸來，曾代大人〔美齡〕折盛開之桂花一枝，置於父靈前……

兒夜宿慈湖，山間明月照，又見庭中茶花開放，益感靈堂之素靜安寧，惟深感孤寂哀傷……

最後還得美齡來寬慰他，請他想想，他跟美齡的經歷比起來，已經很不錯了。美齡「幼年去國，就學十年後返國，祖父〔美齡之父〕不期時即謝世，頓失父親……」；而經國你呢：「今父親年登高壽，始撒手離我母子，汝得伴侍更多年時，已較余幸運多多也。」

盛年的強人經國對父親的悼念如此哀傷，如此持久，應該出於某種非同小可的原因。很有可能，蔣在晚年與經國獨處談心時，講述了他怎樣把兒子從史達林手中救出的經過。為了救他，父親付出了巨大的代價——沒能消滅中共，最終失去了大陸。這一事實足以劇烈地震撼經國。

另一場飽含感情的追悼來自一個意想不到的人：毛澤東。毛推翻了蔣介石，又殺戮了數以百萬計的人以確保蔣不能捲土重來。可毛把蔣視為真正的對手，對他存著一份尊敬。蔣死後的一天，病魔纏身、八十一歲的毛，在他寬大的木板床上坐起來，沒吃什麼東西，沉默莊嚴地把專門為他錄製的南宋詩人張元幹的詞〈賀新郎．送胡邦衡待制赴新州〉的演唱錄音放了一天。這是一首著名的送別詞。錄音只有幾分鐘長，反覆播放便形成一種葬禮的氣氛。毛時而靜靜地聽，時而用手拍床，擊節詠歎，神情悲愴。幾天後，毛念念不能釋懷，嫌這首詞送別的味道還不夠濃烈，改寫了最後兩句，把「舉大白，聽〈金縷〉」改成「君且去，不須顧」，下令重新演唱錄製。毛向蔣介石做了最後的告別。

＊

丈夫死後五個月，美齡離開臺灣前往紐約定居。她把蔣年輕時候的照片放在床頭，身邊人有時看見她對著照片說話，叫蔣「蜜糖（Honey）」。一次一個甥兒看見她凝視照片，她笑著說：「他好英俊啊！對吧？」

大隊隨從跟她橫跨大洋去到美國，有廚師、司機、警衛和護士。到後來，她很老的時候，服務人員一度達到三十七名。去醫院看病，醫生講：「侍從人員的陣仗都相當的大，前後擠滿了診所。」經國確保美齡的餘生應有盡有，這是他對垂死的父親流著眼淚做出的保證。蔣介石在病床上曾緊握美齡、經國的手，叮囑經國「要以孝父之心而孝母」；在父子獨處時，更是多次抓住經國的手，千叮嚀萬囑咐：「孝順汝母，則余可安心於地下矣。」經國鄭重對父親說：「兒當謹遵父命，過去如此，今日如此，今後亦永遠如此。」說完後「父子相對而泣」。蔣死後，有經國在，美齡完全不用擔心生活待遇會降低。她與經國保持了親密關係——特別是在這時，臺灣面臨危機。

22 好萊塢媳婦

靄齡定居紐約，住在長島蝗蟲谷（Locust Valley）一座林木環繞的莊園裡。她管理自己的財富，飛臺灣與美齡相聚，跟幾個守口如瓶的朋友打橋牌聊天，日子一天天悄然而逝。一如既往，祈禱是每天的中心內容。

她的頭腦依然敏銳，曾向蔣介石提出一條建議，讓臺灣的未來大大受益。一九五六年十月她在臺灣，一天與蔣夫婦在士林官邸花園散步，蔣挽著她的手。她對蔣說：「蔣兄啊！我們跟美國科技方面差距至少三十年，你還不開放學生到美國留學？你應該開放學生到美國去留學才對！」那時蔣政府不准年輕人出國留學，據蔣的隨從說，「教育部正式開放留學，還是要歸功宋靄齡，這是她向蔣公建議的。當年，蔣公的智囊團沒人敢建議，蔣公也不知道開放留學的重要性」。

蔣夫婦遇到麻煩，靄齡盡量幫他們解決。一九六四年，靄齡收到作家代理人希爾（Lawrence Hill）來信，稱他希望「核對一些事實」。蔣的前夫人陳潔如生活窘迫，準備出版回憶錄。回憶錄如果出版，當然會讓蔣夫婦十分尷尬，於是大姊在幕後策畫，送給潔如二十五萬美金，潔如答應永不出版。後來回憶錄書稿被發現並於一九九〇年代出版時，潔如早已於一九七一年去世*。

對家人和親近的人，靄齡出手大方。小弟子安的兒子來看她，得到的見面禮是一張一百美金的鈔票——這對小孩簡直是天文數字，他父母一個星期給他的零花錢才二十五美分。忠實地為蔣家服務的人會收到像「勞力士」手錶這樣貴重的禮物。一次靄齡邀請蔣的醫生在她家住了一個禮拜，頓頓給他吃魚翅，弄得醫生從此再不想碰這道名菜。但他對靄齡印象很好，「覺得她是個智者」。

大家公認，在她與孔祥熙的婚姻中，她是孔的頭腦。儘管孔是蔣介石多年的財政部長、行政院長，他的判斷力有點成問題。這在他的回憶錄裡有所反映，比方他吹牛說：「羅斯福總統對我是百分之百的信任，無論我跟他說什麼，他都全盤照收。……羅斯福是我真正的好朋友。」他認為墨索里尼很看重他，根據是這個義大利首腦說，中國政府應當派時任行政院副院長的他，到義大利去做大使。一九三七年跟希特勒見過一面後他聲稱：「我讓希特勒對日本警覺起來，沒有跟日本走得太近。」蔣介石失去大陸後，孔說許多臺灣人給他寫信，懇求他回臺灣。「他們深信只要我回去，我就能幫助政府奪回大陸。」

*

毋庸置疑，沒有宋靄齡，就沒有孔祥熙。靄齡曾對小兒子令傑的丈母娘瑪吉・葛里芬

---

* 這期間希爾挨了一頓打，可能是蔣介石手下的人幹的。

（Maggie Griffin）說，她們倆的共同之處，是做「明星」的幕後推出人。瑪吉的女兒黛布拉·佩吉特（Debra Paget）在跟令傑結婚以前是電影明星，領銜主演搖滾樂「貓王」埃爾維斯·普雷斯利（Elvis Presley）的首部電影《鐵血柔情》（*Love Me Tender*）。是瑪吉把女兒推入好萊塢的。瑪吉從前演舞臺音樂劇，愛說愛笑，精明能幹。黛布拉一九三三年在科羅拉多州丹佛市出生後不久，瑪吉就把全家搬到洛杉磯，以便接近好萊塢，讓她的孩子們有機會在娛樂界出人頭地。八歲時黛布拉登上銀幕，到一九五六年跟貓王合演時，她已經演了十九部電影。未來享譽全球的巨星貓王此時遠不如她名氣大，還得由她來推薦。她對粉絲說：「我很高興有這個機會來預測，埃爾維斯·普雷斯利會繼續受歡迎。……他不會消失。」埃爾維斯·普雷斯利不僅僅沒有消失，不僅僅繼續受歡迎，他還成為世界上首屈一指的搖滾樂貓王。

女兒拍電影時，瑪吉總是到場，守在旁邊。她主宰了女兒跟外人的關係。黛布拉在電視訪問時說：「我跟埃爾維斯·普雷斯利第一次見面以前，心情很複雜。關於這個轟動一時的田納西州年輕新歌手，我聽說、讀到了很多——大部分都不是好話。……但我記得第一次見面時他怎樣跟我打招呼。他緊緊抓住我的手，說：『佩吉特小姐，真高興認識您。』接著他又同樣有力地跟我母親握手，握完抱了聲歉，回過身去很快給我母親搬來張椅子請她坐下。……從此以後，我和我家人經常跟埃爾維斯來往，我們把他當作家庭的一分子，我想他也把我們看作一家人。」

據黛布拉講，貓王曾向她求婚，但被瑪吉否決了：「如果不是因為我的父母，我就跟他結婚了。」

嫁給令傑之前，黛布拉結過兩次婚。跟第一任丈夫、演員大衛・斯居特（David Street）的婚姻持續了十個禮拜；跟第二任丈夫、導演巴德・波提切爾（Budd Boetticher）從婚禮到她出走只堅持了十九天。一九六二年，她二十八歲，令傑喜歡上了她。這個英國皇家軍事學院訓練出來的前英軍上尉，此時剛剛年過四十，一直單身。他是休士頓的石油大亨，有私人飛機，還雇了一隊保鑣。

靄齡大力促成了這場婚姻。她喜歡這個紅髮美女，主要原因是黛布拉對上帝也跟她一樣虔誠。黛布拉在評論貓王時曾說，他「最好的品質是愛上帝」。靄齡在洛杉磯比佛利山（Beverly Hills）的住宅裡，以令傑的名義，請黛布拉赴宴，請柬由雙方都認識的人專程遞交。瑪吉對記者說：「一切都按老派方式辦，令傑連我也邀請了。還把他媽媽介紹給我們，他媽媽非常可愛。這樣紳士化的求婚，黛布拉不可能不愛上他，連我都墮入了愛河。」

訂婚後，瑪吉興奮地告訴記者：「他用這樣美妙老派的方式追求我的女兒，我不可能指望有更好的女婿了。……我真愛他，我知道他的母親也愛我的女兒。」黛布拉本來要去羅馬拍電影，可是令傑用飛機把她接到賭城拉斯維加斯，在那裡的監理公會教堂舉行了婚禮，雙方母親都在場。兩口子去度蜜月時，瑪吉又感情澎湃地對記者說：「我跟黛布拉一樣激動。……我的寶貝女兒這回是真正找到了幸福。」靄齡也很滿意，只是沒對記者開口。

*

令傑把新娘帶回了家。家在休士頓城外，跟他的石油公司總部在一起，所有樓房都裝著防彈玻璃。樓外林中草地上，令傑造了座湖泊，四周修了幾個中國式亭閣，在德克薩斯大平原上顯得小巧別致。實際上，這些貌似點綴的亭閣，都是用強化水泥建造的，它們是湖泊底下一個世界上最大的防核私人地堡的進出口。

令傑跟當時不少人一樣，把來自共產黨世界的核威脅看得非常嚴重，建造了這座今天被稱為「威斯林地堡」（Westlin Bunker）的防核設施。地堡堪稱銅牆鐵壁，可承受任何已知重量的核打擊。它儼然是座小型地下城市，有自己的發電機，可儲備供一千五百人住九十天所需用的水、食物和燃料。住宿區的一間屋子安有一百一十五張三層上下鋪，每個鋪位都有自己的閱讀燈；餐廳裡桌椅齊全；廁所和消毒淋浴隨時可用。這裡有診所——還有四間鐵窗鐵門的牢房。有人問令傑要牢房幹什麼，他說這麼多人聚居在一起，又這樣長時間，遲早會有麻煩。他什麼都想到了。

一旦來了核攻擊，監控室牆上的控制板將燈光閃耀，別的信號也一起發出，地堡的關閉功能自動啟動，用於測量放射物質的蓋革計數器也會自動發揮功能，檢測水和通風設備。

在「休士頓建築」網站上（Houston Architecture.com）介紹威斯林地堡的文章跟帖裡，一位托德·布蘭德（Todd Brandt）先生留下了這樣一則感想：「威斯林地堡的升降機房和內部的重新改裝，是我負責監造的。整個設計施工讓人歎為觀止，你非得親眼看到才會相信這一切都是真的。一片湖泊在頂上，一滴水也漏不下來。我參與的最酷的工程。」

令傑在這個科幻作品似的地堡上花的錢相當於今天的四億到五億美金。一九八〇年，休士頓油價大跌，他失去了這座房產，雖然他個人的財富仍舊可觀。奇異的冷戰產物沒有完工，便像廢墟一樣留在德克薩斯草原地下——直到二〇〇五年，它開門迎客。那年的颶風卡崔娜和颶風麗塔迫使許多大公司尋找應付災害的安全地方，他們發現了令傑的威斯林地堡。有的公司，如「美國大陸航空」，用它來做危機指揮中心；有的則把它視為理想的網路數據儲存點。今天，它登的廣告是：「提供最安全的網路集中和數據儲存地。不受天氣影響，徹底防水，甚至核攻擊也摧毀不了。」令傑設想的躲避核打擊的避難所，今天又有了新的用途。

令傑愛好冷戰玩意兒，如像「００７」系列電影裡那樣的裝置。一次他送給姪兒一把看似梳子的刀。又一次美齡來作客，他給她準備了輛特製的轎車，後面的行李廂能自動打開，露出兩盞巨型照射燈，其燈光強到能夠把追兵的眼睛射瞎。講求實際的蔣夫人對哥哥子文議論道：「令傑是不是有點不大正常？」子文回答：他「是個有夢想能力的人」。令傑還有所莊院在路易斯安那州，他去那裡打野鴨，也請美齡去。美齡的隨從都喜歡他，到他家作客總能過得十分開心。

*

令傑和黛布拉共同生活十八年後離婚，但他們保持了友善的關係。黛布拉說：「我們是最好的朋友。」令傑一九九六年去世後，她跟孔家、宋家依然過從甚密。這大半緣於她和令傑有個兒子：孔德基。當年為了親自撫養這個兒子，黛布拉放棄了演員生涯。

德基一九六四年出生在靄齡比佛利山的住宅裡，法蘭克・辛納屈（Frank Sinatra）是隔壁鄰居。孔祥熙來看孫子時，帶來一枚表示祝福的白玉「如意」，用雙手小心翼翼地捧著。靄齡像個熟練的奶奶一樣照料嬰兒。德基年幼時，到紐約去看望美齡，被威嚴的姨奶奶教了些禮節：看見大人走進房間要站起來，在沙發上要坐端正，不能歪躺著。後來，他成長為一個禮貌周全的年輕人，美齡開始誇獎他了，特別稱讚他沒有學吸毒。

孔家的孫輩只有德基一人。靄齡的四個子女中，令侃、孔二小姐沒有結婚，令儀結過兩次婚但沒生孩子。德基是令傑唯一的兒子，也是孔家唯一的後代。他的生活中心是照顧母親。這本書寫作時，黛布拉八十多歲，依然美麗，依然篤信宗教。母子關係極為密切。

德基沒有孩子。由於慶齡、美齡都沒有兒女，他成了宋氏三姊妹獨一無二的嫡親後裔。他對三姊妹的政治遺產沒有興趣，把過自己的生活，保護自己的隱私，視為重中之重。

23 紐約，紐約

宋氏三姊妹都是上海的女兒，可是因為政治的原因，她們沒一個死在那裡。慶齡是紅色中國領導人之一，死前的日子在北京度過，為共產黨政府服務到最後一口氣。她其實並不喜歡首都，想住在上海，但這由不得她。靄齡和美齡逃離了大陸，最後歲月都住在她們最屬意的紐約，她們可算是紐約人。在這個跟上海最相似的大都市的喧囂嘈雜裡，她們找到了寧靜和平。

住在紐約的還有宋家兩兄弟。宋子良比美齡小一歲，從前是個銀行家，逃離大陸時失去了大部分財產，在美國無法謀生。慶齡在給朋友的信中提到他：「聽說我的第二個弟弟子良病得厲害，他的積蓄已經花光了，現在靠親戚贍養他。」經濟上的依賴讓雙方關係輕鬆不了，子良跟處在這類景況中的多數人一樣，很少跟兄弟姊妹來往，自己和妻子女兒過著小康日子。宋家人中，他是唯一在慶齡死時發去唁電的人。但是北京沒有宣傳，就好像他不算宋家人。一九八七年他八十八歲去世時，沒人注意。

另一個一九四九年把家安在紐約的宋家兄弟是子文，在三弟兄中最年長、最出名。他在豪華的第五大道有套公寓，俯瞰中央公園。但他永遠擔心生命受到威脅。一天晚上，一個外孫在看電視，節目裡突然響起喧鬧聲，外孫吃驚地看到外祖父衝進來，手裡拿著一把槍。子文總是帶著槍，去外地時，他從不告訴別人到哪裡去、去多長時間。宋子文的名字在毛澤東的「戰犯」名單上，可是他真正擔心的是蔣介石的敵意。國共內戰中，他曾與蔣在國民黨中的政敵有過短暫的聯繫，試圖迫蔣下臺。蔣視此為大逆不道，終身不能原諒他。

子文知道國民黨特務在紐約祕密監視他，蔣最大的忌憚是他與美國官方人士的關係，怕華盛頓會起意扶他上臺。所以，雖然子文在美國上層有許多朋友，他幾乎一個也不見。臺灣來的官員，他也離得遠遠的。在紐約他過著純粹私人的生活，每天在中央公園散步，在電視上看看美國足球，跟孫子們打牌、捉迷藏。對從年輕時代起就活躍在聚光燈下的宋子文，這顯然不是理想的生活方式，所幸他有個和睦的家庭：深愛他的美貌妻子，三個行為端正的女兒，和九個孫兒孫女。

他跟在大陸的慶齡失去了所有聯繫，跟靄齡也不來往，儘管他們住在同一個城市。靄齡對蔣介石在抗戰後期用他取代孔祥熙做行政院長耿耿於懷，認為弟弟在背後捅刀子，幫著蔣把丈夫弄成替罪羊。後來她跟蔣重歸於好，但還是不原諒子文。

一直保持親密關係的是美齡，可是她人在臺灣，隔著萬水千山。多年來，兄妹倆交換信件和小禮物，互相幫幫忙，用意都是保持聯繫，表示想著彼此。在一九六二年一封信中，美齡告訴哥哥：「過幾天就是姊姊的生日了，……我希望你給她打個電話，祝她生日快樂。我越上年紀，就越深信『血濃於水』的道理。」

子文聽從了美齡的勸告，主動跟靄齡聯繫，靄齡邀請他去洛杉磯作客。在洛杉磯時，古巴導彈危機發生。危機最後由赫魯雪夫撤走導彈而結束，姊弟倆舉杯慶祝。子文又高興又激動，連忙給美齡寫信：「我在靄齡姊雅致的洛杉磯住宅裡作客，她看去身體、精神都很好。我們為甘迺迪對赫魯雪夫顯示的強硬姿態而歡欣鼓舞。這將在歷史上掀開新的一頁，讓我們對重返祖國又有了希望。」

*

幫哥哥、姊姊和解讓美齡很欣慰，她想接著讓哥哥跟丈夫也冰釋前嫌。一九六三年二月，子文到菲律賓去探望婚後住在那裡的女兒，美齡讓小弟子安送去訪問臺灣的邀請。為哥哥姊姊傳書帶信，似乎是小弟弟一向的任務。收到請帖，子文的第一反應是緊張。他愛妹妹，可是不敢信任她的丈夫，害怕去到臺灣會被扣留。作為預防的一部分，他給妻子寫了好幾封信，既是安慰她，也是準備在他萬一回不來時使用。他說只去「一兩個禮拜」，叫她「一點不用擔心。這個月底前我就會回家」。

宋子文在臺灣度過了十來天還算愉快的日子，但是蔣介石沒有張開雙臂歡迎他，跟對待孔祥熙不同。蔣也沒有委派子文在美國做任何事，儘管他那時需要有人遊說華盛頓。甘迺迪總統在古巴導彈危機中的強硬姿態，讓蔣也像親戚們一樣燃起希望，他準備派兒子經國九月份去華盛頓，設法說服甘迺迪支持他進攻中國大陸。因為甘迺迪政府的政治事務助理國務卿哈里曼（W.

Averell Harriman）是子文的老朋友，美齡懇求丈夫允許哥哥再幫一次忙，蔣點頭同意。

回美國見到哈里曼後，子文給妹妹寫了封長長的信，不厭其煩地報告談話的詳情，美齡翻譯給蔣介石聽了。報告沒給蔣帶來好消息，美國政府不願意捲入跟北京的「任何重大武裝衝突」。

蔣介石對小舅子的積怨不減，在經國訪美期間，蔣刻意不讓子文參與。

一九六四年十月，中國爆炸了第一顆原子彈。與此同時，法國承認北京，臺灣不得不跟巴黎斷交。第二年又有新的打擊。一九四九年蔣被迫引退後曾一度代理總統的李宗仁，迄今住在紐約，但躲過了蔣的耳目，戲劇性地出現在北京。當他走下飛機踏上紅地毯時，等著歡迎他的前國民黨要員中，有曾經跟子文探討過倒蔣的人。蔣再也沒有邀請子文去臺灣，儘管子文努力想要對臺灣有所貢獻。

一九七一年四月二十六日，七十六歲的宋子文在跟朋友吃飯時突然去世。死亡鑑定書上說他被「一塊肉卡住咽喉而死」。有可能他是死於中風，當天以及一兩天前，他出現過輕微中風的症狀。由於身體一直健康，他本人和家人都沒引起警惕。

一得到消息，美齡馬上對丈夫說她要到紐約去參加定於五月一日的葬禮。蔣同意了，但臨行的頭天晚上，蔣改變了主意。四月二十九日，他在日記裡寫道：「今夜忽聞宋慶齡可能前往紐約為子文弔喪，乘機將與夫人商談和平問題。乃決定令夫人明日停赴紐約。」

沒有任何跡象表明慶齡曾經打算去紐約。這時中國大陸完全與世隔絕，北京和華盛頓沒有外交關係，季辛吉還沒有進行他初去北京的七月之旅，難以想像紅色中國的頭面人物宋慶齡會突然跳上飛機跑到紐約去。在紐約的子文一家跟她幾十年沒有聯繫，這次沒有向她發邀請，北京方面也沒有跟他們接觸。慶齡更沒有提出過要求要去——這明擺著是不可能的事。即便是她鍾愛的、與政治又不沾邊的小弟子安在一九六九年去世，她唯一能做的就是發封唁電，而一封簡單的唁電，還是她通過周恩來夫人請求周恩來總理批准後，才得以發出。

蔣的「今夜忽聞……」很可能是他本人的疑心。那個月剛出的一件事讓他受驚不小：美國乒乓球運動員受邀訪問中國——中共奪取政權以來，這樣的友好邀請是第一次。蔣在緊張地關注。當然，歸根結蒂，蔣介石不樂意妻子千里迢迢跑去紐約弔唁子文，最近他常常在腦子裡怨恨這位妻舅。想到失去大陸，他認為是任用了宋子文的緣故：「近來甚悔，……為子文之財政，之無知，及不願服從與負責。」正是在這樣的心態中，蔣「令」妻子不准去紐約。

未能出席哥哥的葬禮是美齡的隱痛。當艾瑪寫信致悼時，她在回信中突兀地改變了話題：「全家都為失去了他和小弟子安而悲傷。子安是兩年前去世的。孔夫人四月來〔臺灣〕，為我慶祝生日……。」

舉行子文的葬禮時，靄齡在臺灣，也沒到場。結果是，葬禮沒什麼宋家氣氛，跟子安的葬禮大不一樣。那次美齡飛到舊金山去出席，子文飛去了，靄齡也飛去了，是從病床上爬起來去的。

孔祥熙在一九六七年八月十五日、八十五歲時病故。美齡從臺灣飛來參加了葬禮，蔣在臺灣為他開了個大規模追悼會，親自寫了篇充滿溢美之詞的悼文。這些風光宋子文都沒得到，只得到蔣寫的一幅匾額，好像是舊時皇上寫了裝幀起來，給孝子節婦臣子的賞賜。

*

一九七三年十月十八日，靄齡因癌症死於紐約，那年她八十四歲。晚年的她受到多種病痛折磨，要是正好在臺灣，美齡總是整天在醫院陪伴姊姊。靄齡垂危之際，美齡飛來守在她床邊，只是因為丈夫病危才不得不離開。

蔣介石去世後第二年，美齡定居紐約，跟孔令侃同住在曼哈頓上東區格雷西廣場（Gracie Square）十號頂樓寬大的雙層臨河套房裡。這棟樓外形莊嚴，是一九三〇年代蓋的。選擇住在這裡，安全考慮最重要。樓的入口是一個樓內汽車道，進去前得通過安全檢查，這樣蔣夫人上下車都在大樓內部。出了樓穿過一片綠地是紐約市長官邸，這一帶的保安措施不言而喻會相當嚴密。即便如此，美齡的窗戶上都安裝著防彈玻璃。

有時，在保衛、服務人員簇擁下，美齡會到孔家的長島住宅去，孔二小姐住在那裡。這個好似美齡親女兒的人，仍然是美齡的管家，仍然人稱「總經理」。她嚴厲的管理風格讓伺候美齡的人都小心翼翼，跟從前一樣，大家都對她反感。但她對美齡不可或缺。美齡吃的藥，她會先試一試，看有沒有副作用。自己已經七十好幾，因為信不過專業修指甲的人，她還會蹲下來，把美齡的腳捧在自己懷裡，輕輕地剪腳指甲。為美齡診病的醫生說，如果沒有孔二小姐，美齡「絕對無法活得這麼長壽」。

孔二小姐在一九九四年去世。之前的一九九二年，令侃也不在了。美齡受到這些沉重打擊，很長時間情緒低落。看她這樣傷心，一個崇拜者想為她做點什麼，讓她高興高興。在此人建議下，美國參議院成員於一九九五年日本投降五十週年紀念時，在國會為美齡舉行招待會。在去華盛頓的飛機上，九十七歲的前第一夫人仍在聚精會神地修改講稿。講話時她精力充沛、字句清晰鏗鏘。招待會後，在臺灣代表官邸的自助餐會上，美國華人紛紛湧上前來跟她照相握手，述說崇敬之情，她報以真摯的笑容，讓大家都高興。散會後她飛回紐約，忙了一整天也沒露出倦容。隨後幾天她都處在興奮之中。

孔二小姐去世後，靄齡的大女兒令儀接過照料姨媽的重任。但她本人也年近八十，跟美齡的關係遠不如孔二小姐親近。美齡成群的侍從人員，如今由退役空軍上校宋亨霖管理。他是個謙謙君子，又忠心耿耿，把一切都安排得井井有條，保障了美齡最後十年的生活舒暢。每年一兩次，曾在美齡開辦的學校上過學的戰爭遺孤會來看望她。她接待他們以及偶爾來訪的臺灣客人時，總會換衣服，化化妝，振作精神，然後以女王式的和藹可親出現在大家面前。戰爭遺孤們此時都已差不多是古稀之人，美齡對他們說：「在我心目中你們還是孩子。你們記得嗎？你們小時候我常摸你們的頭，過來再讓我摸摸。」逗得大家哄堂大笑。

除了這些來訪者，美齡不見任何外人，無論公眾的還是私人的邀請，她絕大多數都不接受。老朋友也難得來往了，跟她數十年保持通信的艾瑪，在美齡定居紐約後，十來年幾乎沒見過面（艾瑪以九十二歲的高齡死於一九八七年）。在大樓裡，美齡不跟鄰居接觸，偶然碰上微笑一下，算是打招呼。她除了帶著隨從人員坐車出門兜兜風外，幾乎足不出戶。以這樣的生活方式，她可以住在包括臺灣在內的任何地方。要是住在臺灣，昂貴的費用能大大減少。但是美齡一定要住在紐約。她愛這個大都市，這裡的空氣裡有種無可取代的活力，哪怕關上窗戶、鎖緊大門也能鑽進來，充滿每一寸空間。在紐約，哪怕生活得像個隱士，美齡也跟世界連在一起。

24 面對劇變

美齡到紐約定居正好是毛澤東去世的那一年：一九七六年。她在紐約生活的最後二十多年，是中國大陸在毛死後發生巨變的歲月。中國最高領導者鄧小平敞開了這個與世隔絕的國家的大門，「改革開放」的北京贏得了全球的同情認同。美國與北京在一九七九年正式建立外交關係，臺灣似乎危如累卵。美齡又焦慮，又對她深愛的美國感到失望。當臺灣和華盛頓談判未來的關係時，她好幾次寫信給經國，要他對美國強硬，又給經國出主意如何捐錢給相關組織，遊說美國國會。但這一切都不能扭轉潮流。

對美齡來說，毛後的中共跟毛在時沒什麼兩樣，她繼續稱鄧小平為「鄧匪」，跟過去丈夫在世時的稱呼一樣。她為世界似乎又被中共欺騙而「氣憤氣悶」以至絕望。

一九八一年，慶齡病危時，北京邀請美齡去探望姊姊，她拒絕回信。慶齡死後，她再次受到邀請去奔喪，她再次置之不理。私下裡，因沒能最後看一眼姊姊，美齡很悲傷，一次整夜不眠，跟身邊親近的人談往事，講慶齡如何在她還是個孩子時把她帶來美國，講她們旅行中的趣事。在她房間桌上，擺著一副大大的慶齡的肖像。但是她決意不給共產黨絲毫宣傳的機會。

那時，美國的《世界日報》刊登了一篇據稱是慶齡寫給中共中央的信，譴責中共把她當作「政治花瓶」，「利用國民黨人做統戰」，「高談闊論之『民主』乃是假面具……以欺騙人民」，等等。美齡讀了信以為真，馬上寫信告訴經國，欣喜若狂地說，看到慶齡「對『好話說盡、壞事做絕』之共產黨幻想破滅，實給我莫大安慰」，解脫了「我三十餘年來之隱痛」。她說慶齡「傲骨嶙峻，令我肅然起敬，且不愧生我三姊妹父母」；而且幻想：「若大陸撤退時余在中國而不在美國……，或大姨媽〔靄齡〕不在美國而在上海，必可拖其離開，免如許多年為共匪利用。」許多天，她都生活在亢奮之中。

一年後，北京又對臺灣做了個姿態，由認識蔣氏夫婦的廖承志發了封很長的措詞親熱的電報給經國，要求「貴我兩黨舉行談判，同捐前嫌，共竟祖國統一大業」。經國拒絕答覆，把電報轉給美齡看。美齡主動說由她來寫一封公開信作為答覆，經國很感激，把這封他稱為「訓斥廖某之公開信」刊登在臺灣所有報紙上，說廖承志要是看得到，一定會「無地自容」。美齡的寫法，很像慶齡幾十年前抨擊蔣介石的文章。那時的美齡對政治還相當超脫，但在姊妹倆都進入晚年時，兩人好像換了位置，慶齡的義憤填膺消失了，而美齡變得激憤難遏。她斥責廖承志：在文革浩劫中，上億人遭殃，他本人「虎口餘生」，就這樣還指望國民黨與中共「三次合作，豈非夢囈？」

美齡開火的對象還有一本書：斯特林・西格雷夫（Sterling Seagrave）的《宋氏王朝》（*The Soong Dynasty*）。這本書一九八五年出版，對宋氏家族的描寫相當負面。負面描述對美齡不是新鮮事，她遭遇過更嚴厲的指控。但這時她感到格外不公：中國的悲劇怎麼會都是她家的罪過，而共產黨好像兩手清白？她稱西格雷夫為「共匪之工具」，要求經國組織人發動「對匪總攻擊」。至於如何總攻擊，她叫經國派他伶俐的兒子孝勇「來紐一次，以便面授余欲與爾商酌之事」。美齡的「戰略部署」自然被採納了，只見《紐約時報》、《華盛頓郵報》等刊登出整頁廣告，譴責西格雷夫，冠以大號粗黑標題：「嚴正聲明：痛斥《宋氏王朝》對中國現代史的歪曲」。雖然聲明簽署人是一群臺灣學者，但人人都看得出這是當局的手筆。這是給西格雷夫的書所做的最好的廣告，讓書的銷量直線上升，臺灣也成了人們取笑的對象，可美齡視而不見。當西格雷夫在電視採訪時說他藏在船上「以免被害」時，美齡嗤之以鼻，說他這是「作態」。

幾個月前，經國的傳記作者、臺灣作家江南在舊金山被暗殺，兇手是聽命於國民黨情治機關的黑社會人士。暗殺在美國社會引起公憤，人人譴責經國的政府跟他爸爸在世時沒有兩樣，都是黑社會。西格雷夫受到的威脅讓人們更加厭惡國民黨，美國對臺軍售的前景也成問題。可是這些都沒有讓美齡放棄她的作戰。

在這樣的心態中，一九八六年她回到臺灣，參加蔣介石百歲誕辰慶典。慶典在「中正紀念堂」舉行，那裡的廣場、紀念堂與裡面的蔣介石塑像，都按孫中山興起的個人崇拜模式，其大無比，規模和中山陵有一比。五萬組織起來的男女集中在廣場上，學著蘇聯的做法，無數彩色氣球放上天空，再加上白色鴿子。美齡的講話充斥著枯燥乏味的黨話，念完後，她臉上露出一絲甜蜜的微笑，總算讓整個講話有了點人情味。

這場慶典是蔣介石時代的最後一幕。蔣經國就要終結他父親的專制遺產。

*

在史達林的蘇聯做人質的十二年中，經國生活在工廠、鄉村和古拉格勞改營。在社會底層的掙扎，使他跟一般民眾挨得很近。他同情他們，敬重他們，結交了不少蘇聯朋友，其中一個孤兒叫克拉夫（Krav），是工廠技術員。經國說：「他教了我許多事情，……我們成為患難之交，分享快樂，互相傾訴苦惱和艱辛。」工人們都喜歡經國，看出他的才幹，推薦他做工廠助理廠長。在農莊幹活時，文盲的村民也都跟他親近，讓他管理村裡的事務。在古拉格，他跟來自社會各階層的人一起做苦工，「心裡對這些人產生了深厚的感情」。被釋放時，他甚至捨不得離開，「我真是動了感情，不忍去向這些可憐的同伴們道別。」

雖然在一九五〇年代初，他執行蔣介石的命令，在臺灣搞白色恐怖以鞏固政權，但是執政後他仍然贏得了「親民」的名聲。不像他父親那樣高高在上，經國努力接近老百姓。他討厭宴會，愛在路邊小攤吃飯，跟周圍的人聊天。在外表上，蔣介石刻意擺出威風凜凜的強人架式，而經國選擇「平實」、「平淡」，像個普通人。蔣介石不問臺灣經濟，而經國一等父親去世就著手改變政策，把經濟發展放在首位，成為「臺灣奇蹟」的推手。在他執政期間，經濟增長率平均近兩位數，國民所得從一九七七年到一九八四年翻了將近三倍。自由化開始了，臺灣人第一次可以出國旅遊。國民黨老兵允許去大陸探望親友。被封閉的海岸和山嶺也都對公眾敞開了無形的大門。

經國的政府不腐敗。身邊人說：「大家都知道經國先生非常刻苦，絕不允許貪污舞弊，只要部屬行為有一點瑕疵，絕對會做出嚴厲的處分。……那是一個謹慎的時代。」雖然他領導下的臺灣依然是一黨專制，不容忍共產黨人和鼓吹臺灣獨立的活動分子，但壓制是有節制的，他大體上得人心。

經國還發動了臺灣的「寧靜革命」，開啟了臺灣民主化的進程。一九八五年，他公開正式宣布不會把總統位子傳給家族的任何人。他本人承襲總統並非出於選擇，而是不得已而為之，在這個職位上他感到的負擔遠多過愉快。在他身邊多年、對他的身體狀況「瞭若指掌」的副官翁元說：「通常他在每個星期二晚上開始，就有心情煩躁、舉止不安的情況。為什麼他在星期二有這樣的反應？我觀察的結果，是他對第二天也就是星期三的國民黨『中常會』的敏感反應。」經國因為對生活的要求簡單，也不為專制者的各種特權所動。

臺灣變了樣子。經濟繁榮激活了人們對自由民主的渴望，要求改革的聲音越來越響亮，特別發自因旅遊或留學出過國、見過世界的人們——如今他們的數量達到每年三十萬。跟官方口徑唱反調的地上地下各種出版物如雨後春筍。在高漲的民主呼聲中，一九八七年，經國解除了戒嚴，開放黨禁、報禁。

邁出這歷史性的一步時，美齡正在臺灣。出席蔣介石的百年誕辰紀念後，她留了下來，觀察改革將怎樣進行。她的心情是複雜的。一方面，她不反對民主化；但另一方面，她希望這不會危及她丈夫的神聖地位以及她本人的利益。這時的她還不大擔心，經國才七十多歲。

*

一九八八年一月十三日，七十七歲的蔣經國突然辭世。雖然糖尿病已經折磨了他相當長時間，他的死並不在意料之中。那天上午，兒子孝勇來探視，說要去士林官邸陪老夫人美齡吃飯，就驅車離開了。他走後不久，經國離世，沒有家人在身邊。

副總統李登輝繼任總統。美齡緊張了。李登輝是臺灣人，美齡隱約感到他不會堅決反對臺灣獨立；而且，李對她和蔣都沒有表現出特別的忠誠，自己未來的生活方式沒有保證。憂心忡忡的美齡，召喚了孔二小姐。一個星期不到，孔二小姐從紐約飛來，強勢接管了「圓山大飯店」。坐落在臺北一座小山頭上的這座旅館，樣子像傳統的中國宮殿，鮮豔巨大的紅色圓柱支撐著金碧輝煌的大屋頂，很有氣勢，是臺灣一景。飯店建於一九五〇年代，作為政府接待外賓之處，在美齡主持下修建，孔二小姐做事實上的管理人。孔二小姐把飯店作為私產，隨意使用，從美國遙控業務。經國掌權後，建立了新的管理制度，她靠邊站了。現在她重返圓山，用圓山董事長周宏濤的話來說：「她當著圓山主管的面撕掉我經營時制定的人事制度等規章，並且立即要總會計師俞國興離職，所有過去幾年來……的經營方式一概取消，回復往年舊制。……我眼見如此，於當年六月辭董事長職。」在美齡的支持下，一個聽話的人接任董事長，圓山被孔二小姐重新執掌，又成了為美齡提供全面服務的地方。

高齡九十的前第一夫人還試圖爭奪政治權力，不讓李登輝就任國民黨主席。兩蔣都曾是總統兼國民黨主席，但畢竟要走一個「推舉黨主席」的過場。美齡要求國民黨領導人推遲推舉，以便爭取時間物色自己人。但國民黨領導人都不願意推遲。美齡一天半夜親自給自稱「我早年就追隨蔣委員長夫婦，他們對我提攜備至、待如親人」的行政院長俞國華打電話，要他提議「延後辦理」，但他謝絕從命。很明顯，沒人樂意她來干預，人人都盼望走向新時代，他們推舉了李登輝。已經嘗到自由滋味的報紙，群起抨擊美齡。她不得不退讓，最後一次努力是對國民黨代表大會發表講話，告誡大家不要「標新立異，動搖國本」。代表們對她報以「起立熱烈鼓掌」，只是誰也不在乎她的金科玉律。

這時的美齡依然身體健康，頭腦靈活，但她沒有抗拒潮流。她接受了失敗，於一九九一年返回紐約，從此脫離臺灣政治。朝著民主飛奔的臺灣，於一九九六年首次民主選舉了總統李登輝。

民主的臺灣其實對美齡十分慷慨。雖然李登輝政府為離任的總統及配偶制定了待遇規則，雖然經國的遺孀和家屬嚴格遵循這些制度，但一切為美齡破例。她的生活方式總的來說跟過去一樣。圓山飯店仍然好似她的私家廚房，為她派廚師、侍者到美國。警衛、護士和其他侍從依然年復一年地輪班來到紐約。但一些奢華的規格不得不降了下來。一九九四年她最後一次去臺灣探望垂危的孔二小姐時（孔二小姐選擇在臺灣而不是在美國治療癌症，因為在臺灣她能享受如把狗帶進病房同住的特權），臺灣政府沒有給她派專機，而是包下了整個頭等艙機艙。臺灣也要求孔家承擔一部分她的日常開支，孔家照辦了。有的親戚有怨言，但也只是抱怨幾句而已。

有一段時間，美齡擔憂缺錢，有時會念叨「沒有銅鈿」，就是沒有錢的意思。但整個來說，她以平靜面對臺灣巨變。給她帶來平靜的，是每天祈禱和閱讀《聖經》，這是她最後歲月中生活的主要內容。她一生漫長而充滿戲劇性，多年處在世界的巔峰，然而她幾乎從不回顧往事，更絕口不提逝去的榮耀。她不接受任何採訪。當有人提議以她的名字命名一條街道時，她否決了，引用《聖經．傳道書》的一句話說：「虛榮，虛榮，一切皆是虛榮。」她等待上帝帶走她，時常會說：「為什麼上帝還不把我接去？我的小輩和同輩都一個個走了。」「上帝大概把我忘了。」

在她一百零五歲、見識了三個世紀之時，上帝記起了她。二〇〇三年十月二十三日，美齡安詳地在睡夢中離開了這個世界。她沒有留下遺囑，只是交代要跟大姊孔家葬在一起。孔家在距離曼哈頓市中心四十公里外的芬克里夫墓園（Ferncliff Cemetery）買了兩個家庭房間，這些房間的牆壁由淺白色大理石砌成，教堂式的彩色玻璃窗下方，有一個簡單的祭壇。葬禮是由家屬和隨從人員辦的，辦得很低調，而且到了墓地時還出了點問題。她的靈柩放不進停棺的空格，需要打掉一層，加大地方。這一切和蔣介石精心籌備、安排的出殯有天壤之別。可是，蔣介石的棺材，堂皇地擺著供公眾瞻仰，不時得忍受抗議者向它潑紅漆，以及大眾時常辯論納稅者的錢花在這上面是否值得。而美齡，葬得像個普通的紐約人，享受著安寧，而且跟她摯愛的大姊和家庭永遠在一起。葬禮後第二天，臺灣總統陳水扁到設在曼哈頓公館裡面的靈堂向她敬悼，並且向家屬頒授了她曾任第一夫人的中華民國國旗。陳水扁是第一位反對黨領袖，在二〇〇〇年大選中被選為總統的。美齡繼續見證著二十一世紀。

謝辭

這部傳記在成書過程中，得到許多人的慷慨相助。以下這些檔案館和博物館的館員熱心盡職，使我在查找史料時，享受到難得的輕鬆愉快。在美國：國家檔案館、哥倫比亞大學善本書及手稿圖書館、威斯理安學院圖書館、衛斯理學院圖書館、杜克大學圖書館、胡佛檔案館、國會圖書館、美國參議院歷史文獻處，以及北卡羅來納州威明頓第五街監理公會。在英國：國家檔案館、皇家檔案館、布列斯托大學中國歷史照片收藏處，以及索爾斯伯利侯爵家族私藏檔案（蒙侯爵和侯爵夫人特別允許查用）。在臺灣：國史館、中國國民黨文化傳播委員會黨史館、中正紀念堂、國父紀念館、國家人權博物館。在香港：香港科技大學檔案館。我感謝所有幫助過我的人，只是遺憾在這裡無法一一列舉他們的姓名。

有一位女士我必須專門提及：北卡羅來納州威明頓第五街監理公會的Sue Hammonds。她在自己病勢沉重時仍為我蒐集資料，還沒來得及寄出就不幸辭世（她的同事Barbara Gallagher把這些資料郵寄給了我）。我將永遠銘記在心。

感謝接受訪問的宋、孔、蔣、孫家親屬和圈內人，他們的回憶彌足珍貴，尤其是：馮宋瓊頤女士、馮英祥先生、蔣萬安先生、孫必勝先生、詹恭明先生、嚴幼韻女士、Gene Young女士，以及其他希望不公開姓名的人士。我的朋友Gene Young為我與宋氏家族聯繫，我要特別謝謝她。

十分感謝龍應台女士，她的基金會曾邀請我去臺灣兩週，並協助我在那裡進行研究。我從北到南去了許多地方，接觸、訪問了社會各階層人士，對臺灣的印象從模糊變得清晰。基金會同仁細心周到地安排行程、提供行政協助，這對任何一個研究者，都是莫大的奢侈。龍應台本人是深具影響力的作家，她幫助我更貼切地了解了臺灣。

讓我獲益匪淺的還有受訪的見證人與專家學者：林孝庭教授、呂芳上教授、王文隆教授、吳密察教授、張朋園教授、邵玉銘教授、唐啟華教授、常成教授、陳鵬仁教授、趙建民教授、陳立文教授、黃克武教授、李君山教授、林桶法教授、劉維開教授、龐建國教授、郭岱君教授、Dr Lin Kuo-chang，Dr Hugh Cantlie，Dr PG Manson-Bahr，Mr Jay Taylor，樓文淵先生、向厚祿先生、謝英從先生、蘇佑先生、涂貴美女士、陳欽生先生、王信惠先生。

過去數十年研究現代史人物，尤其是在與我的丈夫喬·哈利戴合著《毛澤東：鮮為人知的故事》的過程中，我訪問了數百名歷史見證人，不少與本書人物有密切關係。重溫當年採訪紀錄，我深感幸運，他們中大部分人今天已經作古，但留下了無價之寶。其中有：張學良、陳立夫、蔣緯國、衣復恩、郝柏村、艾米莉·哈恩、愛潑斯坦、路易·艾黎、馬海德、陳丕士、靳三旺、李雲等。

下列人士給了我各種幫助，包括引介、解疑、提供資料與見解。他們是：Jeffrey Bergner、Marie Brenner、Marco Caboara、Eddy Chancellor、John Chow、高安華、Jane Hitchcock、鍾芳玲、Kan Shio-yun、李勇、Tim Owens、沈呂巡、Jane Shen-Miller、William Taubman、Carola

Vecchio、Stanley Weiss、Grace Wu、吳淑鳳、許國容、薛憶溈、Shirley Young、Jeanette Zee、張樸。如有疏漏煩請指出，將在再版時訂正。兩位故去的好友——Emma Tennant和認識慶齡的Maggie Keswick——是最早主張我寫宋氏三姊妹的人。

我的代理人Gillon Aitken和Clare Alexander，精心照料此書，他們的建議十分中肯。我的英、美出版社編輯、發行人Bea Hemming、Sonny Mehta、Dan Frank和他們的團隊，花了大量精力編輯出版此書。一本書的問世，凝聚了如此之多的心血，令我感觸良多。中文版仍由麥田出版，讓我再次感受與他們合作的樂趣。

喬・哈利戴跟從前一樣在我身邊，任我諮詢。他在我生活中的重要性，無論怎樣形容也不過分。

查閱檔案館一覽

美國：

國家檔案館，華盛頓（National Archives, Washington, DC）；

史丹佛大學胡佛檔案館，史丹佛，加利福利亞州（Hoover Institution Archives, Stanford, California）；

哥倫比亞大學善本書及手稿圖書館，紐約（The Rare Book & Manuscript Library, Columbia University Libraries, New York）；

杜克大學圖書館，達勒姆，北卡羅來納州（Duke University Libraries, Durham, North Carolina）；

威斯理安學院圖書館，梅肯，喬治亞州（Wesleyan College Archives, Macon, Georgia）；

衛斯理學院圖書館，衛斯理，麻薩諸塞州（Wellesley College Archives, Wellesley, Massachusetts）；

北卡羅來納州威明頓第五街監理公會檔案室，威明頓，北卡羅來納州（Fifth Avenue United Methodist Church Archives, Wilmington, North Carolina）；

英國：

國家檔案館，倫敦（National Archives, London）；

皇家檔案館，溫莎（Royal Archives, Windsor）；

哈特菲爾德莊園索爾斯伯利侯爵家族私藏檔案室，赫特福德郡（Hatfield House Archives, Hertfordshire）；

香港： 科技大學檔案館，香港（Hong Kong University of Science and Technology Archives, Hong Kong）；

俄羅斯： 俄羅斯聯邦對外政策檔案館，莫斯科（Archives of Foreign Policy of the Ministry of Foreign Affairs of the Russian Federation, Moscow）；

臺灣： 國史館，臺北；

中國國民黨文化傳播委員會黨史館，臺北。

徵引及參考文獻書目

一、中文部分

（按筆畫順序排列）

丁中江，《北洋軍閥史話》，中國友誼出版公司，北京，一九九二
《人民日報》，北京
人民出版社編，《宋慶齡紀念集》，人民出版社，北京，一九八二
上海市政協文史資料研究委員會編，《舊上海的幫會》，上海人民出版社，上海，一九八六
上海市孫中山宋慶齡文物管理委員會等編，《回憶宋慶齡》，東方出版中心，上海，二〇一三
上海市孫中山宋慶齡文物管理委員會等編，《宋耀如生平檔案文獻彙編》，東方出版中心，上海，二〇一三
上海市孫中山宋慶齡文物管理委員會編，《孫中山宋慶齡文獻與研究》，上海書店出版社，上海，二〇〇九
上海宋慶齡故居紀念館編，《宋慶齡來往書信選集》，上海人民出版社，上海，一九九五
中央檔案館編，《中國共產黨關於西安事變檔案史料選編》，中國檔案出版社，北京，一九九七
中國人民大學中共黨史系資料室編印，《共產主義小組和黨的「一大」資料匯編》，北京，一九七九，未出版

中國史學會主編，《辛亥革命》，上海人民出版社、上海書店出版社，上海，一九五六

中國第二歷史檔案館編，《蔣介石年譜初稿》，中國檔案出版社，北京，一九九二

中國農工民主黨中央委員會編，《鄧演達》，文史資料出版社，北京，一九八五

中國福利會編，《宋慶齡致陳翰笙書信》，東方出版中心，上海，二〇一三

文斐編，《我所知道的吳佩孚》，中國文史出版社，北京，二〇〇四

文斐編，《我所知道的張作霖》，中國文史出版社，北京，二〇〇四

毛注青，《黃興年譜長編》，中華書局，北京，一九九一

王大魯、劉清雲，《黃琪翔傳》，中國文史出版社，北京，一九九四

王建、陳先春，〈試析一戰時中德關係的演變〉，見《史林》，上海，1，一九九三

《世紀》，北京

丘權政、杜春和編，《辛亥革命史料選輯》，湖南人民出版社，長沙，一九八一

石川禎浩，〈關於孫中山致蘇聯的遺書〉，見《亞洲研究》，55，二〇〇七，http://jds.cssn.cn/webpic/web/jdsww/UploadFiles/upload/201011041311408553.pdf

全國政協文史和學習委員會編，《八十三天皇帝夢》，中國文史出版社，北京，一九八五

全國政協文史資料研究委員會、中國國家博物館編，《孫中山先生畫冊》，中國文史出版社，北京，一九八六

全國政協文史資料研究委員會編，《辛亥革命回憶錄》，文史資料出版社，北京，一九八一

全國政協文史資料研究委員會編，《和平老人邵立子》，文史資料出版社，北京，一九八五

全國政協文史資料研究委員會編著，《半生風雨錄：賈亦斌回憶錄》，中國文史出版社，北京，二〇一一

朱宗震、陽光輝編，《民初政爭與二次革命》，上海人民出版社，上海，一九八三

衣復恩，《我的回憶》，立青文教基金會，臺北，二〇〇〇

何大章，《宋慶齡往事》，人民文學出版社，北京，二〇一一

吳相湘，《宋教仁傳》，中國大百科全書出版社，北京，二〇〇九

吳相湘，《孫逸仙傳》，傳記文學出版社，臺北，一九六九

吳相湘，《陳果夫的一生》，傳記文學出版社，臺北，一九八〇

吳國楨，《從上海市長到「台灣省主席」：吳國楨口述回憶》，上海人民出版社，上海，二〇一五

吳景平、郭岱君編，《宋子文駐美時期電報選：1940-1943》，復旦大學出版社，上海，二〇〇八

吳景平、郭岱君編著，《宋子文與他的時代》，復旦大學出版社，上海，二〇〇八

呂芳上等編，《蔣介石的親情、愛情與友情》，時報文化出版公司，臺北，二〇一一

宋永毅，〈宋慶齡反對過「反右」嗎？〉，https://www.aboluowang.com/2017/0904/988392.html

宋慶齡，《宋慶齡選集》，人民出版社，北京，一九九二

宋慶齡基金會、中國福利會編，《宋慶齡書信集》，人民出版社，北京，一九九九

宋慶齡基金會等編，《宋慶齡書信集：續編》，人民出版社，北京，二〇〇四

李宗仁、唐德剛，《李宗仁回憶錄》，李敖出版社，臺北，一九九五

李金洲編，《西安事變親歷記》，傳記文學出版社，臺北，一九八二

李恭忠，《中山陵：一個現代政治符號的誕生》，社會科學文獻出版社，北京，二〇〇九

李國祁，〈德國檔案中有關中國參加第一次世界大戰的幾項記載〉，見《中國現代史專題研究報告》，中華民國史料研究中心，臺北，一九七四

李雲，〈隨宋慶齡走過三十年〉，見《炎黃春秋》，北京，3，二〇〇二

沈雲龍等，《傅秉常先生訪問紀錄》，中央研究院近代史研究所，臺北，一九九三

沈醉，《我這三十年》，北京十月出版社，北京，一九九四

沈應懿凝，《金陵憶往：沈應懿凝話舊》，沈育培出版，臺北，二〇一六

肖建東，〈「一戰」時期中國對德宣戰的歷史真相〉，見《武漢理工大學學報：社會科學版》，第21卷，第1期，二〇〇八

谷麗娟、袁香甫，《中華民國國會史》，中華書局，北京，二〇一二

周宏濤口述，汪士淳撰寫，《蔣公與我——見證中華民國關鍵變局》，天下遠見出版公司，臺北，二〇〇三

周美華、蕭李居編，《蔣經國書信集：與宋美齡往來函電》，國史館，臺北，二〇〇九

周恩來，《建國以來周恩來文稿》，中共中央文獻研究室、中央檔案館編，中央文獻出版社，北京，二〇〇八

周質平，〈張弛在自由與威權之間：胡適、林語堂與蔣介石〉，http://www.cuhk.edu.hk/ics/21c/media/articles/c146-201406005.pdf

周聯華、朱重聖、周琇環，《周聯華牧師訪談錄》，國史館，臺北，二〇一二

尚明軒、唐寶林，《宋慶齡傳》，西苑出版社，北京，二〇一三

尚明軒主編，《宋慶齡年譜長編》，社會科學出版社，北京，二〇〇三，二〇〇九

尚明軒等編，《孫中山生平事業追憶錄》，人民出版社，北京，一九八六

易竹賢，《胡適傳》，湖北人民出版社，武漢，一九八七

林克光、王道成、孔祥吉主編，《近代京華史跡》，中國人民大學出版社，北京，一九八五

林孝庭，《台海冷戰解密檔案》，三聯書店，香港，二〇一五

林孝庭、吳景平編，《宋子文與外國人士往來函電稿：1940–1942》，復旦大學出版社，上海，二〇〇九

《炎黃春秋》，北京

邱捷，〈廣州商團與商團事變〉，見《歷史研究》，北京，2，二〇〇二

邵玉銘，《此生不渝：我的台灣、美國、大陸歲月》，聯經出版事業公司，臺北，二〇一三

金宏奎編，《民國總統自敘：徐世昌》，江蘇鳳凰文藝出版社，南京，二〇一四

俞辛婷、王振鎖編，《孫中山在日活動密錄》，南開大學出版社，天津，一九九〇

南京市檔案館、中山陵管理處編，《中山陵檔案史料選編》，江蘇古籍出版社，南京，一九八六

故宮博物院明清檔案部編，《清末籌備立憲檔案史料》，中華書局，北京，一九七九

柯偉明，〈民國稅收史研究中的三種關係〉，見《中國社會經濟史研究》，廈門，4，二〇一五

胡子丹，〈和周聯華牧師的五次見面〉，https://2011greenisland.wordpress.com/2012/11/20/

胡漢民，《胡漢民回憶錄》，東方出版社，北京，二〇一三

胡漢民，《胡漢民自傳》，傳記文學出版社，臺北，一九八七
胡適，《胡適文集》，北京大學出版社，北京，一九九八
胡蘭畦，《胡蘭畦回憶錄》，四川人民出版社，成都，一九九五
唐家璿主編，《中國外交辭典》，世界知識出版社，北京，二〇〇〇
唐啟華，《巴黎和會與中國外交》，社會科學文獻出版社，北京，二〇一四
唐啟華，《被「廢除不平等條約」遮蔽的北洋修約史：1912-1928》，社會科學文獻出版社，北京，二〇一〇
唐縱，《在蔣介石身邊八年》，群眾出版社，北京，一九九七
《孫中山宋慶齡研究動態》，上海
孫必勝，《我的曾祖父孫眉》，廣東人民出版社，廣州，二〇一一
孫穗芬，《我的祖父孫中山》，南京大學出版社，南京，二〇一一
宮崎滔天，陳鵬仁編譯，《宮崎滔天論孫中山與黃興》，正中書局，臺北，一九七七
宮崎滔天，陳鵬仁譯，《三十三年之夢》，水牛出版社，臺北，一九八九
徐血兒等編，《宋教仁血案》，嶽麓書社，長沙，一九八六
徐鋒華，〈黨外之黨員——宋慶齡與國共兩黨關係新析〉，中國福利會會史館，http://www.cwi.org.cn/zh/zgflhsg/content.aspx?id=8487
浙江省政協文史資料研究委員會編，《陳英士》，浙江人民出版社，杭州，一九八七
浙江省政協文史資料研究委員會編，《蔣介石家世》，浙江人民出版社，杭州，一九九四

秦孝儀主編，《總統蔣公大事長編初稿》，中正文教基金會，臺北，一九七八

翁元、王豐，《我在蔣介石父子身邊四十三年》，華文出版社，北京，二〇〇三

袁偉時，《昨天的中國》，浙江大學出版社，杭州，二〇一二

國立國父紀念館、中山學術資料庫編，《國父全集全文檢索系統》，http://sunology.culture.tw/cgi-bin/gs32/s1gsweb.cgi/ccd=0YAcvF/search

張友坤、錢進主編，《張學良年譜》，社會科學文獻出版社，北京，一九九六

張戎，《慈禧：開啟現代中國的皇太后》，麥田出版社，臺北，二〇一四

張戎，《鴻：三代中國女人的故事》（二十三週年紀念版），麥田出版社，臺北，二〇一四

張戎、喬·哈利戴，《毛澤東：鮮為人知的故事》，開放出版社，香港，二〇〇六

張朋園，〈從民初國會選舉看政治參與〉，見《歷史學報》，國立臺灣師範大學歷史研究所，臺北，一九七九

張朋園，《中國民主政治的困境：1909-1949晚清以來歷屆議會選舉述論》，上海三聯書店，上海，二〇一三

張朋園，《從民權到威權》，中央研究院近代史研究所，臺北，二〇一六

張海林，《端方與清末新政》，南京大學出版社，南京，二〇〇七

張蓓編，《民國總統自敘：黎元洪》，江蘇鳳凰文藝出版社，南京，二〇一四

張耀傑，《誰謀殺了宋教仁》，團結出版社，北京，二〇一二

敖光旭，〈論孫中山在一九二四下半年的是是非非〉，見《近代史研究》，北京，6，一九九五

梅日新、鄧演超主編，《鄧演達文集新編》，廣東人民出版社，廣州，二〇〇〇

梅日新、鄧演超編，《回憶鄧演達》，廣東人民出版社，廣州，一九九九
盛永華等編，《孫中山與澳門》，文物出版社，北京，一九九一
章太炎，《章太炎先生自定年譜》，上海書店影印本，上海，一九八六
章伯鋒、李宗一主編，《北洋軍閥》，武漢出版社，武漢，一九九一
章開沅主編，《辛亥革命史叢刊》，中華書局，北京，一九八一～一九九四
莫永明、范然編，《陳其美紀年》，南京大學出版社，南京，一九九一
許介鱗，《孫文：最後擺脫日本人的控制》，文英堂出版社，臺北，二〇一一
郭嵩燾，〈倫敦與巴黎日記〉，見鍾叔河主編，《走向世界叢書》，嶽麓書社，長沙，一九八四
陳三井訪問、李郁青記錄，《熊丸先生訪問紀錄》，中央研究院近代史研究所，臺北，一九九八
陳少白，《陳少白自述》，人民日報出版社，北京，二〇一一
陳立文編，《蔣中正的信仰寄情》，國立中正紀念堂，臺北，二〇一四
陳立文編，《蔣夫人宋美齡女士行誼口述訪談錄》，國史館、國立中正紀念堂，臺北，二〇一四
陳旭麓等編，《孫中山集外集》，上海人民出版社，上海，一九九〇
陳旭麓編，《宋教仁集》，中華書局，北京，二〇一一
陳定炎編，《陳競存（炯明）先生年譜》，李敖出版社，臺北，一九九五
陳潔如，《陳潔如回憶錄》，中國友誼出版公司，北京，一九九三
陳錫祺等編，《孫中山年譜長編》，中華書局，北京，二〇〇三

陳鵬仁，《孫中山先生與日本友人》，水牛圖書公司，臺北，一九九〇
湯雄，《宋慶齡與她的保健醫生》，華齡出版社，北京，二〇一四
湯雄，《宋慶齡與她的衛士長》，群眾出版社，北京，二〇〇六
湯銳祥，《孫中山與海軍護法研究》，學苑出版社，北京，二〇〇六
華平，〈從宋慶齡給金仲華的信說起〉，https://big5.termitespest.com/article/e0e4effc-4b40-4e22-aaa0-bb7402cded08_2.htm
《華商日報》，香港
隋永清口述、張路亞採訪，〈宋慶齡的幸福和遺憾〉，見《文史參考》，北京，4，二〇一一
馮玉祥，《我的生活》，中國青年出版社，北京，二〇一五
馮自由，《馮自由回憶錄》，東方出版社，北京，二〇一一
黃三德，《洪門革命史》，出版社不詳，一九三六
黃宇和，《三十歲前的孫中山》，中華書局，香港，二〇一一
黃宇和，《孫中山先生與英國》，學生書局，臺北，二〇〇五
黃宇和，《孫逸仙在倫敦：1896-1897》，聯經出版事業公司，臺北，二〇〇六
黃宇和，《孫逸仙倫敦蒙難真相》，聯經出版事業公司，臺北，一九九八
黃自進、潘光哲主編，《蔣介石與現代中國的形塑》，中央研究院近代史研究所，臺北，二〇一三
黃克武等，《蔣中正總統侍從人員訪問紀錄》，中央研究院近代史研究所，臺北，二〇一三

黃修榮等編，《共產國際、聯共（布）與中國革命文獻資料選集：1917-1925》，北京圖書館出版社，北京，一九九七

黃修榮等編，《共產國際、聯共（布）與中國國民革命運動：1920-1925》，北京圖書館出版社，北京，一九九七

黃修榮等編，《共產國際、聯共（布）與中國國民革命運動：1926-1927》，第1集，北京圖書館出版社，北京，一九九八

楊天石，《晚清史事》，中國人民大學出版社，北京，二〇〇七

楊天石，《找尋真實的蔣介石：還原13個歷史真相》，九州出版社，北京，二〇一四

楊天石，《找尋真實的蔣介石》，第II冊，華文出版社，北京，二〇一〇

楊天石，《找尋真實的蔣介石》，上，山西人民出版社，太原，二〇〇八

楊天石，《找尋真實的蔣介石》，下，華文出版社，北京，二〇〇八

楊天石，《蔣氏密檔與蔣介石真相》，社會科學文獻出版社，北京，二〇〇二

楊天石：《近代中國史事鉤沉：海外訪史錄》，社會科學文獻出版社，北京，一九九八

楊奎松，《楊奎松著作集：革命》，廣西師範大學出版社，桂林，二〇一二

楊奎松：《宋慶齡何時加入共產黨》，見《孫中山宋慶齡研究動態》，上海，4，二〇〇三

溫小鴻，〈一九二四年廣東「商團事變」再探〉，見《浙江社會科學》，杭州，3，二〇〇一

《萬國公報》第95冊，一八九六年十二月，見張注洪，〈美國關於孫中山和辛亥革命史的研究〉，http://jds.

cssn.cn/ztyj/wqzzs/201605/t20160506_3323423.shtml

葉幫宗，《蔣介石侍衛長回憶錄》，團結出版社，北京，二〇一二

董霖，《顧維鈞與中國戰時外交》，傳記文學出版社，臺北，一九七八

鄒魯，《鄒魯回憶錄》，東方出版社，北京，二〇一〇

壽充一編，《孔祥熙其人其事》，中國文史出版社，北京，一九八七

漆高儒，《蔣經國的一生》，傳記文學出版社，臺北，一九九一

劉半農等，《賽金花本事》，嶽麓書社，長沙，一九八五

劉泱泱編，《宋教仁日記》，中華書局，北京，二〇一四

劉春子、殷向飛編，《民國總統自敘：段祺瑞》，江蘇鳳凰文藝出版社，南京，二〇一四

劉家泉，《宋慶齡流亡海外歲月》，中央文獻出版社，北京，一九九四

廣州市政協文史資料研究委員會編，《廣州文史資料》，廣東人民出版社，廣州，一九五〇年代

樓文淵，《文淵文集》，漢雅資訊公司，臺北，二〇〇八

蔡德金、王升編，《汪精衛生平紀事》，中國文史出版社，北京，一九九三

蔣中正總統文物：家書，國史館，臺北

蔣介石日記，胡佛檔案館，史丹佛大學，加州

蔣廷黼，《蔣廷黼回憶錄》，傳記文學出版社，臺北，一九八四

蔣經國，《蔣經國回憶錄》，東方出版社，北京，二〇一一

鄧廣殷，《永不飄逝的記憶》，東方出版社，上海，二〇一三

鄧慕韓，〈乙未廣州革命始末記〉，見《辛亥革命史料選輯》（上），湖南人民出版社，長沙，一九八一

鄭彭年，《宋慶齡和她的助手金仲華》，新華出版社，北京，二〇〇一

鄭會欣，《讀檔閱史》，中華書局，北京，二〇一四

《獨立評論》，北京

錢用和，《錢用和回憶錄》，東方出版社，北京，二〇一一

錢鋼、耿慶國主編，《二十世紀中國重災百錄》，上海人民出版社，上海，一九九九

《環球人物》，北京

鍾伯毅、鄧家彥，《鍾伯毅、鄧家彥口述自傳》，中國大百科全書出版社，北京，二〇〇九

韓厲觀、陳立平，《華克之傳奇》，江蘇人民出版社，南京，一九九八

顏惠慶，《顏惠慶自傳》，傳記文學出版社，臺北，一九八九

羅久芳、羅久蓉編，《羅家倫先生文存補遺》，中央研究院近代史研究所，臺北，二〇〇九

羅家倫，《中山先生倫敦被難史料攷訂》，商務印書館，上海，一九三〇

顧維鈞，《顧維鈞回憶錄》，中華書局，北京，二〇一三

二、外文部分

Alanbrooke, Viscount (Alan Brooke), *War Diaries 1939–1945*, Weidenfeld & Nicolson, London, 2002

Alsop, Joseph W., *I've Seen the Best of It: Memoirs*, W. W. Norton & Company, New York, 1992

AVPRF (Archives of Foreign Policy of the Ministry of Foreign Affairs of the Russian Federation), Moscow

Beal, John Robinson, *Marshall in China*, Doubleday, Toronto and New York, 1970

Bergère, Marie-Claire, *Sun Yat-sen*, Stanford University Press, Stanford, CA, 1994

Bickers, R. and Jackson, I. eds., *Treaty Ports in Modern China: Law, Land and Power*, Routledge, London, 2016

Boulger, Demetrius C., *The Life of Sir Halliday Macartney, KCMG*, Cambridge University Press, online publication, 2011

Burke, James, *My Father in China*, Michael Joseph Ltd, London, 1945

Butterfield, Fox, *China: Alive in the Bitter Sea*, Hodder & Stoughton, London, 1982

Cantlie, James and Sheridan, Charles Jones, *Sun Yat-sen and the Awakening of China*, Fleming H. Revell, New York, 1912

Cantlie, Neil and Seaver, George, *Sir James Cantlie: A Romance in Medicine*, John Murray, London, 1939

Chan, Luke and Taylor, Betty Tebbetts, *Sun Yat-sen – As I Knew Him*, publisher and place of publication unknown, 1955

Chang, David Cheng, ‘Democracy Is in Its Details: The 1909 Provincial Assembly Elections and the Print Media’, in Sherman Cochran and Paul Pickowicz eds., *China on the Margins*, Cornell East Asia Program, Ithaca, NY, 2010

Charles Jones Soong Reference Collection, Duke University Libraries, Durham, NC

Charlie Soong at Trinity College, Duke University Libraries, http://blogs.library.duke.edu/rubenstein/2014/05/22/charlie-soong-at-trinity-college/

Ch’en Chieh-ju (Eastman, Lloyd E. ed.), *Chiang Kai-shek’s Secret Past: The Memoir of His Second Wife, Ch’en Chieh-ju*, Westview Press, Boulder, CO, 1993

Chen Li-fu, *The Reminiscences of Chen Li-fu*, Columbia University Archives, New York

Chen Li-fu, *The Storm Clouds Clear Over China: The Memoir of Ch’en Li-Fu*, Hoover Institution Press, Stanford, CA, 1994

Chen, Percy, *China Called Me*, Little, Brown, Boston, MA, 1979

Chennault, Anna, *The Education of Anna*, Times Books, New York, 1980

Chennault, Claire Lee, *Way of a Fighter*, G. P. Putnam’s Sons, New York, 1949

Chiang Ching-kuo, ‘My Days in Soviet Russia’ (1937), in Cline, Ray S., *Chiang Ching-kuo Remembered,* US Global Strategy Council, Washington DC, 1989

Chiang Kai-shek, *Soviet Russia in China: A Summing up at Seventy,* Farrar, Straus & Cudahy, New York, 1957

Chung Kun Ai, *My Seventy-nine Years in Hawaii, 1879–1958*, Cosmorama Pictorial Publisher, Hong Kong, 1960

Clark, Elmer T., *The Chiangs of China*, Abingdon-Cokesbury Press, New York and Nashville, TN, 1943

Cline, Ray S., *Chiang Ching-kuo Remembered,* US Global Strategy Council, Washington DC, 1989

Daily News, Perth

DeLong, Thomas A., *Madame Chiang Kai-shek and Miss Emma Mills*, McFarland & Company, Inc., Jefferson, NC and London, 2007

Dikötta, Frank, *The Age of Openness: China before Mao*, University of California Press, Berkeley and Los Angeles, 2008

DVP (*Foreign Policy Documents*), Russian Ministry of Foreign Affairs, Moscow

Eden, Anthony, *The Eden Memoirs: The Reckoning*, Cassell, London, 1965

Epstein, Israel, *Woman in World History: Life and Times of Soong Ching Ling*, New World Press, Beijing, 1993

Far Eastern Affairs (journal of the Institute for Far Eastern Studies), Russian Academy of Sciences, Moscow

Fenby, Jonathan, *Generalissimo: Chiang Kai-shek and the China He Lost*, The Free Press, London, 2003

Fifth Avenue United Methodist Church Archives: Charles Jones Soong, Wilmington, NC

FRUS (*Foreign Relations of the United States*), 1944, vol. VI, *China*, Washington DC, 1967

Gascoyne-Cecil, Lord William, *Changing China*, James Nisbet & Co. Ltd, London, 1910

George W. and Clara Sargent Shepherd papers, Bentley Historical Library, University of Michigan, http://quod.lib.umich.edu/b/bhlead/umich-bhl-2014151?view=text

Gunther, John, *Inside Asia*, Hamish Hamilton, London, 1939

Haag, E. A., *Charlie Soong: North Carolina's Link to the Fall of the Last Emperor of China*, Jaan Publishing, Greenboro, NC, 2015

Hager, Charles R., 'Doctor Sun Yat-sen: Some Personal Reminiscences', in Sharman, Lyon, *Sun Yat-sen: His Life and Its Meaning*, Stanford University Press, Stanford, CA, 1934

Hahn, Emily, *Chiang Kai-shek*, Doubleday & Company, Inc., New York, 1955

Hahn, Emily, *China to Me*, Open Road Integrated Media, Inc., New York, 2014a

Hahn, Emily, *The Soong Sisters*, Open Road Integrated Media, Inc., New York, 2014b

Han Su-yin, *Eldest Son: Zhou Enlai and the Making of Modern China, 1898–1976,* Jonathan Cape, London, 1994

Hawaii's Queen, Liliuokalani, *Hawaii's Story*, Mutual Publishing, Honolulu, 1990

Heinzig, Dieter, 'The Soviet Union and Communist China, 1945–1950', *Far Eastern Affairs*, 4, 1996

Hemingway, Ernest, *By-Line: Selected Articles and Dispatches of Four Decades*, Grafton Books, London, 1989

International Security, the Belfer Center for Science and International Affairs at Harvard University ed., MIT Press, Cambridge, MA, 1976

Isaacs, Harold, *Re-Encounters in China*, M. E. Sharpe, Armonk, NY and London, 1985

Koo, Juliana (Mrs V. K. Wellington), with Genevieve Young, *My Story*, courtesy of the authors

Koo (Madame Wellington Koo), *No Feast Lasts Forever,* Quadrangle/The New York Times Book Co., New York, 1975

Koo, V. K. Wellington, *The Reminiscences of Wellington Koo*, Columbia University Archives, New York

Koo, V. K. Wellington, Wellington Koo Papers, Columbia University Archives, New York

Kriukov, Mikhail, 'Once again about Sun Yatsen's North-west Plan', *Far Eastern Affairs*, 5, 9 January 2000

K'ung Hsiang-hsi, *The Reminiscences of K'ung Hsiang-hsi*, Columbia University Archives, New York

Kuo Tai-chun and Lin Hsiao-ting, *T.V. Soong in Modern Chinese History*, Hoover Institution Press, Stanford, CA, 2006

Lattimore, Owen, *China Memoirs*, University of Tokyo Press, Toronto, 1991

Leonard, Royal, *I Flew for China: Chiang Kai-shek's Personal Pilot*, Doubleday, Doran, Garden City, 1942

Li, Laura Tyson, *Madame Chiang Kai-shek: China's Eternal First Lady,* Grove Press, New York, 2006

Life magazine

Linebarger, Paul, *Sun Yat-sen and the Chinese Republic*, The Century Co., New York and London, 1925

Lo Hui-Min, *The Correspondence of G. E. Morrison 1895–1912*, Cambridge University Press, Cambridge, 1976

Lo Hui-Min, *The Correspondence of G. E. Morrison 1912–1920,* Cambridge University Press, Cambridge, 1978

McCormack, Gavan, *Chang Tso-lin in North-east China 1911–1928,* Stanford University Press, Stanford, CA, 1977

Manson-Bahr, Philip, *Patrick Manson,* Thomas Nelson & Sons Ltd, London, 1962

Manson-Bahr, Philip H. and Alcock, A., *The Life and Works of Sir Patrick Manson*, Cassell & Company, London, 1927

Melby, John F., *The Mandate of Heaven*, Chatto & Windus, London, 1969

Microfilm publication M329, Records of the Department of State Relating to Internal Affairs of China, 1910–1929, National Archives, Washington DC

Miller, Merle, *Plain Speaking: an Oral Biography of Harry S. Truman*, Berkley Publishing Corporation, New York, 1974

Mitter, Rana, *A Bitter Revolution: China's Struggle with the Modern World*, Oxford University Press, Oxford, 2005

Moran, Lord, *Winston Churchill: The Struggle for Survival 1940–1965*, Sphere Books Ltd, London, 1968

Munholland, J. Kim, 'The French Connection that Failed: France and Sun Yat-sen, 1900–1908', *Journal of Asian Studies*, vol. 32, issue 1, November 1972

Newspapers.com

New York Times

North China Herald, Shanghai

Oursler, Fulton, *Behold This Dreamer!*, Little, Brown & Company, Boston, MA, 1964

Pakula, Hannah, *The Last Empress*, Simon & Schuster Paperbacks, New York, 2009

Papers of Emma DeLong Mills, MSS.2, Wellesley College Archives, Wellesley, MA

Papers of 3rd Marquess of Salisbury, Hatfield House Archives/3M/B24

Paul T. K. Lin Papers, Hong Kong University of Science and Technology Archives, Hong Kong

Rosholt, Malcolm, 'The Shoe Box Letters from China, 1913–1967', *Wisconsin Magazine of History*, vol. 73, no. 2, 1989–90

Schell, Orville and Delury, John, *Wealth and Power: China's Long March to the Twenty-first Century,* Random House Trade Paperbacks, New York, 2014

Schiffrin, Harold Z., *Sun Yat-sen and the Origins of the Chinese Revolution*, University of California Press, Berkeley, Los Angeles and London, 1970

Seagrave, Sterling, *The Soong Dynasty*, Corgi Books, London, 1996

Selle, Earl Albert, *Donald of China,* Harper, New York and London, 1948

Sharman, Lyon, *Sun Yat-sen: His Life and Its Meaning*, Stanford University Press, Stanford, CA, 1934

Sheean, Vincent, *Personal History*, Citadel Press, NJ, 1986

Smith, Sebie Biggs, *The Reminiscences of Sebie Biggs Smith*, Columbia University Archives, New York

Snow, Edgar, *Journey to the Beginning*, Vintage, New York, 1972

Soong Ching-ling, *The Struggle for New China*, Foreign Language Press, Beijing, 1952

Soong May-ling (Madame Chiang Kai-shek), 'What Religion Means to Me', *The Forum*, March 1934

Soong May-ling (Madame Chiang Kai-shek), 'Fighting Communists in China', *The Forum*, February 1935a

Soong May-ling (Madame Chiang Kai-shek), 'New Life in China', *The Forum*, June 1935b

Soong May-ling (Madame Chiang Kai-shek), *China in Peace and War*, Hurst & Blackett, London, 1940

Soong May-ling (Madame Chiang Kai-shek), *Conversations with Borodin*, Free Chinese Centre, place of publication unknown, 1977

Soong May-ling (Madame Chiang Kai-shek), *The Sure Victory*, Fleming H. Revell Company, Westwood, NJ, 1955

Soong May-ling and Chiang Kai-shek, *A Fortnight in Sian: A Coup d'état*, China Pub. Co., Shanghai, 1937

Spooner, Paul B., 'Song Ailing and China's Revolutionary Elite', Academia.edu

Suleski, Ronald, *Civil Government in Warlord China: Tradition, Modernization and Manchuria*, Peter Lang Publishing, New York, 2002

Sun Yat-sen, *Kidnapped in London*, The China Society, London, 1969

Sun, Victor, *Sun Mei, My Great-Grandfather*, Guangdong renmin chubanshe, Guangzhou, 2011

Sydney Morning Herald

Taylor, Jay, *The Generalissimo: Chiang Kai-shek and the Struggle for Modern China*, Harvard University Press, Cambridge, MA, 2011

Taylor, Jay, *The Generalissimo's Son: Chiang Ching-kuo and the Revolutions in China and Taiwan*, Harvard University Press, Cambridge, MA, 2000

Time magazine

Topping, Seymour, *Journey between Two Chinas,* Harper & Row, New York, Evanston, San Francisco, London, 1972

Tse, Tsan Tai, *The Chinese Republic: Secret History of the Revolution*, *South China Morning Post*, Hong Kong, 1924

Tuchman, Barbara W., *Stilwell and the American Experience in China*, The Macmillan Company, New York, 1971

T. V. Soong Papers, Hoover Institution Archives, Stanford, CA

Waldron, Arthur, *From War to Nationalism: China's Turning Point, 1924–1925*, Cambridge University Press, Cambridge, New York and Melbourne, 1995

Wall Street Journal

Wesleyan College Archives and Special Collections: Soong Sisters, Macon, GA

West Australian

Wilbur, C. Martin, *Sun Yat-sen: Frustrated Patriot*, Columbia University Press, New York, 1976

World Outlook Journal

圖像來源

1，7，10，11，12，18，24，26，33，36，48，49，57，58：Alamy；2，3，4，23：Wesleyan College Archives；5：Fifth Avenue United Methodist Church Archives, Wilmington, North Carolina；6：中國國民黨文化傳播委員會黨史館；8，43，45，50：every effort has been made to trace copyright holder；9，15：Historical Photographs of China at the University of Bristol；13，39：with permission of the owner of the photographs；14，16，19，38：Michael Feng；17，20，21，22，25，27，28，30，31，32，34，35，37，41，42，44，46，47，52，53，61：國史館；29，40，54，55，56，60，62：Gregory Kung；51：Hong Kong University of Science and Technology Library；59：Getty；63：Private collection；64：張戎攝。

國家圖書館出版品預行編目資料

宋氏三姊妹與她們的丈夫／張戎著.譯. -- 初版. -- 臺北市：麥田，城邦文化出版：家庭傳媒城邦分公司發行，2020.08
面；　公分 --（NEW不歸類；8038）
譯自：Big Sister, Little Sister, Red Sister: Three Women at the Heart of Twentieth-Century China
ISBN 978-986-344-784-9（平裝）
1.女性傳記　2.中國
782.228　　109008017

NEW不歸類 8038
宋氏三姊妹與她們的丈夫
Big Sister, Little Sister, Red Sister: Three Women at the Heart of Twentieth-Century China

作　　者　張戎（Jung Chang）
封面設計　莊謹銘
協力編輯　李鳳珠
校　　對　呂佳真
責任編輯　徐　凡
國際版權　吳玲緯
行　　銷　闕志勳、吳宇軒、余一霞
業　　務　李再星、李振東、陳美燕
總 編 輯　巫維珍
編輯總監　劉麗真
出　　版　麥田出版
地址：104473台北市中山區民生東路二段141號5樓
電話：(02)2500-7696　傳真：(02)2500-1967
發　　行　英屬蓋曼群島商家庭傳媒股份有限公司城邦分公司
地址：104473台北市中山區民生東路二段141號11樓
網址：http://www.cite.com.tw
客服專線：(02)2500-7718｜2500-7719
24小時傳真專線：(02)2500-1990｜2500-1991
服務時間：週一至週五09:30-12:00｜13:30-17:00
劃撥帳號：19863813　戶名：書虫股份有限公司
讀者服務信箱：service@readingclub.com.tw
香港發行所　城邦（香港）出版集團有限公司
地址：香港灣仔駱克道193號東超商業中心1樓
電話：+852-2508-6231　傳真：+852-2578-9337
馬新發行所　城邦（馬新）出版集團【Cite(M) Sdn. Bhd.】
地址：41-3, Jalan Radin Anum, Bandar Baru Sri Petaling,
57000 Kuala Lumpur, Malaysia.
電話：+603-9056-3833　傳真：+603-9057-6622
麥田部落格　http://ryefield.pixnet.net
印　　刷　前進彩藝有限公司
初版一刷　2020年8月
初版十六刷　2024年2月
售　　價　450元
ISBN 978-986-344-784-9